JN025797

「市場」ではなく
「企業」を買う
株式投資

増補版

［編著］

京都大学名誉教授　川北英隆

［著］

菅原周一／堀江貞之／渋澤　健／
伊井哲朗／奥野一成／中神康議／
光定洋介／近藤英男／石田英和

EQUITY INVESTMENT

一般社団法人 **金融財政事情研究会**

増補版の刊行にあたって

　このたび、『「市場」ではなく「企業」を買う株式投資』の増補版を刊行することとなった。本書が静かに、それでも継続的に読まれてきたからこその増補版である。まずは多くの読者に感謝したい。

　『「市場」ではなく「企業」を買う株式投資』が2013年10月に初版刊行されて以降、7年の歳月が流れた。

　実際に原稿を書いていた2013年年初の状況を思い出す。日本経済は東日本大震災後の意気消沈と停滞を経た後、2012年末に成立した安倍内閣の政策にようやく曙光を見出していた。

　その後の7年間は経済にとって長い年月である。株価の水準は大きく居所を変えた。活躍する企業も変わったように感じられる。

　今回の増補の目的は、この7年間の変化をたどり、本書での議論の適否を確認することにある。変化と書いたが、正確には、変化した部分と変化しなかった部分である。

　株式投資に関する出版物は通常、株価の変動とともに、記述内容が急速に陳腐化してしまう。いつしか、そんな出版物をだれも読みたくなくなるし、執筆者自身も「二度とみたくない」「できれば全面的に書き直したい」と思うのが常に近い。

　しかしながら、『「市場」ではなく「企業」を買う株式投資』では状況が大きく異なった。執筆者とメールでやりとりしたところ、だれもが執筆当時の高揚感のままでいる。

　というのも、当時の執筆内容がいまも、「株式投資の王道」だからだろう。むしろ、王道中の王道になりつつあると表現してもよい。7年前に『「市場」ではなく「企業」を買う株式投資』を執筆したことに、ある種の誇りさえ感じている。

　株価の居所だけではなく、経済や社会環境にも激変が襲った。それにもかかわらず、『「市場」ではなく「企業」を買う株式投資』が王道であり続けた

理由とは何なのか。どのような理由から王道だと断じられるのだろうか。これが増補した部分全体のテーマである。

　今回、『「市場」ではなく「企業」を買う株式投資』を新たに刊行するに際し、2013年出版時の記述をどうするのかを検討した。結論は、「内容を書き換える必要なし」だった。むしろ、当時の記述をそのまま残すことが、執筆者の投資哲学が真実に近かった証拠となる。

　とはいえ、7年前のまま増刷するのは読者に失礼だと思えた。そこで、7年間という時間の流れを追いつつ、「株式投資に対する基本スタンスを変更する必要がない」「株式投資の基本とは、企業を選ぶことであり続けている」との事実を、もう一度正確に示しておこうと決断した。これが、増補した部分の真意である。

　確認しておくと、新たな分析を加えつつ、原稿を書き下ろした部分を増補章として初版に付け加えた。これ以外の章は、誤字などの微細な修正を除き、7年前の初版のままである。

　表面的な変化と、変化しなかった株式投資の真実とを楽しんでもらえればと願っている。

2021年1月

執筆者を代表して

川北　英隆

はじめに

◇新たな株式投資──脱市場・厳選投資

　本書のテーマは「本来の株式投資」である。

　株式から、その投資にふさわしい収益を着実に得るためには何が求められるのか。本書の目的は、この当たり前と思える投資目標について、新しい視点で考え、語ることにある。

　本書には統一されたスタンスがある。「平均的な株式市場から離れることにより、株式投資からそれにふさわしい収益が着実に得られる、少なくともその可能性を高められる」──筆者たちはこう考えている。

　日本の平均的な株式に投資する方法、その代表としての東証株価指数（TOPIX）や日経平均株価をそっくりまねるインデックス運用、上場投資信託（ETF、exchange traded funds）は望ましくない──これが筆者たちの基本的な考え方である。投資対象を選別、厳選し、それらの投資対象に資金を集中することが望ましいとの発想である。

　筆者たちの発想は、「脱市場（BMA、benchmark-agnostic）投資」とも呼ばれる。日本で、このような投資方法に対して定まった呼び名はない。

　本書では、この投資方法を、他の表現を用いる必要がない限り、「厳選投資」と呼ぶことにする。そのうえで、日本の市場において厳選投資がいかに望ましいのか、理論面、実践面から検証していきたい。

◇必要なのは株式投資から着実な収益を得ること

　本書は本来の株式投資について語っている。プロと称せられる機関を含め、多くの投資家に、従来の株式投資を考え直してもらいたいと思っている。昨年末以来の株価上昇によって市場に注目が集まるいまこそ、株式投資のあり方を基本から見直すチャンスである。

　筆者として、可能であれば、「日本株式に投資しようとした場合、圧倒的

に高い投資収益をもたらす方法がどこかにないのか」を探りたいとは思う。しかし、そんな魔法の杖はない。

現実にできるのは、「損失をできる限り避けつつ、数年間保有すれば、株式投資にふさわしい収益が着実に得られる方法」を論理的に考え、それを実践した結果がどうなるのか語ることだろう。これが本書の内容である。

株式に投資し、高い投資収益を得たいとだれしもが考えている。しかし、高い投資収益が、いつでも、だれにでも、簡単に得られることはない。株式投資に関する指南書的なものが数多書店に並んでいるのは、裏を返せば、株式投資が簡単に儲からない証拠である。また、株式投資で絶対に大儲けできる奥義があったとして、その極秘情報を数千円かそこらの出版物に仕立て、一般大衆に広く売ろうなんてことをだれが考えるだろうか。ボランティア的に教えたいとの意志があったとしても、本を書くなんて面倒なだけである。

本書の執筆を計画した動機は、ある意味で逆説的である。「日本では、本当は儲からない株式投資の方法が、投資の一応のプロたちによってあたかも正当であるかのようにみなされてきたから」である。一言で表現すれば、日本の多くの投資家は形式主義に陥り、経済や市場や投資理論の表面だけを追いかけている。この日本の現状に危機感を抱いてしまう。

危機感に関する例をあげておこう。

1つは、年金をはじめとする多くのプロの投資家である。彼らは、株価指数（東証株価指数や日経平均株価）をそっくりそのまま模倣し、投資して、その方法がほぼ正しいと信じてきた。実際のところは、これらの株価指数は長期間値上りせず、投資収益をもたらさなかったに等しい。昨年末以来、久しぶりに株価が上昇しただけである。

それにもかかわらず多くのプロの投資家は、この「正しいとした投資方法」を用いて日本株への投資を続けてきている。この投資行動を客観的に観察し、評価するたびに、「株式投資によって、それにふさわしい収益を得る」というそもそもの目標がどこで見失われてしまったのだろうかと、大きな疑問がよぎる。

他方、プロの投資家のなかには、日本株式に投資することが妥当でないと

感じ、ポートフォリオ全体の見直しを行い、日本株のウェイトを引き下げたいとの動きがあるのも事実である。逆にここまでくると、日本の株式全体から遠ざかることが本当に望ましいのかと感じてしまう。日本の株式に対し、「投資するのか、しないのか」のデジタル的な判断ではなく、むしろ、「日本株に投資するとすれば、それにふさわしい投資収益をもたらす方法がないのだろうか」、まずは探るべきである。日本株に対して最も多くの情報を有しているのは、日本人自身なのだから。

もう1つの危機感の対象は投資信託である。これまでの日本の投資信託の主流は「テーマ」の追求にあったと思われ、いまだにこの「伝統」なるものが受け継がれているようだ。

投資信託の主要な顧客である個人にてっとり早くアピールし、投資資金を引き出すには、「わかりやすいテーマ」「時流に乗ったテーマ」が簡便である。しかし、株式市場のテーマは移ろいやすい。テーマが時流に乗った時点ではすでに株価が高値に達しており、時流から外れて下落に向かいかねない。

こうして、投資信託の「当初設定時基準価額割れ」の山がつくられてきたのではないか。個人投資家は投資信託に「裏切られ」「不信を抱き」、株式市場から遠ざかる。投資信託という商品を提供するには、本来の投資家である顧客の視点に立ち、設計することが最大の責務である。

個人投資家の多数は、短期間に大儲けしたいと本気では思っていない。大儲けしても、すぐ後で大損をしてしまえば株式投資に嫌気を感じるだろう。それよりは、「損失をできる限り避けつつ、数年間保有すれば、株式投資にふさわしい収益が得られること」を望むはずだ。

◇本書の経緯

本書の企画が具体化したのは昨年の夏である。当時、日本の株式市場はほとんど死んでいた。

そうしたなか、中神康議と川北英隆は「株式投資に関する出版」を打ち合わせていた。特定の企業を選んで株式投資することの重要性を紹介したいと

の意図からである。一方で中神は、堀江貞之、渋澤健、伊井哲朗、奥野一成と「厳選投資の会」を形成し、インデックス運用とは異なる株式投資に関して、経済産業省の方などをゲストに交えて定期的に研究と情報交換を行っていた。ともに、日本の株式市場を活性化させるため、また投資成果を得るための活動の一環である。

　これら2つの動きが重なり、今回の出版計画に至った。その後、出版に際して、アセットマネジメント業務を行っている機関と研究者だけではなく、アセットマネジャーにファンドの運用を委託している機関、すなわち年金ファンドに加わってもらうことが望ましいとの意見となり、近藤英男、石田英和に声をかけた。さらに、識者として菅原周一が、また中神の共著者として光定洋介がそれぞれ加わった。以上により、本書の執筆陣が構成されている。

　実際に本書の執筆を開始したのは今年2月になってからである。株式市場は活況を呈し始めていた。しかし、本書の構想、全体の流れ、各章の内容が株価の変動によって揺らぐものではない。もっとも、株式市場への注目度が高まったため、アセットマネジメント業務に直接、間接に携わっているメンバーが忙しくなったのは確かだろう。このため、予定よりも出版の時期が少し後倒しになったと思う。

◇本書の構成

　本書の構成を簡単に紹介しておく。

　本書全体の流れは、①厳選投資の理論的、論理的な背景、②厳選投資のマネジャーの実例、③厳選投資を含めたアクティブファンドへの投資、この順となっている。

　第1章から第3章までは、厳選投資に関する理論的、論理的な背景である。

　第1章は総論的な位置づけである。日本の株価が低迷してきた要因を企業収益の観点から分析し、同時に厳選投資が望ましいと考えられる経済的理由を指摘する。

第2章は、少数の投資対象によって高い投資収益率が得られることの検証である。高い投資収益率の源泉を定量的に分析するとともに、厳選した投資戦略の有効性について検討する。

　第3章では厳選投資の方法が示される。投資目的、プロセス、アプローチの方法などを知ることにより、厳選投資の特徴を把握できる。また、日本において厳選投資が普及するために何が必要なのかも理解できる。

　第4章から第6章では、3社のマネジャーが実践してきた厳選投資について語られる。3社は、それぞれ異なった厳選投資の方法を用いている。

　第4章はコモンズ投信の事例である。コモンズ投信の銘柄選択基準が述べられた後、長期的な企業価値向上を目指している企業の事例と特徴がまとめられる。投資信託として、個人投資家との対話についても語られる。

　第5章は農中信託銀行による厳選投資ファンドの事例である。実践例に基づき、厳選投資における投資先の選定、企業価値の評価に関する視点が紹介される。その一例として、産業における企業とは何なのかが明示される。

　第6章はあすかコーポレイトアドバイザリーの事例である。ハンズオンによって企業価値の向上を支援する厳選投資ファンドとしての投資先選定基準、バリューアップの手法が、事例を交えて紹介される。

　第7章と第8章は年金ファンドでの投資事例である。

　第7章はDICの年金運用である。DIC年金ファンドの10年間の運用パフォーマンスを振り返り、「年金にとって望ましい株式投資とは何か」、マネジャーをどう選択するのかが述べられる。

　第8章は大阪ガスの年金運用である。大阪ガス年金ファンドによる国内株投資の15年間を振り返り、投資戦略別の実績や超過収益が示されるとともに、アクティブ運用に関する期待が述べられる。

　第9章は執筆者による座談会である。第1章から第8章の各章では、執筆者たちは担当する範囲でしか語ることができなかった。このため、執筆者はもちろん、読者にも不満が残るだろう。また、厳選投資に影響を与える市場の仕組みや市場でのプレーヤーに対して、執筆者からの意見と期待を述べておくことも重要だろう。そこで4月24日、横断的な意見交換の場として座談

会を開催した。テーマは、①株式投資の意義と日本株の位置づけ、②インデックス運用か厳選投資か、③アセットマネジャーの役割と義務、④株式市場におけるプレーヤーへの期待、⑤座談会開催当時の株価上昇に関する見方、以上である。

◇謝　辞

　本書の執筆に関して、多くの方のご協力を得た。各執筆者は上司や部下から、陰に陽に、理解や協力を得たものと思う。また、本書の出版計画の段階から座談会に至るまで、金融財政事情研究会出版部の谷川治生部長、島田裕之副部長には大変お世話になった。あらためて感謝を申し上げたい。

2013年9月

執筆者を代表して

川北　英隆

【編者・著者紹介】

川北　英隆（かわきた　ひでたか）

京都大学名誉教授・同大学院経営管理研究部特任教授

京都大学経済学部卒業、博士（経済学）。日本生命保険相互会社（資金証券部長、取締役財務企画部長等）、中央大学国際会計研究科特任教授、同志社大学政策学部教授、京都大学大学院経営管理研究部教授を経て、現在に至る。

著書として、『株式・債券市場の実証的分析』（中央経済社、2008）、『証券化―新たな使命とリスクの検証』（金融財政事情研究会、2012）ほか。

菅原　周一（すがわら　しゅういち）

文教大学国際学部教授

東京工業大学工学部卒業、博士（経済学）。安田信託銀行、みずほ信託銀行（資産運用研究所長、マスターマネジメント部部長）、みずほ年金研究所（研究理事）を経て、現在に至る。慶應義塾大学非常勤講師。

著書として、『資産運用の理論と実践』（朝倉書店、2007）、『日本株式市場のリスクプレミアムと資本コスト』（きんざい、2013）ほか。

堀江　貞之（ほりえ　さだゆき）

大阪経済大学大学院客員教授

神戸商科大学卒業、東洋大学国際学部非常勤講師、国民年金基金連合会資産運用委員、年金積立金管理運用独立行政法人経営委員兼監査委員。

1981年野村総合研究所入社、1986年、「NRI債券パフォーマンス指数」（後にNOMURA BPIと改称）を開発。1986〜88年、NRI-Aニューヨーク事務所（オプションモデル等の開発）、1997〜2001年、野村アセットマネジメント（GTAA、為替オーバーレイファンド等の運用）、2001〜17年、野村総合研究所・金融ITイノベーション研究部（資産運用の先端動向調査）。

著書として、『ROE最貧国　日本を変える』（共著、日本経済新聞出版、2014）、『コーポレートガバナンス・コード』（日本経済新聞出版、2015）、『ガバナンス改革　先を行く経営　先を行く投資家』（共著、日本経済新聞出版、2017）などがある。

渋澤　健（しぶさわ　けん）

シブサワ・アンド・カンパニー株式会社代表取締役、コモンズ投信株式会社取締役会長

複数の外資系金融機関でマーケット業務に携わり、2001年にシブサワ・アンド・カンパニー株式会社を創業し代表取締役に就任。2007年にコモンズ株式会社（現コモンズ投信株式会社）を創業、2008年に会長に就任。経済同友会幹事（アフリカ委員会副委員長ほか）、UNDP（国連開発計画）SDG Impact運営委員会委員、東京大学社会連携本部シニアアドバイザー、等。

著書として、『渋沢栄一100の訓言』（日経ビジネス人文庫、2010）、『SDGs投資　資産運用しながら社会貢献』（朝日選書、2020）、『33歳の決断で有名企業500社を育てた渋沢栄一の折れない心をつくる33の教え』（東洋経済新報社、2020）ほか。

伊井　哲朗（いい　てつろう）

コモンズ投信株式会社代表取締役社長兼最高運用責任者

山一證券入社後、主に営業企画部に在籍し営業戦略を担当した後、機関投資家向け債券営業。メリルリンチ日本証券（現三菱 UFJ モルガン・スタンレー証券）の設立に参画し約10年在籍。コモンズ投信創業と共に現職。2012年7月から最高運用責任者兼務。長期的な視点を大切に、「投資とは未来を信じる力」「一人ひとりの未来を信じる力を合わせて、次の時代を共に拓く」との社是により、2018年3月時点で、共通KPIでお客さまの97.7%がプラスのリターンを享受するまでに同社を導く。

著書として、『「普通の人」が「日本株」で年7％のリターンを得るただひとつの方法』（講談社、2013）、『企業・投資家・証券アナリスト　価値向上のための対話』（共著（日本証券アナリスト協会）、日本経済新聞出版、2017）、『97.7%の人が儲けている「投資の成功法則」』（日本実業出版社、2019）がある。

奥野　一成（おくの　かずしげ）

農林中金バリューインベストメンツ株式会社（NVIC）、常務取締役兼最高投資責任者（CIO）

1992年京都大学法学部卒業、ロンドンビジネススクールファイナンス学修士（Master in Finance）修了。日本長期信用銀行入行。長銀証券、UBS証券を経て2003年に農林中央金庫入庫。2007年より「長期厳選投資ファンド」の運用を始める。2014年から現職。日本における長期厳選投資のパイオニアであり、バフェット流の投資を行う数少ないファンドマネジャー。機関投資家向け投資において実績を積んだその運用哲学と手法をもとに、個人向けにも「おおぶね」ファンドシリーズを展開している。

中神　康議（なかがみ　やすのり）

みさき投資株式会社代表取締役社長、独立行政法人経済産業研究所コンサルティングフェロー。日本取締役協会独立取締役委員会委員長、同協会コーポレートガバナンス大賞審査委員、および経済産業大臣賞審査委員

慶應義塾大学経済学部卒業。カリフォルニア大学バークレー校経営学修士（MBA）。大学卒業直後から経営コンサルティング業界に入る。アンダーセン・コンサルティング（現アクセンチュア）、コーポレイトディレクション（CDI）のパートナーとして、約20年弱にわたり幅広い業種で経営コンサルティングに取り組む。数多くのクライアント企業価値向上の実体験をもとに、「働く株主®」投資モデルの有効性を確信。2005年に投資助言会社を設立し、上場企業への厳選長期エンゲージメント投資活動を開始。数々のエンゲージメント成功事例を生む。2013年にみさき投資を設立し、引き続きエンゲージメント投資に取り組んでいる。

著書として、『三位一体の経営　経営者・従業員・株主がみなで豊かになる』（ダイヤモンド社、2020）、『投資される経営　売買（うりかい）される経営』（日本経済新聞出版、2016）がある。

光定　洋介（みつさだ　ようすけ）

あすかコーポレイトアドバイザリー株式会社取締役ファウンディング・パートナー、産業能率大学経営学部教授

博士（学術、東京工業大学）。早稲田大学法学部卒業後、日本債券信用銀行入社、1990年以降一貫して運用業務に従事。1995年からガートモアで日本の公募投資信託では初となるロング・ショート型の絶対利回りを追求した投資信託を立ち上げ運用。1999年からユニゾン・キャピタルでPEファンド投資、東ハト等の社外役員を歴任し、投資先企業の分析、企業価値向上に従事。2005年からあすかアセットで企業価値向上をサポートするValue-Up Fundを立ち上げ運用。現在、証券アナリストジャーナル編集委員なども兼務。

近藤　英男（こんどう　ひでお）

DIC企業年金基金理事

早稲田大学商学部を卒業後、日本長期信用銀行に入社。外国為替業務経験を経て、銀行勘定での外国債券・米国株式投資を担当。その後、ニューヨークに転勤して、米国債トレーディングや米国コーポレート・ローンのシンジケーション業務を担当。帰国後、アジア資本市場でのシンジケート・ローン業務に携わる。1999年、DIC株式会社（2008年に大日本インキ化学工業から名称を変更）に転籍して、DIC厚生年金基金（2004年にDIC企業年金基金に制度変更）で運用管理部長、2003年４月からは16年間、運用執行理事を務めた。2019年からは、理事として引き続き年金資産運用に携わっている。2005年から企業年金連絡協議会常任幹事、および企業年金連絡協議会資産運用研究会委員長を務めている。

石田　英和（いしだ　ひでかず）

システム2株式会社年金ガバナンスアドバイザー、京都大学博士（経営科学）

東京大学法学部卒業、スタンフォード大学経営大学院修了。京都大学経営管理大学院後期博士課程修了。大阪ガス株式会社にて企業財務等を経験した後、同社企業年金（規約型）のインベストメント・オフィサーとなり、欧米の先進的な基金に倣った本格的運用に取り組み、2015年までの15年間で年率4.3%の実績をあげた。2016年、同社退社、システム2株式会社を設立し、資産オーナーや運用機関に助言。2016〜19年、日本政策投資銀行設備投資研究所にて客員主任研究員。2019〜20年、金融庁金融研究センターにて特別研究員「アセット・オーナーの資産運用の高度化に向けた調査・研究」。

著書等として、『アセットマネジメントの世界』（共著、東洋経済新報社、2010）、『年金基金のためのプライベート・エクイティ』（共著、きんざい、2014）ほか。

目　　次

第3章 ● 脱市場投資のあり方
　　──ロングオンリー絶対リターン型株式投資の内外事例　　堀江　貞之

第6章 ● 企業とともに成長する投資　　　　　中神　康議／光定　洋介

第10章 ● 王道となった選別投資　　　　　　　　　川北　英隆

第1章

「市場」は買えるのか

京都大学大学院経営管理研究部 教授（初版執筆当時）
現京都大学名誉教授　川北　英隆

本章では、現実に株式に投資する場面を想定し、いかにすれば満足できる投資収益が得られるのかを考えてみたい。日本の株式市場が、その満足できる条件をどの程度満たしているのかも問題となる。結論は、アメリカを代表とする先進諸国との比較において、日本市場は、満足できる状態から離れている。そうだとすれば、投資に工夫を施す必要が生じる。

　本章の構成は次のとおりである。最初に日米欧の長期的な株価を比較し、日本の株価低迷を確認する。次に、日本の株価が低迷している理由を理論的に示す。その後、日本の大企業の事業利益率の低迷に関する分析を行い、また、経済成長率が低下することによって企業の経営格差が拡大することを示す。そのうえで、日本株への投資のあり方を考えたい。

株価にみる日本と欧米の格差拡大

　投資家は何のために株式を買うのだろうか。すべての投資家にとって最大の目的が投資収益を得ることだとは断定できない。系列取引を維持するため、もしくは株式持合いも目的となりうる。しかし、プラスの投資収益が得られなければ、極端な場合、損失続きであればだれも株式には投資しないだろう。

　そうだとして、より本質的な質問がある。どのようにすれば、株式投資から満足のいく収益が得られるのだろうか。

　この質問に対する答えは以下でじっくりと考えるとして、次の事実を指摘しておく必要がある。それは、日本の株式市場の価格が1990年代初頭以降、低下傾向をたどってきたことである。

　日経平均株価で確認しておく。株価は1989年の年末（大納会）に３万8,915円（終値ベース）の最高値をつけた。1980年代後半のバブル時の最高値であると同時に、史上最高値でもある。その株価は、1990年代に入った瞬間に下落傾向に入り、2003年４月に7,607円の安値をつけた。背景にバブル崩壊と金融システム不安があったのは周知のとおりである。その後、アメリカ経済の活況と中国経済の高成長によって2007年７月には１万8,261円まで戻った。しかし、サブプライムローン問題の表面化とリーマンブラザーズの経営破綻が勃発して株価が急落し、2009年３月には7,054円のバブル崩壊以降の最安値に達した。

　2012年の年末に民主党政権が終わり、自民党が政権を奪還すると、金融政策に大きな変化が生じた。政府が日銀に大胆な金融緩和を求め、消費者物価指数ベースで年率２％の上昇を早期に達成するように仕向けたのである。この政策により、外国為替レートが円安に転換した。株式市場は円安による輸出企業の業績好転をはやし、2013年３月末には１万2,397円、４月末には

図表1－1　日本と欧米の株価推移

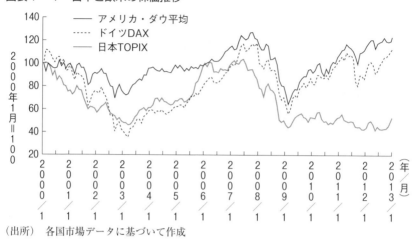

（出所）　各国市場データに基づいて作成

1万3,860円まで戻っている。

　とはいえ、2013年3月末までの長期の投資収益率は依然として低い。過去
5年間の投資収益率（年率）はマイナス1.1％である。10年間では、2003年
の株価が最安値圏にあったため、4.5％のプラスであるが、15年間ではプラ
ス0.1％、20年間ではマイナス0.4％と、ゼロ近辺で推移している[1]。

　それでは、欧米と比較して、日本の株価にどのような特徴があるのだろう
か。図表1－1は2000年以降について、日本、アメリカ、ドイツの3カ国の
株価推移を比較したものである。2000年とは、世界の株価がIT株（情報通信
株）をもてはやしてバブル化した時期の最終局面であり、バブル崩壊による
日本の株価下落が最終局面に入った時期でもある。

　これによれば、2006〜7年頃まで、日本の株式推移は欧米と比べて大きな
遜色がなかった。しかし、2007年に表面化したサブプライムローン問題とそ
の翌年のリーマンショックを経た後、大きく出遅れてしまっている。この状
態は、2012年末以降の株価急上昇によっても解消されていない。

　日本株の出遅れを象徴しているのがPBR（株価純資産倍率）である。日本

1　ここでの投資収益率は配当込みの東証株価指数によって計算した。

市場の平均PBRは、2008年以降、1倍割れが続いていた[2]。2012年末以降の株価上昇により、市場平均PBRが1倍割れという異常な状態は解消された。それでも、2013年4月末は1.21倍である[3]。一方、アメリカは2.05倍、ドイツは1.53倍と、日本の水準を相当上回っている。では、日本の株価が依然として安値に放置されているのかといえば、PER（株価収益率）は15.4倍であり、アメリカの14.9倍、ドイツの11.3倍をむしろ上回っている。つまり、日本が安値にあるとはいえない。

　それでは、日本と欧米の株式市場の差異を生み出した要因は何なのか。これが疑問となる。

2　東京証券取引所第一部上場企業の単純平均の数値。データは東京証券取引所「統計月報」による。
3　比較に用いたPBRはFACTSETから得た。PERも同じである。

第2節　PBRの1倍割れが生じる背景

　最初に、PBRが1倍を割る状態が何を意味しているのか、その理論的な背景を示しておきたい。

　PBRが1倍を割ることは、企業の解散価値未満に株式が売り込まれていることを意味する。このため、「そのような株式はバーゲンセールされているわけで、買い得である」と論評されることが多い。しかし、本当のところ、その株式が買い得とは即断できない。

　PBRが1倍を割れる状態は、事業に投下した資産が、その資産を取得するのに必要なコスト未満の利益しかもたらさない場合に生じうる。そのようなきわめて貧弱な採算の事業に資産を投下した瞬間、赤字が発生するからである。その赤字の分だけ資産価値が目減りすると考えればいい。この典型が、銀行から資金を借り入れ、その資金を借入利子率未満の利益しかもたらさない事業に投資した場合である。

　調達資金の手段を銀行借入れ以外に広げても同様である。税引き後の投下資本当り事業利益率（ROIC、return on invested capital）と、税効果を加味した資本コスト（WACC、weighted average cost of capital）とを比較したとき、ROIC＞WACCであれば、事業は投下資本のコストを加味して黒字の状態にあり、PBRは1倍よりも大きくなる。逆にROIC＜WACCであれば事業は赤字であり、PBRは1倍を割ってしまう。

　このROIC＜WACCの状態とは、残余利益[4]（residual income）がマイナスの状態にあることを意味する。この状態にあると、企業は企業価値を破壊しつつ事業を行っていることになるので、企業価値は当初の投下資本額を割る。投下資本を得るために調達した資金のうち、負債による調達は、その全

4　残余利益の額は、「（ROIC－WACC）×投下資本」で表される。スターンステュアート社の登録商標であるEVAと基本的に同じ概念である。

図表1−2　投下資本100当りの企業価値（株価）

企業	A	B	C
ROIC（％）	3.0	10.0	5.0
WACC（％）	5.0	5.0	5.0
内部成長率（％）	0.0	0.0	0.0
企業価値	60.0	200.0	100.0

（注）　税引き後の利益のすべてを配当するとして計算した。

図表1−3　投下資本100当りの企業価値（株価）

企業	A	B	C
ROIC（％）	3.0	10.0	5.0
WACC（％）	5.0	5.0	5.0
内部成長率（％）	1.2	4.0	2.0
企業価値	47.4	600.0	100.0

（注1）　税引き後の利益の40％を内部留保し、新規投資に充当するとして計算した。
（注2）　事業資産当りの利益率は変化しないと仮定した。

額を優先的に返済しなければならないから、負債返済後に残った株式の価値は当初の調達額を大きく割ることになる。すなわち、PBRの1倍割れは当然である。

　図表1−2および1−3によって、ROICとWACCの大小関係がPBRに与える影響を簡単に示した。ここで、不振企業のA社はROIC＜WACC、優良企業のB社はROIC＞WACC、普通の企業のC社はROIC＝WACCである。なお、これら3企業は無借金企業としているため、企業価値＝株価となる。

　まず、図表1−2により、企業が成長しない場合の企業価値をみておく[5]。成長しないため、事業活動による利益は内部留保されず、全額配当として株主に支払われる。

　この場合、ROIC＜WACCである企業Aの企業価値（株価）は時価ベース

5　図表の企業価値はDCF（discounted cash flow）法によって求まる。企業価値＝投下資本100×ROIC×（1−内部留保率）／（WACC−成長率）。ここで、事業資産当りの利益率が変化しないとの仮定により、成長率は投下資本の成長率と等しくなるため、成長率＝ROIC×内部留保率。

で当初の投下資本額を割り込む。この結果、PBRは0.6倍となる。この「簿価に対して0.6倍の時価」を基準とし、ROICを再計算すると、WACCと等しくなる。計算を確認しておくと、企業Aの税引き後の事業利益は3（100×0.03）であるから、企業価値（すなわち時価ベースでの投下資本の価値）が60に低下すれば、ROICは5％（3÷60）となり、資本コストとしてのWACCと等しくなる。

ROIC＞WACCの企業B、ROIC＝WACCの企業Cにおいても同様であり、ROIC＝WACCとなるように時価ベースでの企業価値（株価）が変動する。この結果、企業BのPBRは2.0倍、企業Cは1.0倍となる。企業Aと異なり、PBRは1.0未満にならない。

図表1−3では、ROIC＜WACCである企業Aが、この資本コスト割れの状態を変えることなく成長を目指せば（つまり、税引き後利益のすべてを配当もしくは自己株式取得に用いることなく、内部留保を行って新たな設備の獲得を図れば）、株価水準がさらに低下することを示している。

言い換えれば、企業Aのような状態において、企業が新規事業のために内部留保し、その資金を事業拡大につぎ込めば、企業価値の破壊を拡大してしまう。採算に乗らない新規事業を開始するよりも、むしろ利益のすべてを配当として株主に還元することが望ましいことになる。もっというと、資本コスト割れの状態を解消できるメドが立たないのなら、既存事業も早い段階で終了し、企業を解散することが望ましい。利益の一部を内部留保して成長を図ることはもちろん、経営を続けることも合理的ではない。

逆に、ROIC＞WACCの優良企業が既存の事業と同じ利益率をもたらす新規事業を見つけ、それに投資をすれば、株価水準がさらに上昇する。現時点でこの状態にある企業Bが、合理的な意思決定に基づいて経営しているとすれば、配当性向を引き下げて内部留保を増強することは成長機会がふえたことを示唆している[6]。この決定を受け、株価はさらに上昇するだろう。

以上から、日本の平均的な上場企業のROICが低位にあるため、PBRが長

6　この前提において、企業Bが無配を意思決定することは、むしろ株主にとって望ましい。

らく１倍割れを続けてきたのではないかとの推論が成り立つ。日本の株式市場について、「株式はバーゲンセールされているわけで、買い得だ」と決めつけることに疑問が生じる。そこで、現実に立ち戻り、上場企業の資本の効率性を分析する。

大企業の資本効率性の低下

　本節では日本の上場企業に相当する企業群の業績と、その資本効率性の分析を行う。

　ここで用いる企業業績に関するデータは、財務省「法人企業統計（四半期）」である。上場企業に近い状態が得られるように、分析対象を資本金10億円以上の企業に限定した。また、金融保険業を除いた[7]。なお、「法人企業統計」の対象企業は国内企業であり、海外の現地法人は対象に含まれない。

⑴　大企業の付加価値生産性の低下

　最初に日本企業の特徴をみておく。

　1990年代の後半以降、日本企業の付加価値生産性は低下してきた。そのポイントだけを指摘しておく。ここでの付加価値とは、雇用者報酬（一般的には人件費）、営業余剰（営業利益）および固定資本減耗（減価償却費）としておく。GDP（国内総生産）の概念にあわせたものである。

　第一に、図表にはないが、名目GDPがこの20年間、結果として成長しなかったという事実である。

　2012年10−12月期の名目GDP（2次速報値、季節調整後）は471兆円、2012年の平均で476兆円である。これと同じ水準を過去に探すと、1991年当時にまでさかのぼらないといけない。企業利益の成長は名目ベースの経済成長に左右される。長期的には株価は企業利益を反映する。この名目GDPが成長してこなかった事実は、株価の足を引っ張る要因になった。

　第二に、名目GDPの成長がみられなかった重要な背景として、次の点を指摘できる。

7　法人企業統計からは金融保険業に関する長期データが得られない。

図表1－4　売上高付加価値率の推移

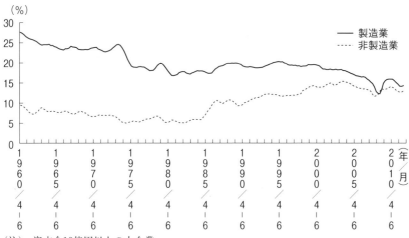

（注）　資本金10億円以上の大企業。
（出所）　財務省「法人企業統計」に基づいて作成

　まず、1990年代半ば以降の製造業において、売上高当りの付加価値率、す
なわち売上高１円を計上することによって獲得できる「人件費、営業利益、
減価償却費の合計」の割合が低下傾向にある（図表1－4）[8]。

　リーマンショック以降の円高によって製造業の輸出環境が厳しくなり、採
算が悪化しているとよく指摘される。しかし、リーマンショック以前の円安
局面においても付加価値率の悪化があったことになる。つまり、リーマン
ショック以降は、この製造業の採算の悪化傾向が加速しているにすぎない。

　この付加価値率の低下をもたらしているのは日本の製造業の国際的な競争
力の低下である。付加価値を削り価格を下げないと、海外はもちろん、国内
でも製品が売れなくなったと考えるべきである。さらには、デフレの根本的
要因も、この競争力の低下と、それによる製品価格の低下にある。それでも
競争力の低下した製品を死守し、国内で生産活動を続けてきた経営も問題だ
ろう。

8　「法人企業統計」のデータについては、季節性を除去する目的から４四半期の平均値
　として算出している。この計算方法は本章全体を通じて同じである。

非製造業の場合は状況が異なる。売上高当りの付加価値率は2000年代半ば近くまで上昇していた。とはいえ、一方で総資産回転率は明らかな低下傾向にあった。これらの要因として、携帯電話の普及による通信業の躍進や小売業の大規模店舗化に代表されるように、非製造業が装置産業的な色彩を強めたことを指摘できるだろう。なお、製造業の総資産回転率も低下しているが、非製造業ほどではない。

　以上の売上高当りの付加価値率もしくは総資産回転率の低下により、総資産当りの付加価値率は2007年頃まで、製造業では低下傾向が続き、非製造業では横ばい傾向だった。それが足元では、リーマンショックによって大きく低下し、現在[9]もショック以前の水準に戻っていない。

　企業は、この付加価値生産性の低下に対し、労働分配率を低下させようと努力した。付加価値の分配を変えることで、利益水準を維持しようとの意図である。雇用人員の削減、時間当り賃金カット、時間雇用社員の割合の上昇が代表的である。この労働分配率の低下は1990年代の末前後から2007年頃まで観察できる。しかし、リーマンショックによって労働分配率が急上昇した。付加価値率の急速な低下に対応しきれなかったことと、人件費の削減に限界がみえたからだろう。

　労働分配率の引下げによって得られた効果を、総資産営業利益率（ROA）で確認しておく（図表1－5）。ここで営業利益率を用いるのは、営業利益から租税を控除し、税引き後の総資産営業利益率を計算すれば、ほぼROICを代替できると考えられるからである。また、経常利益（税引き前当期利益）や当期純利益を用いないのは、これらの利益の概念には資本構成（事業のための資本を株式で調達しているのか、負債で調達しているのか）が影響するため、事業の効率性を純粋に分析するのがむずかしくなるからである。

　さて、総資産営業利益率は1990年代半ば過ぎがボトムであり、それ以降はリーマンショック前まで上昇していた。リーマンショックによる混乱は大きく、特に製造業が営業赤字に陥るという異常事態をもたらした。ショックの

9　本稿執筆時に得られた最新データは2012年10－12月期である。その後、2013年4－
　6月期まで公表されているが、このデータを加えても傾向に大きな変化はない。

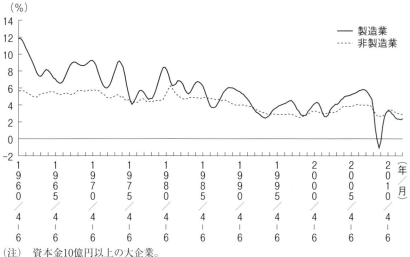

図表 1 − 5 　総資産営業利益率の推移

（注）　資本金10億円以上の大企業。
（出所）　財務省「法人企業統計」に基づいて作成

　混乱が収束した後、総資産営業利益率は1990年代半ばのボトム水準を少し超えたところまで戻った。しかし、大震災後に再度、低下している。結局、総資産営業利益率は総じて低い水準にとどまっている。

　付言すれば、労働分配率の引下げは短期的には企業業績にプラス効果をもたらすものの、長期的な効果は疑問である。というのも、日本経済全体のパイである名目GDPが拡大していないなかでの労働分配率の引下げは、パイの切れ目を企業側に有利となるように変えるにすぎない。

　一方、労働分配率の引下げは個人にとっての賃金収入の低下である。これは消費需要の抑制をもたらす。消費の抑制はGDPの成長を抑制してしまい、企業の供給能力に対して需要が不足する状態を生じさせ（もしくは、その状態を増幅させ）、デフレをもたらす（デフレ状態を悪化させる）。さらにデフレは、付加価値生産性を引き下げる一因ともなる。

　つまり、労働分配率の引下げによって企業業績を向上させようとの努力は対症療法にすぎず、長期的にはかえって企業業績を悪化させかねない。

(2)　連結決算にみる日本企業の海外進出と成功

　本節(1)で示した「法人企業統計」による分析を補強するため、上場企業の決算を簡単にみておきたい。ここで利用するのは東京証券取引所が毎年1回公表する「決算短信集計結果」である[10]。金融業は除かれている。これを用い、東京証券取引所第一部上場企業の単体決算と連結決算を比較する。

　単体決算には海外現地法人が含まれていないため、「法人企業統計」に近いと考えられる。一方、連結決算には海外現地法人が含まれるため、日本企業の海外進出に関する特徴が把握できるだろう。

　この主旨に基づき、主に連結と単体の倍率（連結／単体）の推移を観察した。その結果、主に次の2つの特徴がみられた。

　1つに、売上高、営業利益において連結と単体の倍率が上昇している。特にここ数年、営業利益での倍率の上昇が目立つ。この傾向は非製造業よりも製造業で顕著である。製造業の海外進出が活発化していることと、国内での利益水準が低いことに要因を求められるだろう。

　もう1つの特徴は、最初の特徴と関連するが、連結ベースの利益率の水準が単体ベースよりも高いことである。本節での関心事項である総資産営業利益率について、その数字を示しておく。2011年度の単体ベースは製造業2.0%、非製造業2.1%、連結ベースは製造業4.2%、非製造業4.2%であり、相当大きな差異となっている。

　なお、この単体ベースの利益率は「法人企業統計」のものとほぼ同じである。また、連結ベースでは海外のみならず国内の子会社も対象となるが、一方の「法人企業統計」を用いた分析では国内企業がすべて含まれている[11]。このことを念頭に置くと、連結が単体の利益率を大きく上回る主な理由は、

10　3月期決算だけのデータではなく、年度全体の集計データを用いた。本稿の執筆時点での最新データは2011年度のものである。なお、東京証券取引所が現在のホームページで公表しているデータは2006年度以降のものであるが、本書の分析では過去に公表されていたデータも参考とした。

11　法人企業統計によると、2000年以降、資本金10億円未満の企業の利益率は大企業よりも劣る。

海外現地法人の利益率の高さと考えていい。

　つまり、リーマンショック以降の円高傾向にもかかわらず、日本企業の現地法人形態での海外進出が全体として成功を収めていることを示唆している。一方、国内生産を輸出に振り向けるだけでは大きな成果が得られていない。

(3) 平均的な日本企業は資本コスト割れ

　現在の日本企業の総資産営業利益率は資本コストを上回っているのだろうか。全産業と、それを製造業と非製造業に分け、それぞれの平均的な姿を分析しておきたい。平均的な姿を把握できれば、日本企業への株式投資に関する重要なヒントが得られる。

　まず、CAPM（capital asset pricing model）に基づき、資本コストとしてのWACCを試算した[12]。計算の前提は図表1－6のとおりである。

　この図表1－6について少し説明しておく。

　資産と純資産の構成割合および法人税等税率については、計算時点での実際の数値（近似値）を用いた。

　リスクフリーレートは10年国債の利子率とする。株式コストを計測するた

図表1－6　資本コストの前提（長期的な期待値）

	全産業	製造業	非製造業
国債金利（％）	1.5	1.5	1.5
負債コスト（％）	1.9	1.9	1.9
β	1	1	1
株式市場の期待収益率（％）	5.5	5.5	5.5
負債の割合（％）	40	30	55
純資産の割合（％）	60	70	45
法人税等税率（％）	40	40	40

12　ここでの資本コストの計算は川北英隆（2012－1）から変えていない。前提となる数値を置くために参考とした現実経済の姿（数値）も計算当時のものである。その後に新しいデータが付け加わっているが、計算には長期のデータを用いているため、川北英隆（2012－1）の計算当時と現在とに大きな差異があるとは考えられない。

め、将来の景気回復を見越したうえでの長期的な均衡利子率を用いることが前提となる。標準的には、潜在的な実質経済成長率と予想物価上昇率から、1.5〜2.0%程度の値だと推定できる。以上から、現在の10年国債の利子率よりも高めの水準である1.5%を用いることとした[13]。

　負債コストとして、日銀が公表している貸出約定平均金利（長期）の過去10年間の平均値を用いる。貸出約定平均金利（短期）を用いると1.4%程度になるが、国債利子率を現時点の水準よりもやや高めに設定したことと整合性を保つため、貸出約定平均金利（長期）を選択した。

　CAPMでのβ値は1とし、株式市場全体と完全に連動すると想定した。実際には製造業は1よりもやや高めに、非製造業は1よりもやや低めになると考えられるが、ここでは無視した。

　以上に基づいて資本コストを計算すると、全産業3.8%、製造業4.2%、非製造業3.1%となる。しかし、これはとりあえずの計算結果であり、図表1−6で示した資本構成の見直しが必要である。

　というのも、企業は明確にコストを必要とする負債（借入れと社債）や純資産だけを用いて事業用資産（総資産に近い額の資産）を取得しているのではないからである。これ以外の「その他の方法（代表的には買掛金と支払手形による企業間信用、退職給付引当金など）」でも資金調達している。

　計算時点では、借入れや社債、および純資産の合計は資産合計の約70%に相当していた。残りの30%はこれら以外の「その他の方法」を用いている。「その他の方法」が無コストだと想定すれば[14]、この「その他の方法」による資金調達の割合だけ、資本コストは上で示した値よりも低くなる。

　以上の見直しの結果、より現実に近い資本コストは、全産業2.6%、製造業2.9%、非製造業2.2%と計算できる。

13　現在の日本銀行の政策目標である物価上昇率2%が順当に達成されたのなら、10年国債の利子率は3%を超すと想定できる。この場合、本稿で計算するWACCはより高くなる。他方、企業が達成しうる将来のROICも高くなると想定できる。

14　実際には無コストではない。企業間信用については、それを供与する側は金利相当分を考慮して取引価格に上乗せしているだろうし、退職給付引当金には明確に金利を考慮して引き当てられる。これらのコストが負債コストと同じ1.9%だとすると、以下で見直し計算をする資本コストは、税効果を加味して0.34%上昇する。

一方、ROICの代替値として、税引き後の総資産営業利益（2000年から2012年までの13年間の平均値）を法人企業統計から計算した。そうすると、全産業2.2%、製造業2.3%、非製造業2.1%である。これと、上で計算した修正後の資本コストとを比べると、日本国内で活動する大企業はこの13年間の平均において、資本コストをまかなえていなかったことになる。

　もう少し詳細に利益率と資本コストの関係を観察するため、2000年以降、13年間の税引き後の総資産営業利益の推移と資本コストとの関係を示したのが図表1－7および1－8である。図表において、横軸と平行に引かれた太い実績が資本コスト、折れ線が税引き後の総資産営業利益率である。

　図表1－7と1－8によれば、足元において、製造業の状態が特に悪い。リーマンショックの影響やその後の円高の影響を受け、利益率が大きく低下したためである。他方、非製造業は国内需要が主であり、利益率の大きな変動は生じない。

　この点以外において、製造業、非製造業ともに本質的な差異は小さい。そ

図表1－7　資本コストと利益率：製造業

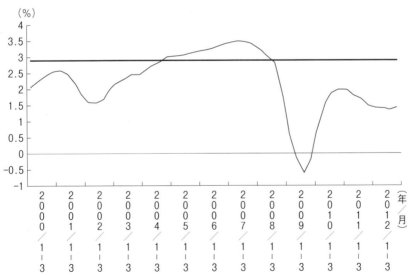

（注）　資本金10億円以上の大企業。
（出所）　財務省「法人企業統計」に基づいて作成

図表1-8　資本コストと利益率：非製造業

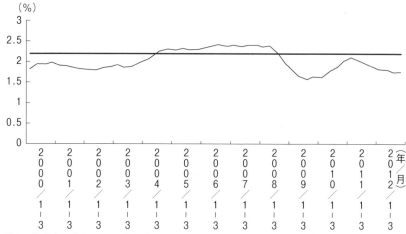

（注）　資本金10億円以上の大企業。
（出所）　財務省「法人企業統計」に基づいて作成

れぞれの業種が事業活動によって資本コストを上回る利益をあげていたの
は、2004年の後半から2008年の前半にかけての4年間程度である。この期間
を除くと、企業価値を棄損する状態にあったことが判明する。リーマン
ショック以降、円高や東日本大震災があったとはいえ、利益率は資本コスト
の水準に戻り切らないうちに再度低下している。

　なお、2012年末以降の円安への転換により、総資産営業利益は回復に向か
い、資本コストを上回るかもしれない。そうだとしても、企業収益力の抜本
的な改善がない限り、経済環境が厳しくなると、再び利益率は資本コスト割
れになってしまう。2006年頃の正常な状態がつかの間で終わったこと、その
繰り返しである。

　また、本節(2)で示した連結ベースでの決算データを用い、税引き後の総資
産営業利益が資本コストを上回っているかどうかを計算してみた。

　足元は、連結と単体の倍率が上昇しているため、図表1-7、1-8と比
べ、状況は改善する。しかし、製造業の利益率は依然として資本コストを下
回っている。一方、非製造業はわずかに上回るものの、実際には企業間信用

や退職給付引当金のコストを考慮する必要があることと[15]、情報通信業の影響が大きいこと[16]を考慮すると、平均的な非製造業の上場企業が資本コストを上回る利益を計上しているとはいえない。

以上の状態を言い換えれば、日本の株式は業績が向上する時期をねらって短期的には買えても、長期に保有することを目的に投資するのには適さないことになる。資本コスト割れの事業しか行っていない企業を、長期的な観点から買えないからだ。さらに言い換えると、上場企業全体の株価推移を示すインデックスに投資することが、つまり年金ファンドが中長期の保有目的で採用しているインデックス運用が不適切ということになる。

もっとも、確認しておくと、図表1－7と1－8はあくまでも製造業、非製造業の平均的な姿を示したにすぎない。個別に観察すると、資本コストをはるかに上回る利益率を達成している企業もあれば、その逆もある。以下では、平均的な企業の姿と個別企業の関係を考えたい。そのうえで、日本の株式への投資のあり方を提示したい。

15　脚注14を参照のこと。
16　2011年度の連結決算において、情報通信業の営業利益は非製造業全体の34％を占めている。また、その総資産営業利益率は8.9％と、非製造業の平均（4.2％）の倍以上の高さである。一方、電力会社は赤字に転落したが、当該年度に関してのマイナスの影響はさほど大きくない。

第4節 経済成長の低下が企業間の格差を拡大させる

　企業業績は国内経済（母国経済）の活況度から大きな影響を受ける。現在では現地法人を海外に設立し、グローバルな活動を行う企業がふえているため、国内経済から受ける影響度が低下していると考えられるが、それでも海外でまんべんなく活動している企業は、日本では皆無だろう。

　株価は企業業績を反映して変動する。もちろん、株価は上にも下にも行き過ぎ、正確に企業業績を反映しないものの、長期的な株価のトレンドは企業業績を反映している。そして、企業業績が国内経済の活況度から大きな影響を受けるわけだから、株価は国内経済の活況度を反映する。この結論は常識だろう。

　では、国内経済の活況度は個々の企業にどのような影響を与えるのだろうか。株式に投資する場合、個々の企業の業績と経済活動の関係を正しく把握しておく必要がある。

　そこで、日本とアメリカの上場企業について、その営業利益率と母国の名目GDPの成長率との関係を分析してみた。この分析の方法は単純で、年間ごとの名目GDP成長率と、それに対応する年度における上場企業の営業利益率のばらつきの関係を調べるものである。営業利益率のばらつきについては次の計算を行った。すなわち、分析期間の年度ごとに、上場企業の総資産営業利益率を計算したうえで、この各年度ごとの総資産営業利益率の標準偏差を求めた。

　この総資産営業利益率の標準偏差を平均値で割ったもの（いわゆる変動係数）と、名目GDP成長率との関係を、日本について図表1-9、アメリカについて図表1-10で示した。

　これらの図表のポイントは次のとおりである。

　日本の場合、名目GDP成長率が低下すれば、明らかに総資産営業利益率

でみた企業業績のばらつきが拡大する[17]。この要因として、人件費をはじめ
とする固定費の存在による営業レバレッジ効果、負債の存在による財務レバ
レッジ効果があるだろう。しかし、1990年代の終盤以降、人件費の抑制が図
られ、また設備投資も活発でなかったことからすると（言い換えればレバレッ
ジが低下していたことから）、これらのレバレッジ効果が継続して大きく影響
しているというよりも、企業間の経営力格差の影響が表れていると考えたほ
うがいいかもしれない。
　一方、アメリカは日本と少し異なる。2000年頃までは日本と同様に、名目
GDP成長率が低下すれば総資産営業利益率の変動係数が上昇するという関
係がみられていた。しかし、その後は様相が変化している。両者の間に、そ
れまでとは逆の関係（名目GDP成長率が上昇すれば総資産営業利益率の変動係数
が上昇する）がみられるようでもあるが、むしろ、次のように考えることが
可能かもしれない。

図表1－9　日本：経済成長率と企業業績のばらつき

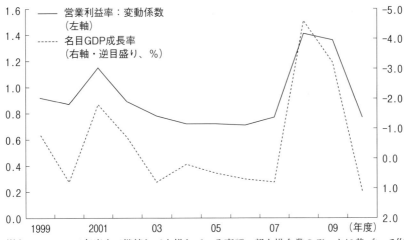

（注）　1999～2010年度まで継続して上場している東証一部上場企業のデータに基づいて作
　　　成。

17　分析対象企業が図表1－9のものとは異なるが、同様の分析を1980年代半ばから2000
　　年代初まで行った。そうすると、名目GDP成長率と総資産営業利益率の変動係数との間
　　の相関は同じように強かった。

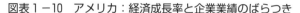

図表1-10 アメリカ：経済成長率と企業業績のばらつき

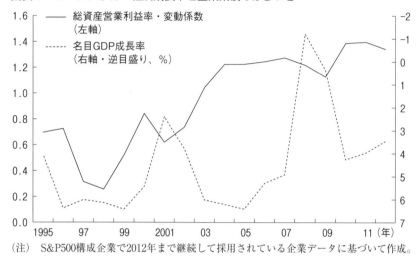

（注）　S&P500構成企業で2012年まで継続して採用されている企業データに基づいて作成。

　つまり、アメリカの名目GDP成長率が傾向として低下しており、それに対応するように、総資産営業利益率の変動係数でみた企業業績のばらつきが傾向として拡大している。これは、2000年以降、グーグルやアップルに代表されるような、母国であるアメリカ経済への依存度が従来以上に低い企業の急速な発展と無関係ではないだろう。企業のグローバル化である。実際、アメリカの大企業の場合、海外への依存度は日本よりも高い。

　いずれにせよ、日本企業は母国経済の名目ベースでの低成長により、格差が拡大している。アメリカでは、日本以上に企業間の格差が拡大している。企業間格差における日本とアメリカの差異について、名目経済成長率においてアメリカのほうが日本よりも高いにもかかわらず、アメリカの企業間の格差がより大きいことに注目しておきたい。

　他方、日本とアメリカとでは、平均的な総資産営業利益率の水準に大きな差異がある。アメリカは10％以上の水準（2012年は10.7％）にあるのに対し、日本は5％程度（東日本大震災の直前、2010年度で5.3％）でしかない[18]。経済

18　連結ベースでの利益率である。計算の対象企業が異なるので、第3節(3)の数値とは異なっている。

成長率に差があるため、国債金利や負債コストに差が生じ、これが資本コストの差異を生み出す（アメリカのほうが高いと考えられる）とはいえ、これだけでは日本とアメリカの総資産営業利益率の大きな差異を説明できない。資本コストの水準の差は、長期国債の金利差から推論すると、せいぜい１％程度だろう。

　結局のところ、実質的に（すなわち資本コストの差異を考慮したとしても）、アメリカの総資産営業利益率は日本よりも高い。資本の生産性が高いことになる。また、アメリカの上場企業（図表１－10ではアメリカ市場の代表的な指数であるS&P500に採用されている企業を対象とした）は、資本コスト以上の利益を生み出している。平均的なアメリカ企業に投資することが不適当だとは言い切れない。

　とはいえ、このアメリカにおいて、企業間の格差が従来観察されていた以上に拡大している。格差が拡大すれば、よい企業と悪い企業の見分けが明確化し、その結果、投資対象の選別がかつてよりも容易になる可能性が生じる。投資対象の選別が容易になれば、市場の平均的な企業に投資することを意味するインデックス運用から離脱し、平均以上の企業に投資することで、市場平均よりも高い投資パフォーマンスを得やすくなる。

　第３節(3)において、日本の場合、インデックス運用は資本コスト割れの企業に投資することと等しいため、不適切だと説明した。アメリカの場合、背景は日本と異なるものの、インデックス運用を採用することを再考すべき状況に直面していると考えられる。

第5節　日本の株式への投資のあり方

　これまで示してきた分析から、日本市場における株式投資に関して何がいえるだろうか。

(1)　日本の「株式市場」の位置づけと評価

　最初に、日本の株式市場に投資することの是非と、その投資の方法について考えてみたい。

a　インデックス運用の対象として望ましい株式市場──日本か海外か

　第一に、本章のテーマから少し離れるが[19]、市場平均的な企業に投資するのなら、別の表現を用いると、平均的な株式に投資したいがためにインデックス運用を行うのなら、日本株よりも海外株のほうが望ましいと考えられる。というのも、企業経営が合理的だからである。もちろん、企業業績とその将来に対する期待とを反映した妥当な水準に株価がすぐさま収束する（言い換えれば価格形成が効率的である）のなら、日本株と海外株を区別し、海外株を選択する余地がないのかもしれない。

　この点に関して最初に検証が必要なのは、現在の投資家の行動が即時に、合理的な水準にまで株価を動かすのかどうか、すなわちすべての投資家が合理的に行動するのかどうかである。残念ながら、投資家の行動が合理的とはいえない。

　こう考える理由は簡単である。本章で示したような日本企業の状況が議論の俎上にのぼることが少ないこと、年金をはじめとする機関投資家においてインデックス運用から離脱する動きが少ないことから、投資家が合理的に行動しているとは考えがたいためである。

19　本書第9章の座談会で議論している「日本株と海外株」の関係である。

また、ファーマ＝フレンチが提唱した3ファクターモデルに基づくスタイルインデックスと、それに基づく機関投資家のスタイル運用の影響も考慮しないといけない。ファーマ＝フレンチのモデルと、それを実践するために開発されたスタイルインデックスによると、バリュー株に投資することが望ましい。このモデルでのバリュー株とは、基本的には「PBRが低い企業」[20]との定義である。しかし、本章で述べてきたように、日本企業でPBRが低いのは「資本コストを満たすように合理的に事業活動していない」結果である場合が多い。このため、日本企業に関して単純にPBRに基づきバリュー株を選び、投資することは、「非合理的な経営を行っている企業」にあえて投資することになる。結果は、非合理的な企業の株価を持ち上げてしまい、非合理的な投資となりかねない[21]。

　これらの非合理的な機関投資家の動きにかかわらず、日本の株価形成を分析すると、長期的には合理的な水準に向かう力が強く働いていることも確かである。しかし、この力が働いているとしても、一方で非合理的な力も強く働くため、合理的な株価形成が達成されるまでの間、時間を要することは確実だろう。同時に、株価に対して影響力のある情報は頻度高く発生している。株価が効率的な水準に収束する前に、新たな情報が伝えられ、再び株価の位置が変動する。その後は、再度、新しい効率的な株価の位置を探らないといけない。

　次の理由は、企業の配当政策である。企業の利益率が資本コストまで回復しないのであれば、その限りにおいて投資家にとって望ましいのは、最終利益のすべてを配当として支払ってもらうことである。言い換えれば、経営者が内部成長を図らないことである。

20　モデルでは、「PBRの逆数」値の高い企業の株式をバリュー、低い株式をグロースとしている。このモデルでのグロースとは、「通常の意味での成長」ではなく、PBRが高いという形式基準による。

21　「資本コストの観点から合理的な経営をしていると評価できるにもかかわらず、PBRにおいて低位に放置されている企業」を新たなバリュー株の定義とし、このバリュー株に投資した場合をシミュレーションしてみた。そうすると、単純なバリュー株投資と比べ、より高いリターンが得られるとの結論が導き出せた。京都大学経済学研究科博士後期課程に在籍する南正太郎氏の分析結果である。

現実はといえば、利益のすべてを配当として支払っている企業は、単年度ではともかく、中長期的には存在しない。この配当政策は、図表1－2の試算でも示したように、利益率と資本コストから計算した合理的な株価の水準を引き下げてしまう。また、毎年度、この配当政策が繰り返されることで、利益率と資本コストの等しくなる株価水準の実現が先延ばしされる。

もちろん、投資家が経営者の将来の行動を確実に予測できるのであれば、株価が経営者の意思決定に先回りして低下し、利益率と資本コストが等しくなるような株価水準の早期実現を促すだろう。しかし、経済実態に応じて経営者の行動も変化するから、株価の先回りも容易ではない。

特に経済が上昇過程に入れば、経営者が強気になり、「成長」に向けた投資活動を活発化させ、非合理的な企業経営に走ってしまう。これらの企業は、景気循環によって成長率が高まる過程において相対的に利益率が高まり（図表1－9参照）、株価上昇率が市場平均よりも高い可能性が大きい。また、資本コストと見合った利益率を達成できていない企業の多くはバリュー株として分類されているだろうから、多くの機関投資家の人気を集め、もう一段、株価が上昇しかねない。

結局のところ、合理的な株価の形成はむずかしい。合理的に株価が形成されていないのなら、利益率が資本コストを下回っている企業について、その株式を購入することは長期投資の観点からは望ましくない。

以上の2つの理由から得られる結論は、日本の株価が合理的に形成される瞬間は多くないということである。市場平均に投資をするのなら、最初に指摘したように、少なくとも日本より合理的な企業の多い、海外市場での投資を模索するのが望ましい。

b　日本株への投資──市場平均への投資か選別した投資か

第二に、日本企業の株式に投資をするのなら、市場平均に投資すべきではなく、企業の選別をすべきだということである。この理由として、複数のことを指摘できる。

1つは、日本の場合、長期の視点から評価して、資本コスト以上の利益を稼いでいない企業が多すぎること、このため平均的な利益率水準の企業では

資本コストに届かないことである。この点については繰り返さない。

　2つに、市場平均すなわち市場ポートフォリオに投資することが効率的だという理論（代表的にはCAPM）の前提を思い出さないといけない。情報の効率性、投資家行動の合理性などと並び、企業が合理的に事業活動していることが暗黙の前提となっている。具体的には、企業は合理的な（資本コスト以上のリターンの得られそうな）投資しか実行しないと想定されている。日本の場合、この企業行動に関する前提が成立していない。このため、投資理論が成立するという保証がなく、市場を模倣する投資（現実の市場におけるインデックス運用）が望ましいという前提が崩れてしまっている。

　3つに、CAPMなどで想定している「市場」とは、現実の社会において何なのか。「市場」を模倣することが望ましいとしても、模倣の対象があいまいでは現実性がない。日本の株式市場の場合、多くはTOPIX（東証株価指数）を「市場」とみなしている。では、TOPIXと並んで代表的な株価指数である日経平均株価は「市場」ではないのか。両者がほぼ同じ動きをするのなら、どちらを「市場」とみなしても大きな問題はない。しかし、実際のところ、日々の動きはともかく、少し期間を長くとると、動きが異なっている。たとえばリーマンショックを起点として、日経株価平均はTOPIXよりも20％以上も高くなった。どちらが理論でいう「市場」に近いかは結論づけられない[22]。現実の「市場」とは、この程度のものでしかない。

　4つに、この程度の「市場」でよければ、20〜30企業さえあれば「市場」が形成できるのも現実である。そもそも、CAPMなどの投資理論は、分散投資の効果を1つの根拠としている。この分散投資の効果を得るのに、何百、何千の企業が必要というわけでない。20〜30企業よりも数をふやしたところで、分散に対するその限界的な効果は限定されている。そうであるのな

---

22 「市場」を世の中全体、経済全体ととらえれば、より多くの企業を含めることが望ましい。この意味で日本の株式市場はTOPIXに近い。しかし、TOPIXといえども日本企業のうちの大企業の集合でしかない。世の中全体を代表していない。そうであるのなら、逆に、「市場」をもっと絞り込んだ企業群で定義してもいいのではないかとの議論が生じる。この意味で、どのような企業群が市場に近いのかを結論づけることは困難である。

ら、資本コストを上回り、合理的に事業を展開している20〜30企業を選別
し、その企業群を「市場」として定義しても、理論上、大きな問題がない。
むしろ、非合理的な企業を無批判に含めてしまい、投資理論で想定している
「市場」を形式的に定義するよりも優っているだろう。

(2)　事例――日本の株式市場への投資

　日本の平均的な企業の株式に投資せず、厳選して投資したとして、どのよ
うな効果が得られるか。これは本書全体のテーマであり、各章で論じられ
る。本章では日本の2つの企業群とアメリカのそれを対比することで、投資
企業の選別が重要であることを示しておきたい。

　図表1－11では3つの企業群（金融関係を除く）をつくり、株式投資に関
する指標を比較している。この図表が最初に掲載されたのは川北英隆（2012－
4）であり、約1年が経過して本書の出版となったことに留意が必要である。

　さて、図表1－11の企業群の1つは、ニューヨークダウ平均（2012年9月
21日現在）を構成する金融関係以外の26社である。アメリカの代表企業とし
ておく。

　もう1つは、2012年3月末における、日本市場での時価総額上位30社であ

図表1－11　3つの代表的な企業群の比較

	売上高成長率（5年間、年率％）	ROA（％）	純資産比率（％）	ROE（％）	PBR（倍）
アメリカの代表企業26社	5.3	10.3	35.1	19.9	2.99
日本の代表企業30社	-2.8	4.4	38.3	5.8	1.03
日本の投資魅力の高い企業30社	5.2	11.9	51.2	13.2	2.35

(注)　それぞれの企業群の選別基準は本文を参照のこと。
　　　財務指標は2012年9月現在において直近の決算データ（連結ベース）に基づく。
　　　PBRを計算するうえでの株価は2012年9月21日のもの。
(出所)　ユキアセットマネジメントからのデータ提供、ブルームバーグ、市場データ等に
　　　よる

る。「日本の代表企業」としておく。

　最後の１つは、2012年３月末時点における、過去10年間の投資収益率（配当込み）を基準として選んだ。すなわち、前半の５年間に投資資金が２倍になり、後半の５年間に損失が生じなかった日本企業73社のうち、後半５年間の投資収益率の上位30社である。過去の実績において「投資魅力の高い日本企業」としておく。

　この図表から得られる日本の代表企業の特徴は次の４点である。第一に、売上高の成長率がマイナスである。第二に、ROA（総資本営業利益率）が低く、投下した資本が十分な利益を生み出していない。第三に、総資産に対する純資産の比率が高く、レバレッジが効いていない（負債が有効活用されていない）。第四に、ROE（株主資本利益率）が低い。この第四の特徴は、ROAが低く、またレバレッジが効いていないため、必然である。

　以上の４つの特徴は、日本の代表企業への投資魅力を引き下げる。このため、日本の代表企業のPBRはやっと１倍を超えた程度であり、当時の市場平均を少し上回る程度である。

　売上高のマイナス成長は、日本経済から成長が消滅したことの影響を受けたものである。とはいえ、日本の低成長は人口予測から早くに想定できた。それにもかかわらず、多くの企業が円高を生かした積極的な海外展開を怠った。自動車に代表されるようにグローバル化している企業もある一方、内にこもってきた企業も多くみられる。アメリカの代表企業がグローバル化し、約50％が海外での売上高となっていることと差異がある。この企業のスタンスの差異が、日米間の売上高成長率格差の重要な要因である。

　さらに、内にこもる企業が多いことは、停滞した国内市場での競争激化をもたらし、売上高当りの利益率を低下させる。これが低ROAの重要な要因である。これに対して、円高が利益率の低下をもたらしたとの反論もあるだろう。しかし、企業が積極的に海外に進出していれば、海外への資金流出によって円高が緩和されたはずである。また、第３節で分析したように、低ROAの背景にある付加価値率の低下がリーマンショックの以前、円安だった時期から観察されることも再度確認しておきたい。

次に、レバレッジの低さが企業の魅力を引き下げるとの見方には議論があ
りうる。純資産の厚さは企業経営を安定化させるからだ。しかし、これも程
度問題だろう。利益率が低いため、景気後退期に簡単に赤字経営に転落して
しまうのではと日本企業は懸念しているのではないか。リーマンショック時
の営業利益の赤字化が原体験としてある。そのあまり、経営が慎重となり、
手持ち資金を積極活用できていないと考えられる。

　一方、投資魅力の高い日本企業の場合は、成長率や利益率においてアメリ
カの代表企業と遜色ない。PBRも高い。ただし、純資産比率が高いため、
ROEはアメリカの代表企業よりも低い。この影響だろうが、PBRも少しだ
が低い。

　この投資魅力の高い日本企業のなかには、経営者の顔がみえる企業、事業
領域や技術面で独自性のある企業が多い。もっとも、海外進出に積極的に取
り組んで成功している企業もあるが、全般的な海外売上高比率は低い。比較
的小規模な企業もしくは成長途上にある企業が多いから、これが海外進出面
での物足りなさになっている。

　なお、投資魅力の高い日本企業は2012年3月末までの投資収益率に基づい
て選んだわけだが、ではその後、2013年3月までの1年間、この30企業の投
資収益率はどのように推移したのか。計算してみたところ、投資収益率の単
純平均は20.1%だった。この間、TOPIX（配当込み）が23.8%の上昇であっ
たから、これよりも少し低い。とはいえ、安定的な投資収益をもたらしてい
るのも確かである[23]。

　このように投資魅力の高い日本企業の事例のように、投資対象を選別する
と、平均的な日本企業とは別の風景が広がる。投資家として、投資の原点に
立ち戻り、株式投資を再考する必要があるのではないだろうか。

23　本書第9章の座談会では、厳選投資ファンドの投資収益率の特徴として、市場が下落
　　している時に高く、市場の上昇時には市場平均値を下回る傾向があると指摘されている。

第6節 おわりに

　本章では株式投資に関して、市場を模倣すること（すなわちインデックス運用）の是非を議論した。ここでの基本的な論点は、長期に評価して、平均的な日本企業の経営が資本コストを上回ることができていないことにあった。この場合、上場投資信託（ETF、exchange traded funds）を含め、インデックス運用は望ましくない。市場から離れることが必要である。脱市場（BMA、benchmark-agnostic）投資である。

　資本コストを上回る経営を行ってきた企業、もしくは上回るように努力している企業だけを選別し、さらには厳選して投資することを考えないといけない。この選別投資（厳選投資）の必要性は、経済成長率が低下するに従い、高まる。企業間の優劣が拡大するからである。

　投資理論がインデックス運用の効率性を示唆しているとの理由だけで、無批判にインデックス運用を採用することは望ましくない。投資理論が想定する状況が現実の経済において成立しているのかどうかが、最初に問われないといけない。インデックス運用を行い、議決権行使で企業経営を正しい方向に向けようとの考え方は本末転倒だろう。インデックス投資の後、薄く広い投資家の発言や議決権行使が意味をもつのはまれである。多くの場合、「投資をすれば負け」だと考えたほうがいい。

　また、本章では議論しなかったが、年金ファンドをはじめとする多くの有力な投資家がインデックス運用を採用するのなら、経営の評価をだれも本気で行わないことになりかねない。経営の評価は議決権行使時のみである。一方で、インデックス運用を採用していない投資家が、短期の情報だけで頻繁な売買を繰り返したり、直前の値動きと出来高に基づいて高速取引を行ったりしていれば、だれが企業の経営と業績を評価するのかとの危惧がますます高まる。

もう１つのインデックス運用の問題は、プロシクリカル性の観点からである。市場全体の水準を評価せず、インデックスを正確に模倣することだけに注力するから、インデックスが上もしくは下に行き過ぎたとしても、それを修正する力が働かない。むしろ、過去の投資収益率に基づいてアセットクラスごとの構成比を定めるのなら、インデックスのトレンドを増幅させかねない。この点は、新規資金が流入する場合に特に留意すべきだろう。

　いずれにせよ、インデックス運用とは何か、インデックスを構成する企業の特徴がどこにあるのか、これらを正しく評価したうえで株式に投資することが求められる。

（本稿はJSPS科研費23243051の助成を受けたものである。データや原稿の提供および整理に関し、ユキアセットマネジメント・押谷孫行社長、京都大学・南正太郎氏、同・野田典秀氏の協力を得た。また、本稿の素案に関して、大和証券・三宅一弘氏が主催する研究会でのディスカッション、証券経済学会、日本価値創造ERM 学会における研究成果発表とそれに対する意見が参考となった。記して感謝したい）

〈参考文献〉
川北英隆（1995）『日本型株式市場の構造変化』東洋経済新報社
川北英隆／近藤英男／谷家衛（2010）「投資機会に基づくアセットクラスと年金ポートフォリオの再考」『年金と経済　2010年４月号』pp.41-47、年金シニアプラン総合研究機構
川北英隆（2010）「日本企業の海外展開と株式投資収益率」『証券アナリストジャーナル　2010年12月号』pp.6-17、日本証券アナリスト協会
川北英隆（2012－1）「企業の利益構造と株価の低迷」『ニッセイ基礎研REPORT 2012年2月号』pp.18-26、ニッセイ基礎研究所
川北英隆（2012－2）「平均的な日本株式は投資対象となりうるか」『証券アナリストジャーナル　2012年6月号』pp.43-52、日本証券アナリスト協会
川北英隆（2012－3）「投資家から見た日本の株価低迷」『証券経済学会年報　第47号　2012年7月』pp.206-210、証券経済学会
川北英隆（2012－4）「企業は株主期待に応えよ」日本経済新聞2012年10月29日朝刊経済教室、日本経済新聞社

第2章

高投資収益率企業の
定量的特色

みずほ年金研究所 研究理事（初版執筆当時）
現文教大学国際学部教授　菅原　周一

本章の目的は、時価加重型ベンチマークが非効率であるという仮説を設定し、少数銘柄による株式投資戦略の有効性を確認することにある。この目的から、高い投資収益率を獲得した銘柄の定量的な特徴について、さまざまな指標（ROE、時価総額、薄価時価比率（BP）、自己資本比率）を用い、確認していく。そのうえで、MSCI社が提供するバーラ日本株式モデルで採用しているリスクファクターに着目し、少数銘柄での投資戦略の有効性について検討する。

はじめに[1,2]

　平成バブル崩壊以降、多くの難題が顕在化している日本経済の将来に期待を見出せない状況が続いていたが、2012年12月の政権交代以降、期待先行ではあるものの、株式市場は久しぶりに上昇を始め、2013年1月末には日経平均株価指数が1万2,397円91銭まで回復した。今後の展開は投資家の期待がどこまで実現できるかにかかっている。

　しかし、少子高齢化や財政悪化問題が解決されたわけではなく、厳しい状況が続いていることに変わりはない。このような状況下で、日本株式市場での長期集中投資、厳選投資が注目されている。長期的な視点で企業の将来性に着目して、投資対象を厳選していこうとする考え方であり、株式投資の原点に返った投資戦略といえる。これまでの投資理論の考え方は、このことが適切に行われていることを前提として適切な価格が形成され、その結果として、時価加重型ベンチマークの効率性が高くなると考えられていた。前提となる価格形成が適切に行われていないような市場であれば、時価加重型のベンチマークの効率性は担保されないことになる。

　本章では、時価加重型ベンチマークが非効率であるという仮説のもとで、少数銘柄による株式投資戦略の有効性を確認することを目的として、高い投資収益率を獲得した銘柄の定量的な特徴を確認し、少数銘柄での投資戦略の有効性について検討する。

　本章の構成は以下のとおりである。まず、次の第2節「上場企業の過去の投資収益率の大きさと銘柄の分布」では、1989年12月末から2013年1月末、

1　本章の意見にかかわる部分およびありうべき誤りは筆者個人に帰属する。
2　本章は、菅原周一／青山祥一朗（2012）を大幅に加筆、修正したものである。なお、分析に際して、みずほ信託銀行運用ユニット運用企画部資産運用研究所主任研究員の橋本恭志氏の協力を得た。

1999年12月末から2013年1月末、2004年12月末から2013年1月末の3つの期間について、最も投資収益率の高かった銘柄から最も投資収益率が低かった銘柄について、累積投資収益率の大きさの順番でランキングし、投資収益率の大きさと銘柄の分布を確認するとともに、プラスの累積投資収益率を確保できた銘柄を確認する。

　第3節「高収益率企業の定量的特色」では、代表的な指標（ROE、時価総額、簿価時価比率（BP）、自己資本比率）を使い、3つの時点（1989年12月末、1999年12月末、2004年12月末）から分析の最終時点である2013年1月末までの累積投資収益率との関係を確認する。

　第4節「投資収益率分布から考える厳選投資の可能性」では、少数銘柄でポートフォリオを構築した場合のポートフォリオの高投資収益率獲得の可能性を確認する。

　そして、第5節「厳選投資の可能性と限界」では、MSCI社が提供するバーラ日本株式モデルで採用しているリスクファクターのうちの9つの代表的なファクターに着目し、各ファクターエクスポージャーで10分位に対象銘柄を分類した後にグループごとに該当期間での平均投資収益率を求めることで、その後の累積投資収益率とファクターエクスポージャーの関係を確認し、単純な定量的手法で高い投資収益率をあげる企業の選別を行うことの可能性を確認する。この分析では、データ制約から1999年12月末時点と2004年12月末時点の2時点を基準にして各ファクターエクスポージャーの大きさで銘柄をランキングし、各分位の銘柄の2013年1月末時点までの単純平均累積投資収益率を計算している。

　最後の第6節「まとめ」では、今回の分析結果の総括と今後の課題について述べることとする。

第2節 上場企業の過去の投資収益率の大きさと銘柄の分布

　1989年12月29日（大納会）の終値である日経平均3万8,915円87銭を最高値として、日本株式市場は低迷を続けている。2012年12月の政権交代以降、株式市場は上昇トレンドに転じているが、それでも2013年1月末時点での日経平均株価は1万2,397円91銭であり、最高値の3分の1以下の水準である。

　しかし、東証株価指数（TOPIX）や日経平均株価（Nikkei225）のような日本の株式市場を代表する指数は、日本の株式市場全体の動きを表すために考えられたものであり、日本企業の代表値として平均的な株価の動きを表しているため、個々の企業をみると、この間、投資収益率がプラスであった銘柄も少なくない。たとえば、1989年12月末から2013年1月末の投資収益率がプラスであった銘柄も数多く存在している。

　このことを示したのが、図表2−1である。図表2−1の(a)は、1989年12月末を起点として2013年1月末までの投資収益率の累積値を計算し、この累積投資収益率の大きさをもとに対象全銘柄をランキングして、累積投資収益率の高かった銘柄から順番に累積投資収益率の大きさを縦軸として表したものである。対象となる銘柄は、1989年12月末時点で上場されていて現在も存続する1,516銘柄であった。これらの銘柄のなかで、1％以上の累積投資収益率を獲得できていたのは156銘柄で、全体の10％強である。

　同様に、図表2−1の(b)は、1999年12月末を起点として2013年1月末までの累積投資収益率から作成したものである。対象銘柄は2,318銘柄で、1％以上の累積投資収益率を獲得できていた銘柄は1,133銘柄で、全体の50％弱である。

　さらに、図表2−1の(c)は、2004年12月末を起点として2013年1月末までの累積投資収益率から作成したものである。対象銘柄は2,926銘柄で、1％以上の累積投資収益率を獲得できていた銘柄は1,345銘柄で、全体の60％弱

図表2－1　上場企業があげた累積投資収益率の大きさと銘柄の分布

(a)　1989年12月末を起点

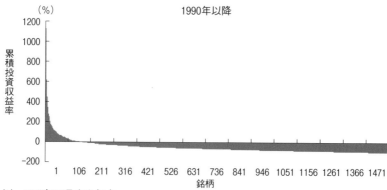

(b)　1999年12月末を起点

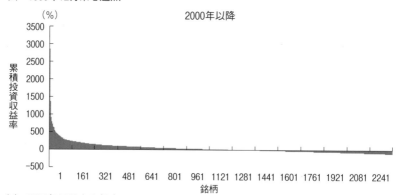

(c)　2004年12月末を起点

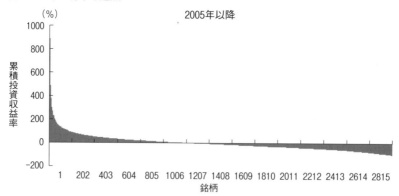

（出所）　みずほ信託銀行作成

図表2-2　各期間で投資収益率の高かった上位30銘柄と投資収益率の大きさ

	2000年以降		リターン	時価総額	2005年以降		リターン	時価総額
1	4668	明光ネットワークジャパン	2862%	2,168	7531	清和中央ホールディングス	885%	2,524
2	7531	清和中央ホールディングス	1726%	2,155	7605	フジ・コーポレーション	581%	2,862
3	6932	遠藤照明	1545%	2,037	3349	コスモス薬品	578%	1,159
4	1766	東建コーポレーション	1370%	1,708	2782	セリア	577%	1,950
5	1963	日揮	1133%	535	8508	Jトラスト	483%	1,538
6	4541	日医工	1108%	1,822	2413	エムスリー	444%	848
7	7936	アシックス	1081%	814	9769	学究社	438%	2,826
8	6849	日本光電	1008%	1,177	8697	日本取引所グループ	426%	1,119
9	8879	東急リバブル	921%	1,423	7541	メガネトップ	422%	1,915
10	1878	大東建託	879%	288	4781	日本ハウズイング	397%	1,931
11	8830	住友不動産	855%	307	2371	カカクコム	375%	937
12	7222	日産車体	819%	917	8920	東祥	357%	2,291
13	5970	ジーテクト	806%	2,118	4298	プロトコーポレーション	327%	1,859
14	4530	久光製薬	804%	548	7936	アシックス	320%	585
15	5949	ユニプレス	772%	1,353	3423	エスイー	307%	2,536
16	4714	リソー教育	765%	1,811	6312	フロイント産業	302%	2,527
17	6869	シスメックス	749%	610	6379	新興プランテック	297%	1,918
18	8015	豊田通商	739%	446	9787	イオンディライト	291%	1,270
19	7740	タムロン	735%	1,358	5809	タツタ電線	288%	1,420
20	4555	沢井製薬	710%	1,178	6458	新晃工業	283%	2,261
21	5448	東京鋼鉄	702%	2,287	6932	遠藤照明	272%	1,690
22	9963	江守商事	682%	2,191	4345	シーティーエス	270%	2,875
23	5196	鬼怒川ゴム工業	658%	1,728	4825	ウェザーニューズ	269%	1,878
24	4544	みらかホールディングス	648%	844	6268	ナブテスコ	266%	580
25	4705	クリップコーポレーション	636%	2,301	6869	シスメックス	255%	414
26	4540	ツムラ	634%	774	6279	瑞光	253%	2,041
27	6379	新興プランテック	627%	2,058	6301	コマツ	247%	97
28	1983	東芝プラントシステム	623%	1,114	9990	東京デリカ	246%	2,026
29	1835	東鉄工業	619%	1,447	7856	萩原工業	235%	2,609
30	8214	AOKIホールディングス	605%	947	7947	エフピコ	233%	766

（出所）　みずほ信託銀行作成

である。

　また、図表2-2に、各期間で累積投資収益率の高かった上位30銘柄と累積投資収益率の大きさを示す。この結果をみると、知名度が高くもなければ規模も大きくない企業が多いことがわかる。

　以上から、平均的には市場が低迷していても、個々の企業をみると非常に高い投資収益率を獲得できていた企業も存在することがわかる。最近注目さ

れている少数銘柄による厳選投資が有効に機能するためには、市場低迷時にもプラスの投資収益率を獲得できている企業の存在が前提となるが、図表2－1をみる限りは、相当数の銘柄が存在していたことになる。

　なお、プラスの投資収益率をあげた銘柄数は、分析の始点だけでなく終点の状況でも変動するが、変動はそれほど大きくない。たとえば、菅原周一／青山祥一朗（2012）では同様の分析を始点は同じで終点を2012年3月末として行っているが、その結果は、1989年12月末を起点として2012年3月末までで159銘柄（対象銘柄は1,449）で全体の10％強、1999年12月末を起点として2012年3月末までで1,357銘柄（対象銘柄は2,244）で全体の約60％、2004年12月末を起点として2012年3月末までで1,149銘柄（対象銘柄は2,843）で全体の約40％であり、多少の変動はあるもののその幅はそれほど大きくない。

　問題は、事前にこれらの銘柄を選び出せるのかということである。次節では、事後的な関係ではあるが、投資収益率に影響を与えると考えられる代表的な指標を使い、累積投資収益率とこれらの指標の関係を確認する。

高収益率企業の定量的特色

　高い投資収益率を獲得した企業の特長を確認するために、いくつかの代表的な指標と累積投資収益率の関係を確認する。指標については、いろいろなものが考えられるが、まず、株式の価値を算出するうえで最も基本となる利益（株主に帰属する利益である当期利益に加えて、経常利益と営業利益についても検討）に着目し、株主の提供した資本である自己資本とこの自己資本を元にして得ることができた利益の比率であるROE（株主資本利益率）を1つ目の指標として、平均累積投資収益率との関係を確認したものが、図表2－3である。ここで、(a)は1989年12月末を起点として2013年1月末まで、(b)は1999年12月末を起点として2013年1月末まで、(c)は2004年12月末を起点として2013年1月末までの期間について計算をしている。

　横軸はROEの変化幅である。たとえば、(a)の1989年12月末を起点とした図であれば、1989年12月末時点での利益を基準として2013年1月末との利益の差からROE変化幅を計算している。なお、ROE変化幅を計算する際に、分母の自己資本はすべて起点の自己資本を使用している。これは、他の時点の自己資本を使うと、時間の経過とともに利益の一部が自己資本に組み入れられることで、ROEが小さくなってしまい、企業の成長を的確にとらえることができないと考えたからである。この値は1989年12月末に上場されていて、2013年1月末まで存続している銘柄を対象として計算し、ROE変化幅の大きな順にランキングをして10のグループに分割している。各グループに分類された銘柄の各々について1989年12月末から2013年1月末の累積投資収益率を計算して、グループ内で単純平均をとり、縦軸としている。

　ROE変化幅を計算する際には、株主に帰属する利益を株主が提供した資本の大きさ（自己資本）で割ることが基本であるが、株主に帰属する利益を当期（純）利益とすると、一時的な特殊要因により大きく変動してしまう可

能性があるので、当期純利益以外に営業利益と経常利益を用いて分析した。営業利益や経常利益から直接株主に帰属する利益と関係づけることはできず（たとえば同じ営業利益でも、財務レバレッジの大きさで株主に属する利益の大きさは異なる）、全資本提供者が提供した総資本を分母としたROAを使うことが考えられるが、本検討では自己資本に着目して、分析を行っている[3]。

　同様に、1999年12月末を起点、2004年12月末を起点とした場合の結果をそれぞれ、図表2－3の(b)と(c)に示す。これらの結果をみると、どの時点を起点としても、また、ROEの分子にどの利益を使用しても、ROE変化幅が大きかった（すなわち大きな増益を示した）企業の平均累積投資収益率は高く、ROE変化幅が小さかった企業の平均累積投資収益率は低くなっている。平均累積投資収益率の大きさは、ROE変化幅の大きい順番にほぼ並んでいることも確認できる。特に、1989年末を起点とした場合、ROE変化幅が最上位グループの平均累積投資収益率だけがプラスで、他の二番手以降のグループはすべてマイナスになっている。1989年12月末時点で、将来のROE変化幅の大きな企業を予測できていれば、厳しい時期であってもプラスの累積投資収益率を生む投資ができたことになる。ROE変化幅の大きさは、高い累積投資収益率を獲得した企業の特長の１つである可能性が高いといえる。

　なお、最上位グループの平均累積投資収益率の値をみると、2004年12月末を起点とした当期純利益から計算したROE変化幅の最上位グループのみが二番手グループの平均累積投資収益率よりも低くなり、それ以外はすべて最上位グループの平均累積投資収益率が最も高くなっている。2004年12月末を起点とした当期純利益から計算したROE変化幅が例外である要因として、営業利益や経常利益からの結果から推定すると、前述の一時的な特殊要因により当期純利益の値が通常の値から大きく乖離している可能性がある。

　また、株式の価値創造について議論をする際、自己資本コストを上回る利益、すなわち残余利益が重要な役割を果たす。したがって、自己資本コストを上回る残余利益の変化も投資収益率を議論するうえでは重要となる。この

3　増益幅を規模で基準化している。

図表2-3　ROEの変化幅の大きさで10分割した場合の平均累積投資収益率

(a)　1989年12月末を起点

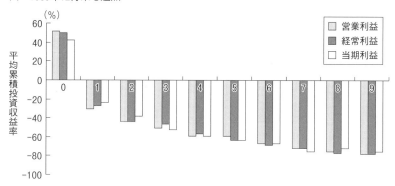

(b)　1999年12月末を起点

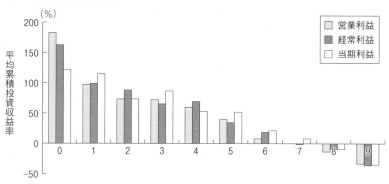

(c)　2004年12月末を起点

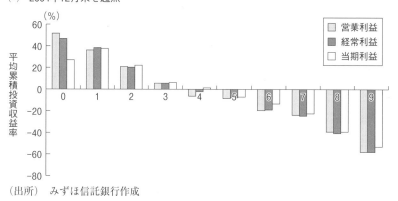

（出所）　みずほ信託銀行作成

点については、菅原周一（2013）を参照されたい。

　次に、規模の小さい企業のその後の累積投資収益率は高いとする考え方の妥当性について確認を行う。規模については、Berk（1995）等が指摘しているように、規模とその後の累積投資収益率には関係があると考えられる。実際に、時価総額で表した規模と累積投資収益率との関係を確認したものが、図表 2 - 4 である。ここで、(a)は1989年12月末を起点として2013年 1 月末まで、(b)は1999年12月末を起点として2013年 1 月末まで、(c)は2004年12月末を起点として2013年 1 月末までの期間について計算している。横軸は起点での時価総額であり、たとえば、(a)の1989年12月末を起点とした図であれば、1989年12月末時点での時価総額の値を基準として、1989年12月末に上場されていて、2013年 1 月末まで存続している銘柄を対象に、時価総額の大きな順にランキングをして10のグループに分割する。各グループに分類された銘柄の各々について1989年12月末から2013年 1 月末の累積投資収益率を計算して、グループ内で単純平均をとり、縦軸としている。

　分析結果をみると、1989年12月末を起点とした場合には時価総額とその後の平均累積投資収益率の間には明確な関係がみられないこと、1999年12月末を起点とした場合には時価総額とその後の平均累積投資収益率の間には時価総額が小さくなるにつれて平均累積投資収益率が高くなっていること、2004年12月末を起点とした場合には時価総額とその後の平均累積投資収益率の間には明確な関係がみられないことが確認できる。これらの結果をみる限り、時価総額でみた規模とその後の平均累積投資収益率の大きさには当初想定したような明確な関係が存在しないことになる。

　今回は 3 つの時点のみでの確認であるが、この結果はたとえば日本株式市場において、スタイルベンチマークとしての小型株のパフォーマンスが割安株のパフォーマンスに劣っていることや、ファーマ＝フレンチの 3 ファクターモデルの規模に関するファクター投資収益率が有意にプラスの値とならない事実と一致している。時価総額で表した規模のような単純なファクターでは、その後の平均累積投資収益率を予測することはむずかしいことが確認できる。

図表2-4 時価総額の大きさで10分割した場合のその後の平均累積投資収益率

(a) 1989年12月末を起点

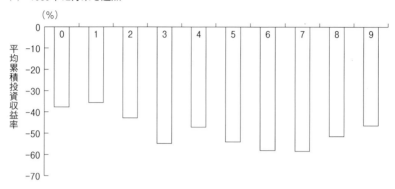

(b) 1999年12月末を起点

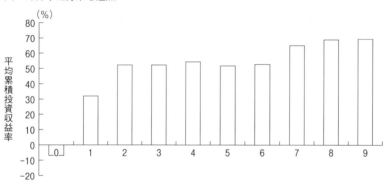

(c) 2004年12月末を起点

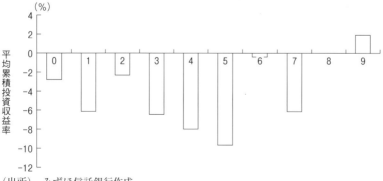

(出所) みずほ信託銀行作成

さらに、自己資本比率の大きさとその後の平均累積投資収益率との関係を確認したものが、図表2－5である。ここでも、これまでの分析と同様に、時点を3つ定め、(a)は1989年12月末を起点として2013年1月末まで、(b)は1999年12月末を起点として2013年1月末まで、(c)は2004年12月末を起点として2013年1月末までの期間について計算をしている。

　横軸は起点での自己資本比率であり、たとえば、(a)の1989年12月末を起点とした図であれば、1989年12月末時点での自己資本比率の値を基準として、1989年12月末に上場されていて、2013年1月末まで存続している銘柄を対象に、自己資本比率の大きな順にランキングをして10のグループに分割する。各グループに分類された銘柄の各々について1989年12月末から2013年1月末の累積投資収益率を計算して、グループ内で単純平均をとり、この値を縦軸としている。

　分析結果をみると、1989年12月末を起点とした場合には自己資本比率とその後の平均累積投資収益率の間には自己資本比率が小さくなるにつれて平均累積投資収益率が低くなっている（ただし、最も自己資本比率が高いグループの平均累積投資収益率でもマイナス）こと、1999年12月末を起点とした場合でも2004年12月末を起点とした場合でも自己資本比率とその後の平均累積投資収益率の間には明確な関係がみられないことが確認できる。これらの結果をみる限り、自己資本比率とその後の平均累積投資収益率の大きさには明確な関係が存在しない。自己資本比率のような単純なファクターでは、その後の平均累積投資収益率を予測することはむずかしそうである。

　最後に、簿価時価比率（BP）の大きさとその後の平均累積投資収益率との関係を確認したものが、図表2－6である。ここでも、これまでの分析と同様に、時点を3つ定め、(a)は1989年12月末を起点として2013年1月末まで、(b)は1999年12月末を起点として2013年1月末まで、(c)は2004年12月末を起点として2013年1月末までの期間について計算をしている。

　横軸は起点での簿価時価比率であり、たとえば、(a)の1989年12月末を起点とした図であれば、1989年12月末時点での簿価時価比率の値を基準として、1989年12月末に上場されていて2013年1月末まで存続している銘柄を対象に

図表 2 - 5　自己資本比率の大きさで10分割した場合のその後の平均累積投
　　　　　資収益率

(a)　1989年12月末を起点

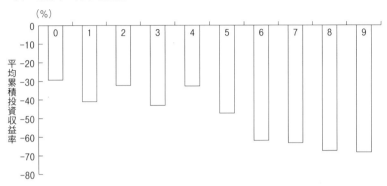

(b)　1999年12月末を起点

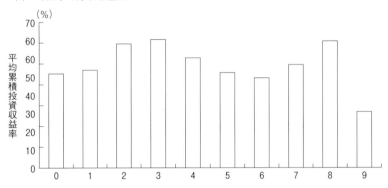

(c)　2004年12月末を起点

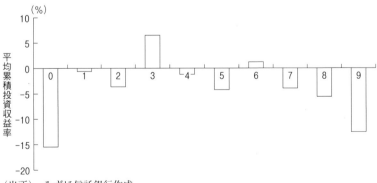

(出所)　みずほ信託銀行作成

図表 2 − 6 簿価時価比率（BP）の大きさで10分割した場合のその後の平均累積投資収益率

(a) 1989年12月末を起点

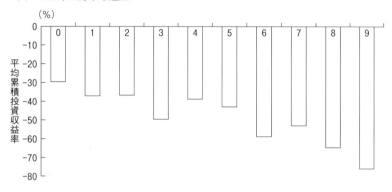

(b) 1999年12月末を起点

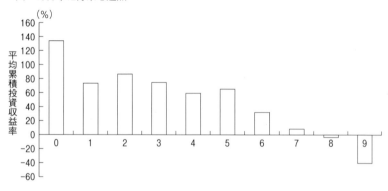

(c) 2004年12月末を起点

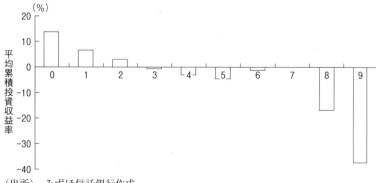

（出所）　みずほ信託銀行作成

簿価時価比率の大きな順にランキングをして10のグループに分割する。各グループに分類された銘柄の各々について1989年12月末から2013年1月末までの平均累積投資収益率を計算して、グループ内で単純平均をとり、この値を縦軸としている。

　分析結果をみると、1989年12月末を起点とした場合には簿価時価比率とその後の平均累積投資収益率の間には簿価時価比率が小さくなるにつれて実績投資収益率が低くなっている（ただし、最も簿価時価比率が高いグループの平均累積投資収益率でもマイナス）こと、1999年12月末を起点とした場合でも2004年12月末を起点とした場合でも簿価時価比率とその後の平均累積投資収益率の間に同様の関係がみられることが確認できる。これらから、簿価時価比率とその後の平均累積投資収益率の大きさにはなんらかの関係が存在しそうである。

　この結果はたとえば、日本株式市場において、スタイルベンチマークとしての割安株（バリュー株）のパフォーマンスが相対的に高いことや、ファーマ＝フレンチの3ファクターモデルの簿価時価比率で表されるファクター投資収益率が統計的には有意にプラスの値をとっている事実と一致している。ただし、1989年12月末を起点とした場合の結果をみると、簿価時価比率が最も高いグループの平均累積投資収益率はマイナスになっていること、その他の期間（たとえば2004年12月末）での分析結果はROEの変化幅の場合と比較して平均累積投資収益率の値がかなり低いことがわかる。

　簿価時価比率のようなファクターは、市場全体との対比では高い投資収益率が期待できそうであるが、投資収益率の大きさは市場全体の動きと連動している可能性が高い。簿価時価比率自体、変数に株価から計算される時価が入っているため、変動しやすいファクターであり、今回のような10分位ポートフォリオをつくると株価変動に連動して簿価時価比率も変動し、同じ銘柄に着目すると10分位ポートフォリオの順位は時間の経過とともに変わることも指摘されている（Fama（2007））。短期的に銘柄入替えを行うことが許容できる戦略であればこのファクターは市場平均を上回れる可能性はあるが、市場を意識せず、プラスの平均累積投資収益率を獲得することをねらいとする

戦略であれば、有効性が疑わしい。

　これまでに、代表的な指標として、ROE変化幅、規模、財務レバレッジ、簿価時価比率を選定して、投資収益率との長期的な関係を確認した。その結果、株式市場全体の動きと関係なく、プラスの投資収益率を獲得することができそうな指標は、将来の利益をもとに計算されるROE変化幅のみである。第4節では、その他の定量的ファクターの利用の可能性について、代表的なリスクモデルで採用されているファクターを使い検討を行う。

第4節 投資収益率分布から考える厳選投資の可能性

　第2節では、株式市場全体が大きく下落している状況（たとえば1989年12月末から2011年12月末）でも全体の10％程度の銘柄（約150銘柄）はプラスであったことが確認できた。一方、一般的な厳選投資ファンドは、株式市場全体の動きとは関係なくプラスの投資収益率を獲得できると考えられる30程度の銘柄に厳選して、集中的に投資する戦略をとっている。これまでのアクティブファンドの考え方の多くは、リスクに見合う投資収益率が得られない非システマティックリスクに対して、保有銘柄数をふやしてリスクを低減させるとする考え方がとられていた。したがって、アクティブファンドの保有銘柄数は100を超えることも一般的であり、資産規模によっては500銘柄を超えることもある。しかしながら、銘柄数をふやすことで、逆に高い投資収益率獲得のチャンスを放棄していることも考えられる。

　図表2－7(a)では、1999年12月末以降、2013年1月末までの累積投資収益率データを使い、対象となる2,318銘柄から、5銘柄、10銘柄、25銘柄、100銘柄をランダムに抽出して、各々の平均累積投資収益率を計算する（各々を1つのポートフォリオと考えて）作業を1万回繰り返し、横軸にこの平均累積投資収益率、縦軸に発生頻度をとったものである。この図表2－7から、5銘柄で構成したポートフォリオの分布のピークとなる平均累積投資収益率は、100銘柄で構成したポートフォリオの分布のピークとなる平均累積投資収益率よりも低くなっていることが確認できる。

　同様に、図表2－7(b)は、2004年12月末以降、2013年1月末までの累積投資収益率データを使い、2,926銘柄を対象に計算した結果である。

　これらの分布の形状をみると、銘柄数が少なくなるにつれて、分布図が左右対称の釣鐘型の分布（正規分布に近い形状）から、分布のピークが左にシフトした左右非対称の分布にシフトしていることがわかる。このことは、仮

図表2－7　銘柄数の違うランダム抽出ポートフォリオの累積投資収益率分布

(a)　1999年12月末を起点

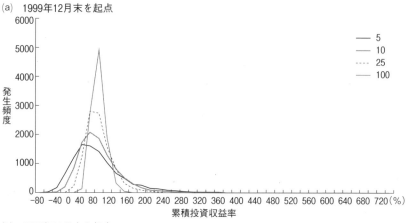

(b)　2004年12月末を起点

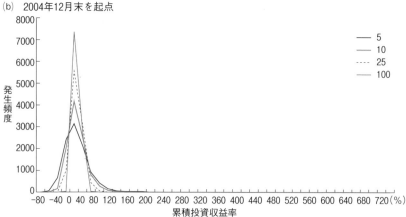

（出所）　みずほ信託銀行作成

に分布のピークが左にシフトした左右非対称の分布に従う確率変数を複数足
し合わせて平均をとった値（複数の確率変数の平均も確率変数である）が正規
分布に近づくという性質から説明できる現象である（中心極限定理）。

　この分布で注意すべき点は、この分布の右側の裾野部分の形状である。銘
柄数の多いポートフォリオの投資収益率分布は、分布のピーク近辺に発生が
集中し、分布のピークから離れたところでの発生頻度が低いのに対して、少
数銘柄で構成されたポートフォリオの投資収益率分布は、分布のピークの発

生頻度が相対的に低く、分布のピークから離れたところでの発生頻度が相対的に高いことがわかる。したがって、少数銘柄でポートフォリオを構築しようとすると、銘柄数の多いポートフォリオを構築しようとした場合よりも高い投資収益率が期待できるポートフォリオをつくりやすい。

ただし、これは逆に、低い投資収益率しか期待できないポートフォリオもつくりやすいことになり、期待値としてはどちらも変わらないということにもなる（銘柄数が少なくなると銘柄数が多いポートフォリオと比較して、高い投資収益率が得られる確率と低い投資収益率しか得られない確率が高まる）。等金額ではなく時価加重で保有すると、この差がさらに大きくなる。

以上から、銘柄数が多いよりも少ないポートフォリオのほうが、一定の高い投資収益率の獲得が確率的には容易であることが確認できた。問題は、この分布の右側の裾野の部分のポートフォリオをあらかじめ選択できるのかどうかである。

第5節 厳選投資の可能性と限界

第3節の分析ではROE変化幅に関する指標に着目した投資戦略の有効性、第4節では少数銘柄による投資戦略の有効性について確認できた。しかし、株式投資戦略を考えると第3節で対象とした指標以外にも、株式投資収益率に影響を与えると考えられる要因がいくつか存在する。

たとえば、菅原周一・青山祥一朗（2012）、菅原周一（2013）では、自己資本コストを上回る残余利益を含む利益関連指標を平均累積投資収益率との関係で確認し、残余利益を含む利益の成長率を予測することで、高い投資収益率が期待できることを確認している。

一方、利益関連指標以外の指標として、MSCIバーラ社の日本株式リスクモデルで採用されているリスクファクターが考えられる。このモデルで採用されているファクターは、説明力が高く、広く利用されているものである。以下では、このモデルで採用されているファクターのなかから、代表的な9つのファクターを使い、その後の投資収益率との関係を確認する。

具体的には、起点でのバーラモデルのリスクファクターの銘柄ごとのファクターエクスポージャーを使い、対象全銘柄をこのエクスポージャーの大きさ順にランキングして、10分割し、各グループ内の銘柄の累積投資収益率の単純平均値を計算する。ここで求めたグループ単位ごとの平均累積投資収益率を縦軸に、リスクファクターのエクスポージャーで分割したグループの順番を横軸にしたものが、図表2-8である（横軸のグループは左側のグループ「0」がファクターエクスポージャーの最も大きなグループで、右側のグループ「9」がファクターエクスポージャーの最も小さなグループである）。

以下では、図表2-8をもとに、順番に9つのファクターエクスポージャーと平均累積投資収益率の関係を確認する。

① ボラティリティ

1999年12月末時点では明確な関係はみられず、中位の分位（グループ4、5）の投資収益率が相対的に高く、高位、低位の分位の投資収益率が低い傾向がみられる。2004年12月末時点では低位の分位の投資収益率が低く、高位の分位の投資収益率が高い傾向がみられる。時点が異なると結果も異なり、安定した関係はなさそうである。

② 規　模

1999年12月末時点では、高位の分位の投資収益率が低く、低位の分位の投資収益率が相対的に高い傾向がみられる。2004年12月末時点では、高位、低位の分位に関係なく投資収益率は同じ水準であった。1999年12月末時点の低位の分位の投資収益率もそれほど高くなく、安定した関係はなさそうである。

③ モーメンタム

1999年12月末時点では、高位の分位の投資収益率が低く、低位の分位の投資収益率が相対的に高い傾向がみられる。2004年12月末時点では、高位の分位の投資収益率も低位の分位の投資収益率も低い。時点が異なると結果も異なり、安定した関係はなさそうである。

④ 売買活況度

2004年12月末の結果をみると、売買活況度が大きいほどその後の平均累積投資収益率が低い傾向がみられるが、1999年12月末では両者の間には明確な関係はみられない。このファクターエクスポージャーと平均累積投資収益率との間には、明確な関係はなさそうである。

⑤ 株価相対企業価値

明確ではないが、1999年12月末、2004年12月末ともにファクターエクスポージャーが高い銘柄群の平均累積投資収益率が高く、ファクターエクスポージャーが低い銘柄群の平均累積投資収益率が低い傾向があることが確認できる（10分位ポートフォリオと実績投資収益率の間に厳密な関係はないものの、ある程度の関係があることが確認できる）。この株価相対企業価値は、簿価時価比率（簿価株価比率）や純利益株価比などから合成されたファクターで

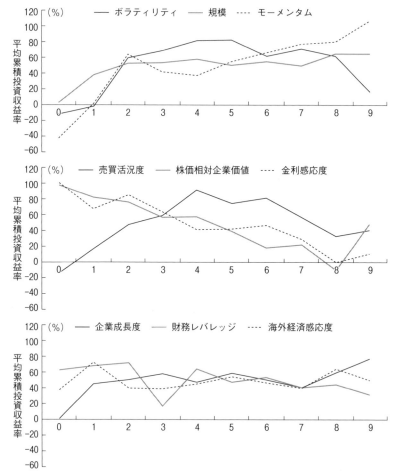

図表2－8　バーラの９つのリスクファクターで10分割した場合の平均投資収益率

(a)　1999年12月末を起点

（注）　各リスクファクターの定義（MSCIBarra社日本株式バーラモデル資料から筆者作成）
　　①　ボラティリティ……値動き幅（超過累積投資収益率の対数値）、３カ月間の月次投資収益率の平方和、日次標準偏差等６つの要素から計算
　　②　規模……市場時価総額の対数値、総資産の対数値等３つの要素から計算
　　③　モーメンタム……12カ月間の累積月次収益利率、ヒストリカルアルファから計算
　　④　売買活況度……四半期売買回転率、月次売買回転率等７つの要素から計算
　　⑤　株価相対企業価値……純利益株価比、予想純利益株価比、簿価株価比等５つの要素から計算

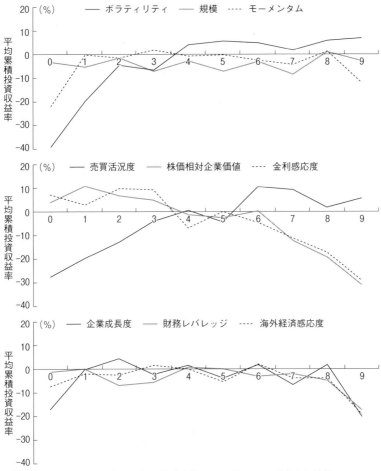

(b) 2004年12月末を起点

⑥ 金利感応度……配当利回り、債券市場ベータ等３つの要素から計算
⑦ 企業成長度……資産成長率、売上高成長率、純利益成長率等５つの要素から計算
⑧ 財務レバレッジ……時価レバレッジ、簿価レバレッジ、負債資産比の３つの要素
　から計算
⑨ 海外経済感応度……為替感応度、石油価格感応度、S&P500感応度等４つの要素
　から計算
（出所）　MSCIBarra社日本株式バーラモデルからみずほ信託銀行作成

あり、割安度を示す指標である。簿価時価比率はファーマ＝フレンチの3
ファクターモデルでも採用されている重要なファクターであり、第2節の分
析でも有効性が確認されている。しかし、この図をみてもわかるように、こ
のファクターで銘柄選択を行っても、それほど高い投資収益率が期待できる
わけではなく、さらに頻繁に銘柄入替えをする必要があるため、有効なファ
クターではなさそうである。

⑥　金利感応度

　株価相対企業価値と同様、明確ではないが、1999年12月末、2004年12月末
ともにファクターエクスポージャーが高い銘柄群の累積投資収益率が高く、
ファクターエクスポージャーが低い銘柄群の平均累積投資収益率が低いこと
が確認できる（10分位ポートフォリオと平均累積投資収益率の間に厳密な関係は
ないものの、ある程度の関係があることが確認できる）。

　ただし、2004年12月末の結果をみると、10分位のうち、「0」から「3」
までの上位4つの分位の平均累積投資収益率はほぼフラットで、投資収益率
の水準も高くない。さらに、この期間の金利が低下トレンドにあったことを
考えると、金利上昇トレンドでの投資収益率獲得に疑問も残る。このファク
ターの有効性については金利上昇局面を含めた検討が必要であり、有効な
ファクターではなさそうである。

⑦　企業成長度

　1999年12月末の結果をみると、企業成長度が最も大きいグループのその後
の平均累積投資収益率が最も低く、企業成長度が最も小さいグループのその
後の平均累積投資収益率が最も高い結果が得られたが、2004年12月末では両
者の間には明確な関係はみられない。このファクターエクスポージャーと平
均累積投資収益率との間には明確な関係はなさそうである。

⑧　財務レバレッジ

　1999年12月末、2004年12月末ともに、両者の間には明確な関係はみられな
い。このファクターエクスポージャーと平均累積投資収益率との間には明確
な関係はなさそうである。

⑨　海外経済感応度

1999年12月末、2004年12月末ともに、両者の間には明確な関係はみられない。このファクターエクスポージャーと平均累積投資収益率との間には明確な関係はなさそうである。

　以上の結果から、バーラモデルで採用されている代表的なファクターを使い、少数銘柄による厳選投資戦略に適用することはむずかしいことがわかる。株価相対企業価値は最も機能する可能性をもっているが、第3節での分析結果と比較すると見劣りする。

　本章のこれまでの結果をみると、有効性が確認できたROEの変化幅を中心とした利益に関する成長率が重要な要素となりそうである。ROE変化幅を予測するためには利益の変化幅を予測することになる。また、ROE変化幅以外にも単純な利益成長率や自己資本コストを上回る残余利益の成長率を予測することでも図表2－7にあるような分布の右側の裾野に位置するポートフォリオを選択する可能性を高められることが示されている。

　しかし、利益予想に関しては、これまでの株式投資戦略でも中心的な役割を果たしており、セルサイド、バイサイドともに、多くの企業アナリストが企業の業績予想を行っている。残念ながら、大型株を対象とした今・来期中心の業績予想による投資戦略は、たとえベンチマークの投資収益率を上回っていたとしても、必ずしも際立った投資成果が得られていたとはいえないのが実情であろう。これには、いくつかの原因がある。

① 　セルサイド、バイサイドともに流動性の高い銘柄を対象とする必要があるため、調査の中心が比較的規模の大きい企業となる。しかし、比較的規模の大きい企業は多くのアナリストがウオッチしているため、利益の大きな成長が見込めたとしても即座に株価に反映されてしまい、極端に高い投資収益率を得ることがむずかしい。

② 　短期での投資成果（ベンチマークに負けない運用）が求められているため、今・来期のような短期的なホライズンの予想に注力してしまう。

③ 　投資対象となる銘柄数が多いと、企業を長期的な視点で深掘りした分析ができない（1人のアナリストがカバーできる企業の数は20前後で、最大でも30銘柄程度）。

一方、ROEや利益の伸びに着目し、限定された銘柄数による戦略をとろうとすると、ファンド規模が大きくできない、あるいは流動性が低く売買コストも高くなるといった問題が生じる可能性も高まる。厳選投資ファンドの限界を認識し、期待する役割を明確にしたうえで投資を行う必要がある。

第6節　ま と め

　本章では、時価加重型ベンチマークが非効率であるという仮説のもとで、少数銘柄による株式投資戦略の有効性を確認することを目的として、高い投資収益率を獲得した銘柄の定量的な特徴を検討した。

　その結果、ROEの変化と投資収益率には明確な正の関係があること、銘柄数が少ないポートフォリオは銘柄数が多いポートフォリオと比較して高い投資収益率を獲得する可能性が高い（逆に、低い投資収益率しか獲得できない可能性も高まる）ことを確認するとともに、既存の代表的なファクターモデルで採用されているファクターを使っても厳選投資に期待されているようなポートフォリオを構築できないことを確認した。

　これらの結果から、ROE変化幅のような利益の成長に着目した少数銘柄によるポートフォリオを構築することで、株式市場との連動性が低い安定した投資収益率の獲得が期待できる株式投資戦略が実現できる可能性があることを確認できた。

　厳選投資戦略の基本となる考え方は、投資の原理原則に則した合理的、伝統的な方法であり、奇をてらった方法ではない。株式市場連動型の相対価値評価を重視したファンドが中心の現在のアクティブファンドのなかで、絶対価値、本質的な価値に着目した株式厳選投資戦略の存在意義は大きい。

〈参考文献〉

Berk, Jonathan B., (1995) "A Critique of Size-Related Anomalies" *Review of Financial Studies*, 8(2), pp.275–286

Fama, E.F., French, K.R., (2007) "Migration" *Financial Analysts Journal*, May/June 2007, Vol. 62,Issue 3, pp.48–58

菅原周一／青山祥一朗（2012）「日本株式市場における価格形成と株式集中投資」『みずほ年金レポート　2012年7／8月号』

菅原周一（2013）『日本株式市場のリスクプレミアムと資本コスト』きんざい

第 3 章

脱市場投資のあり方
——ロングオンリー絶対リターン型株式投資の内外事例

野村総合研究所 上席研究員 （初版執筆当時）
現大阪経済大学大学院客員教授　堀江　貞之

本章では、絶対収益を追求する「絶対リターン型投資」の投資目的や投資プロセスについて解説する。最初に、絶対リターン型投資の特徴やプロセスを述べ、絶対リターン型投資に2つのアプローチがあることを示す。そのうえで、日本の株式市場において絶対リターン型投資が普及するための条件を考えたい。

ロングオンリー絶対リターン型株式投資とは

　株式投資にはいくつかの投資スタイルがある（図表3－1参照）。代表的な投資スタイルは、株式市場全体を代表するベンチマーク（日本株ではTOPIXや日経平均など）を目標として、それを上回るリターンを追求する、「相対リターン型投資」である。それに対して、ベンチマークの動きはあまり気にせず、個別企業の業績のみに焦点を当て絶対収益を追求する、「絶対リターン型投資」とでもいうべきスタイルも登場している。

　本章の対象は、この「絶対リターン型投資」である。絶対収益を追求する投資スタイルのなかには、値下りすると予想する企業を空売りすることを組み合わせる、「ロング・ショート」と呼ばれる投資手法も存在するが、ここでは、業績のよい企業を買持ちすることだけで絶対収益をねらう、「ロングオンリーの絶対リターン型投資」に焦点を当てる。

図表3－1　株式投資のスタイル分類

```
┌──────────────────┐        ┌──────────────────┐
│ 相対リターン型投資 │────┬───│ バリュー／グロース │
└──────────────────┘    │   └──────────────────┘
 ① ベンチマークの意識    │
 ② 分散投資             │   ┌──────────────────┐
 ③ 短期投資             └───│ 大型／小型         │
                            └──────────────────┘

┌──────────────────┐        ┌──────────────────┐
│ 絶対リターン型投資 │────┬───│ 長期企業価値評価型 │
└──────────────────┘    │   └──────────────────┘
 ① ベンチマークを無視    │
 ② 集中投資の傾向        │   ┌──────────────────┐
 ③ 長期投資             └───│ 経営への積極関与型 │
                            └──────────────────┘
```

（出所）　野村総合研究所

（1） 相対リターン型投資の特徴

　絶対リターン型投資の特徴を浮かび上がらせるために、まず相対リターン型投資の特徴を簡単に説明しておこう。相対リターン型投資の典型的な特徴は、「ベンチマークの意識」「分散投資」「短期投資」である。

　相対リターン型投資は、ベンチマークのリターンを上回ることが目的である。そのため、ベンチマークの構成企業のなかで、ベンチマークと比べ相対的にリターンが高いと予想する企業をベンチマークでの構成比率に比べオーバーウエイト、リターンが低いと思う企業をアンダーウエイトすることで、超過リターンを得ようとするのが第一の特徴である。目標リターンは「ベンチマークリターン＋アルファ」である。株式市場の動向により、ベンチマークリターンがプラスマイナスに大きく変動するため、この投資の絶対リターンは高いプラスのリターンになることも大きなマイナスリターンになることもある。

　第二の特徴は「分散投資」であり、100企業以上を保有する場合が多い。相対リターン型投資では、リターンがベンチマークに比べ大きく劣後すると顧客から投資口座を解約されるおそれもあるため、投資先企業の収益見通しについて明確な見通しをもっているか否かにかかわらず、ベンチマークの構成企業をある一定割合もとうとする傾向が強い。ベンチマークの構成企業数は通常100以上であることが多いため、分散投資となるのである。

　第三の特徴は、短期投資の傾向があることである。顧客である機関投資家や個人投資家が短期間で運用成果を評価するため、短期間でベンチマークに勝つことを目標に、短期間の株式売買によって売買益を獲得しようとするからだと考えられる。短期間で売買益を得ようと思えば、短い期間で株価を予測することを主要な業務としなければならない。

　短期で株価を当てるにはどうすればよいか。それには人々の期待の変化を当てることが必要になる。簡単にその理由を説明してみよう。株価は、「PER（株価を一株当り利益で割った指標）」と「一株当り利益」の掛け算で示される。PERは一株当り利益に対して、その株式を買うために何倍のお金を支払

うかを示している。いわば投資家のその企業の将来に対する「期待」を表した指標である。このPERは、人々の企業に対する「期待」が変化することで短期的に大きく変化することが知られている。一方、業種により差はあるが、一株当り利益はPERに比べると変化率が小さいことが多い。

　したがって単純化していうと、短期で株価を当てようとすると、業績よりも人々の期待の変化を当てることがより重要になる。そのため、短期投資では、業績よりも投資家の期待を予想することに時間をかけるのが理に適っているのである。

　また、市場でついている価格（時価）は市場参加者各々が知っている情報をもとに成立した値段である。その価格の短期予想には、四半期や１年といった短期業績の予想のほか、他の投資家の保有情報や予想価格、売買する際の投資家の将来への期待、それらが時価にどの程度織り込まれているのかの推測、等の市場参加者の既知情報および期待の評価が不可欠になる。

　１年単位でベンチマークのリターンに勝とうとすれば、長期の企業業績を予想するのではなく、株価に織り込まれた人々の期待や情報の予想といった、業績予想とはかなり異なる活動を行う必要があるのである。このスキルは長期の業績予想とはかなり異なるスキルであるといってよい。

(2)　絶対リターン型投資の背景にある投資信念と投資スタイルの特徴

　相対リターン型投資は、株式市場全体の株価変動に従って、ベンチマークのリターンが上下に大きく変化するため、時には短期的には大きなマイナスリターンを甘受しなければならない。その投資とは異なり、ベンチマークをあまり意識することなく、元本毀損を避け安定的なキャッシュフローをねらう投資スタイルが絶対リターン型投資である。

　この投資スタイルのいちばんの特徴は、ファンダメンタルズ分析に基づき企業収益（キャッシュフロー、利益と置き換えても大きな差はない）が長期的に高いと見込まれる少数の企業を割安な価格で購入し、長い期間にわたって保有している点にある。企業収益をもとに計算した、企業の本質的価値（企業

価値と同等の考え方）をベースに投資をするのがこの投資スタイルの特徴である。

　この投資は、「投資先企業の生み出すキャッシュフローが、投資家に提供できるリターンの原資となる」という投資信念をもつ場合が多い。当たり前の考え方だと思う人も多いだろうが、実際にこの投資信念を貫くことは非常にむずかしい。

　この投資信念のなかに、「株式市場」や「株価」という言葉はなく、投資先企業の生み出すキャッシュフローの予測が投資の考え方の中心にある。この投資信念を貫くことから導かれる投資行動と投資プロセスは、以下の2つの特徴をもつ。

① 　キャッシュフローを原資として投資家にリターンを提供するには、収益の高さが株価に反映される長期間にわたって株式を保有する必要がある（長期投資）。短期の株価とキャッシュフローには、相関がほとんどなく、短期間でリターンをあげることはむずかしい。

② 　株価を当てることが重要なのではなく、企業があげる将来のキャッシュフローを当てることが重要（株価ではなくキャッシュフローを予測することが主な業務）。

　この投資信念を貫くためには、長い期間にわたる収益予測を主業務とし、長期保有をしなければならないのである。株価は、企業収益を安い価格で購入するという意味で重要ではあるが、安全性マージン（後述する本質的価値と株価の差）の計算という最終段階で利用するだけになる。

　ちなみに絶対リターン型投資は欧米では長い歴史をもつ。この投資を行う最も有名な投資家がウォーレン・バフェットであることは、投資に携わる人ならだれもが知っている。彼が経営するバークシャー・ハサウェイは、現在は損害保険事業を中核とした、多数株主として経営権をもつ企業を配下に置く持株会社となっており、絶対リターン型投資という範疇には入らないが、以前は少数の上場株式に投資するファンドであった。現在でも、少数株主として上場株式を保有している部分もあり、その部分だけを取り出せば、絶対リターン型投資とみなせる。

第2節　絶対リターン型株式投資の特徴

　絶対リターン型投資の投資プロセスにはどのような特徴があるだろうか。ここでは、企業の選定基準、投資期間や売却基準、リスク管理の方法など、相対リターン型投資に比べどのような違いがあるのかを浮かび上がらせてみたい。

(1)　投資プロセスの概要

　図表3－2は、グローバル株式を対象にした絶対リターン型投資の典型的な投資プロセスを示している（日本株の投資でも大きな差はない）。

　相対リターン型投資と異なる第一の特徴は、最初のスクリーニングプロセ

図表3－2　絶対リターン型投資の投資プロセスの流れ

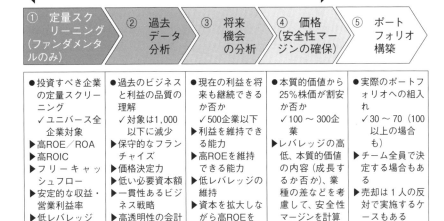

① 定量スクリーニング（ファンダメンタルのみ）	② 過去データ分析	③ 将来機会の分析	④ 価格（安全性マージンの確保）	⑤ ポートフォリオ構築
●投資すべき企業の定量スクリーニング ✓ユニバース全企業対象 ▶高ROE／ROA ▶高ROIC ▶フリーキャッシュフロー ▶安定的な収益・営業利益率 ▶低レバレッジ等	●過去のビジネスと利益の品質の理解 ✓対象は1,000以下に減少 ▶保守的なフランチャイズ ▶価格決定力 ▶低い必要資本額 ▶一貫性あるビジネス戦略 ▶高透明性の会計等	●現在の利益を将来も継続できるか否か ✓500企業以下 ▶利益を維持できる能力 ▶高ROEを維持できる能力 ▶低レバレッジの維持 ▶資本を拡大しながら高ROEを獲得できる能力等	●本質的価値から25％株価が割安か否か ✓100～300企業 ▶レバレッジの高低、本質的価値の内容（成長するか否か）、業種の差などを考慮して、安全性マージンを計算等	●実際のポートフォリオへの組入れ ✓30～70（100以上の場合も） ▶チーム全員で決定する場合もある ▶売却は1人の反対で実施するケースもある等

（出所）　運用会社へのインタビューから野村総合研究所が作成

スで、ファンダメンタル指標のみを使い、PER（株価収益率）やPBR（株価純資産倍率）などの株価関連の指標を使わないことである。ファンダメンタルのみの定量的データからスクリーニングを行い、長期的に高いキャッシュフローが見込まれる高品質の企業を絞り込み、ユニバースを限定しているのである。

次に過去データによる分析で本当に高品質の企業が選定できたかどうかの確認を行う。たまたま財務レバレッジをあげて利益をあげたのか、時流にあったヒット商品を出したのかなど、過去の成功が一時的で特殊な理由で成し遂げられたのかどうかを確認するのである。

三番目は、現在のキャッシュフローが将来も継続可能かどうかの将来機会の分析である。この分析が、企業の本質的価値を決めるうえで最も重要なポイントであり、各運用会社のノウハウの源泉にもなっている。ここで選択された企業は、将来キャッシュフローが高いと予測された企業ばかりであるため、市場で割高な価格であることも多い。そこで、最後の第四番目のプロセスとして、安全性マージンを確保するために、「株価（価格）」でスクリーニングを行う。安全性マージンは、本質的価値から25〜30％程度割安な水準を目安にしているマネジャーが多い。

⑵　企業選定のスクリーニング基準

それでは、企業を選定するスクリーニング項目とはどのようなものだろうか。図表3−3にアメリカとイギリスでグローバル株式の投資を行っている運用会社の選定基準の例を示した。選定基準は、企業が長期的に安定したキャッシュフローを提供できる条件を備えているかどうかを確認する内容となっている。一般的にいわれる、「優良銘柄」の基準、別の言葉でいうと、「高品質企業」の基準を重視するということであろう。

定量的な指標としては、高いROIC（Return On Invested Capital）などが共通しており、その高いROICを維持できるための参入障壁の高さや忠誠心の高い顧客の存在、その維持を目指す経営陣の存在などの定性評価も加えている。これらの基準は、日本株で絶対リターン型投資を行っている運用会社で

運用会社名	企業選定基準の概要
A	①顧客に不可欠な商品・サービスの提供、②忠誠心の高い顧客の存在、③業界もしくは提供市場におけるリーダーシップの保持、④持続可能な競争優位性、⑤高いROIC（Return On Invested Capital）、⑥高いフリーキャッシュフロー
B	グラハム的視点：①ディスカウント状態にある企業、②含み資産、③低く見積もられた利益、④循環局面のなかで低価格で取引されている、⑤本質的価値が成長しない バフェット的視点：①強いブランド、②グローバルリーチ、③顧客忠誠度の高さ、④ローカル市場での独占的地位、⑤本質的価値が成長している
C	「クオリティ企業」への投資を行う。クオリティ企業の特徴は以下のとおり①市場におけるポジション（ブランド、差別化された製品）、②テクノロジー（パテント、独自ナレッジ）、③流通（市場に対する効果的なルート）、④マーケット（永続的成長（secular growth）、低ボラティリティ）、⑤バランスシート（強固な財務構造）上記の特徴は、使用資本に対する高いリターン、価格決定力、持続可能な利益ないし利益成長、高いオペレーティング・マージン、フリーキャッシュフローをもたらす
D	①利益率の高い企業（借入金に頼らない高いROIC、高い粗利益率：価格支配力、資本集約度の低いビジネスモデルによるフリーキャッシュフロー創出、強固なバランスシート）、②持続可能なROIC（無形資産：ブランド力、著作権、ライセンス、販売網等、支配的な市場占有率、安定した売上げ、地理的な分散、既存事業の相当な成長）、③ROICの維持に注力する経営陣（ブランド構築・維持のための創意工夫や投資を行う姿勢、ROICに着目する姿勢、規律ある資本活用、株主に有害な戦略的買収やインセンティブに注意）
E	①ビジネス見通し／戦略（業種の成長性を予見できる証拠、明確な経営戦略および執行）、②経営チーム（モチベーション、経験、過去のトラックレコード（企業見通し等を通じ、投資家として彼らを個人的に信用できるか否か））、③財務（強力なバランスシート、透明性の高い財務開示）、④事業内容の透明性（クリーンな企業構造、透明性の高い収益（visible earnings）、年次報告書）、⑤株主価値へのコミットメント（経営者や利害調整を目的として運営せず、株主のために運営されているか）

（出所）　運用会社へのインタビューから野村総合研究所が作成

も同様である。

(3)　本質的価値の推計

絶対リターン型投資では、どのマネジャーも似通った投資プロセスをとる

が、本質的価値の計算において何に焦点を当てるかについては、マネジャー間で違いがみられる。

　本質的価値の計算は、相対リターン型投資の場合も含め、すべての投資家が行っていると考えられる。本質的価値は以下の式から推計できる[1]。

$$（本質的価値）= ①有形資産 + ②\left(\frac{利益率（ROE）}{資本コスト} \times 自己資本 - ① \right)$$

$$+ ③\left(\frac{ROE - 資本コスト}{資本コスト} \times \frac{利益成長率}{資本コスト - 利益成長率} \times 自己資本 \right)$$

　基本的には、①有形資産、②持続的収益力、③利益を生む成長の3つで構成されている（図表3－4）。本質的価値の計算には、この3つの要素の試算が必要となる。

　絶対リターン型投資で多いのは、「②持続的収益力（Earnings Power）」を

1　式はNPVGO（Net Present Value of Growth Opportunities）モデル、別名フランチャイズモデルを変形している。NPVGOでは企業価値は以下のように表される。なお、企業の資本は自己資本だけとし、利益率（ROE）、成長率とも将来にわたって変化しないとする。
　企業価値＝既存の自己資本の価値＋成長の価値
ここで、既存の自己資本の価値は次のとおりであり、利益のすべてが配当される場合に相当する（式は、将来の配当の現在価値を計算し、無限等比級数の和の公式を用いて求められる）。
　既存の自己資本の価値＝既存の自己資本額×利益率／資本コスト
一方、成長の価値について、次のように考える。成長のための投資は利益の内部留保による（サステイナブル成長モデル）。このとき、成長の価値は、配当のかわりに成長に投資することによって得られる追加の価値（すなわち純現在価値）となる。言い換えれば、「各年度の成長のための新規投資額がもたらす純現在価値の総和」である。そこで、新規投資による利益が将来にわたって継続的にもたらされるとするのなら、初年度の新規投資と、それがもたらす純現在価値は次の式で表される。
　初年度の新規投資額＝既存の自己資本額×成長率
　初年度の新規投資がもたらす純現在価値
　　＝（新規投資額×利益率－新規投資額×資本コスト）／資本コスト
よって、成長の価値（各年度の成長のための新規投資がもたらす純現在価値の総和）は次のとおりとなる。
　成長の価値＝初年度の新規投資がもたらす純現在価値／（資本コスト－成長率）
以上から、企業価値は次の式で表される。なお、式のなかの「自己資本」とは、「既存の自己資本」のことである。

$$企業価値 = \frac{利益率}{資本コスト} \times 自己資本 + \frac{利益率 - 資本コスト}{資本コスト} \times \frac{成長率}{資本コスト - 成長率} \times 自己資本$$

図表 3 - 4　本質的価値を構成する 3 つの要素

3つの バリュー	前提条件	定義	内容
有形資産 （Assets）	自由参入および競争優位性の不在を前提に計算	資産の再調達コストと定義。資産の再調達コストとは、現在最も効率的な方法で資産を入れ替える場合、競合他社が支払わなければならない金額と定義	① 現金・売掛金・棚卸し資産 ② 建物・機械装置 ③ 無形固定資産等
収益力 （Earnings Power）	現在の競争優位性が継続することが前提	① 持続的に配当可能なキャッシュフロー（フリーキャッシュフローに近い概念） ② この水準は将来ずっと一定であり続ける	「収益力」と「資産」の差額がフランチャイズバリュー。フランチャイズのもとは、競争優位性と参入障壁。判断すべき事項は、企業が現在、競争優位性をもっており、それが長期にわたり継続するかどうか。①ROEと②資本コストの比率で概算可能
利益を生む成長 （Profitable Growth）	バリューをつくる唯一の事業拡大（成長）はフランチャイズに守られ、競争優位性を享受している市場（その場合のみに実現すると考える）	成長がバリューをもつという状況は、企業の収益力バリューが資産のバリューを大幅かつ持続的に上回るときに生じる。つまり大きなフランチャイズバリューが持続される場合にのみ生じる	企業にフランチャイズ・競争優位性・参入障壁があるかどうか、またそれが持続可能であるかどうかを判断することが将来の「利益成長」を評価する際の中心課題①利益成長率、②ROE、③資本コスト等から概算可能

予測の不確実性の拡大

（出所）　Bruce C.N. Greenwald、Judd Kahn、Paul D. Sonkin、Michael van Biema （2002）『バリュー投資入門』日本経済新聞社などより、野村総合研究所が作成

重視するスタイルである。持続的収益力に基づく本質的価値とは、簡単にいうと現在の収益力が長期にわたって継続した場合に実現するものである。ROE（株主資本に対する収益の比率）は必ずしも成長する必要はなく、企業の差別化源泉が維持され現状の収益力が将来も長期にわたり継続するかどうかが鍵となる。

　「②持続的収益力（Earnings Power）」だけでなく、「③利益を生む成長

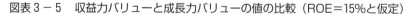

図表 3 - 5 　収益力バリューと成長力バリューの値の比較（ROE＝15％と仮定）

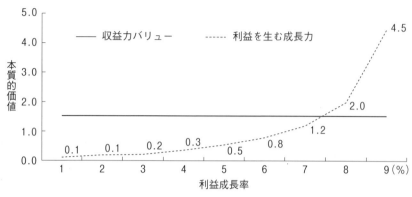

（出所）　野村総合研究所

（Profitable Growth）」も推計しようと努力するマネジャーも少数派であるが存在する。「成長」といっても、「売上高の成長」を予測するのではない。ポイントとなるのは、売上げではなく、「利益の成長」である。あくまで利益成長が実現した場合にのみ、「③利益を生む成長」の値がプラスとなる。

　「③利益を生む成長」を予測する場合の大きな課題は、本質的価値の推計に与える予測誤差の影響が大きいことである。

　例を示そう。図表 3 - 5 は、資本コストを10％、ROEを15％と仮定して、先の本質的価値の計算式に当てはめ、②持続的収益力と③利益を生む成長から計算される本質的価値の値を示したものである。自己資本は 1 としている。この計算で、②持続的収益力は、現在の収益力を示すROEと資本コストの比率（15％÷10％）で計算でき、利益成長率とは関係がなく一定の値をとる。一方、③利益を生む成長による本質的価値の値は、利益成長率（図表 3 - 5 の横軸）の大きさによって非常に大きな違いが生じる。利益成長率が低い場合、本質的価値の値は無視できる程度の小さな数値である。しかし、利益成長率が高くなると、その成長から計算される本質的価値の値は急激に大きくなり、②持続的収益力による本質的価値の大きさを超えるほどになる。つまり、利益成長率の大きさが少しでも違うと、本質的価値の計算に大きな誤差が生じるのである。

このことが、絶対リターン型投資のマネジャーが、成長投資がむずかしいと直感的に感じている理由の1つである。本質的価値に与える影響が非常に大きいため、利益成長率の予想に頼るのではなく、現在の収益力が続くかどうかを分析することに注力することが得策と考えているのである。そのため、利益を生む成長は「おまけ」と考えている絶対リターン型の投資家が多い。つまり、利益成長率をゼロと仮定して、②持続的収益力だけから本質的価値を推定しているわけである。

⑷　保有企業数とアクティブシェア

投資先企業の数は相対リターン型投資の場合に比べて少ない。相対リターン型投資の場合、100を超える企業を保有する場合も多いが、絶対リターン型投資の場合、投資先企業の数は20～50程度である。投資企業数が相対的に少なくなる理由としては、①長期保有を前提とし、魅力的と思われる企業の内容を詳細なレベルまで徹底的に調査することで、その企業の将来見通しに対する確信度が高まり自信をもって大量保有できるため、結果として少数企業の保有となる、②長期的に有望であると確信がもて、なおかつ割安な価格である企業の数自体がそもそもあまり多くない、という2つの理由が考えられる。

優れたリターンを獲得するマネジャーを選定するうえで重要なのは、保有企業数だけではない。「アクティブシェア」は、優れたリターンを獲得するマネジャーを選択するうえで重要であるとの実証研究が最近になって現れ始め、投資家の間で注目されている。アクティブシェアとは、ベンチマークとポートフォリオの構成企業の構成比率の差をとり、その絶対値を足し合わせ2で割ったものである。欧米では、相対リターン型投資マネジャーのアクティブ度合いを測定する一般的な指標になっている。インデックスファンドのアクティブシェアは0％であり、まったくベンチマークとは違う企業群から構成されたポートフォリオは100％になる。

アクティブシェアはトラッキングエラー（TE）と似た指標であるが、自ら意図して動かさないと値が変わらない、という点がTEとは異なる。アク

ティブシェアは、投資マネジャーの保有企業に対する意図を、TEより明確に表している指標といえる。そして、アクティブシェアが高いマネジャーのほうが将来のリターンが高いという実証研究がアメリカの株式投信などで示され、実際にこの指標を使ってマネジャー選択を行い成功したファンドが出るなど、注目を浴びている。

(5)　リスク管理の方法

　絶対リターン型投資ではリスク管理の内容にも相対型とは大きな違いがある。図表3－6に相対リターン型投資と絶対リターン型投資のリスク管理の違いを対比した。相対リターン型投資の場合、リスク管理の基準は、すべて「ベンチマークからの乖離」である。よく使われるリスク管理指標は、トラッキングエラーといった、ベンチマークからリターンがどの程度離れるかを測定するものである。

　一方、絶対リターン型投資の場合、投資先企業の事業リスクが最も重要なリスク源泉となる。投資先企業の事業がうまくいかず資本コストを上回る利益が得られなければ、投資家にリターンを提供することができなくなるからである。したがってリスク管理は、投資先企業の本質的価値が維持されているかどうかに主眼が置かれる。言い換えると投資先企業が、他社との差別化要因を十分に保ち長期的な競争力を維持できるかどうかがポイントになる。

　もう1つのリスク管理上のポイントは、そのような本質的価値が長期的に維持できる企業を安い株価で購入できるかどうかである。いくら優良企業でも高い価格で購入したのでは、投資家に高いリターンを提供することはできない。本質的価値と株価の差である、「安全性マージン」を確保することが重要である。高い利益率をあげられるよい企業を見極めること、その企業を本質的価値よりもかなり安い価格で購入すること、の2つがリスク管理上のポイントとなる。

　一般的な株式投資では業種分散、グローバル株式では国別分散もリスク管理上チェックする場合が多い。一方、絶対リターン型の場合は企業の事業内容の確認がリスク管理上の要諦であり、業種や国別分散を考慮すると投資効

図表 3 - 6　基準の違いによるリスク管理の違い

	相対リターン型投資	絶対リターン型投資
投資の目的	ベンチマークのリターンを上回ること	プラスのリターンを獲得すること
投資のリスクの定義	ベンチマークリターンに劣後すること	資金の永久的な毀損
リスクの源泉	ベンチマークから乖離すること	①投資先企業のフランチャイズの毀損 ②低品質の企業に投資すること ③高い価格で投資すること　等
リスク管理の方法 （購入前）	ベンチマークと比較して相対的に割安な企業を購入すること	①投資先企業の本質的価値の推計をできる限り正確に行うこと ②十分な安全性マージンを生むだけの本質的価値から低い価格で企業を購入すること
リスク管理の方法 （購入後）	トラッキングエラーを適切な範囲に収めること	投資先企業の本質的価値が毀損していないかどうかを確認すること

（出所）　インタビュー等を通じて野村総合研究所が作成

率の高い企業の組入れ比率を下げ期待リターンを低下させるおそれもあり、制約条件としないことが多い。

（6）　売却基準

　絶対リターン型投資では、投資先企業の売却基準はどの運用会社でも共通している。①株価が目標株価に到達した場合、②購入理由に間違いがあると判明した場合、③より魅力的な企業を発見した場合、の3つである。基準はあくまで、投資先企業を決定する際に推計した「本質的価値」にある。その点、「株価」を基準に売却を決定する相対リターン型投資とは大きな差がある。

（7）　売買回転率

　絶対リターン型投資の売買回転率は非常に低く10〜20％が多いが、高くて

も25％と４年に１回程度しか売買していない。

(8) リターンパターンの違い

　絶対リターン型投資は、リターンパターンも相対リターン型投資とは大きく異なる。図表３−７に示したように、将来のキャッシュフローが持続的に上昇する企業を選択しようとしており、長期的には株式ポートフォリオのリターンは、キャッシュフローの伸びにおおむね近似すると考えられる。一方、株式市場は投資家の期待に応じて上下に大きく変動する。したがって絶対リターン型投資のリターンの変動性は、通常の相対リターン型投資に比べかなり低くなるはずである。

　2000年から2011年の株式市場のように、市場全体のリターンがあまり振るわない場合、絶対リターン型投資は市場全体を上回ることができるだろう。一方、投資家の期待が高まり株式市場が大きく上振れする場合（2012年11月から2013年４月の日本株のようなケース）は、市場に劣後する可能性が高い。しかし、そもそも投資家が株式に期待するのはベンチマークに勝つことではなく高い絶対リターンのはずである。絶対リターン型投資は、本来、投資家

図表３−７　株式ポートフォリオのリターンパターン

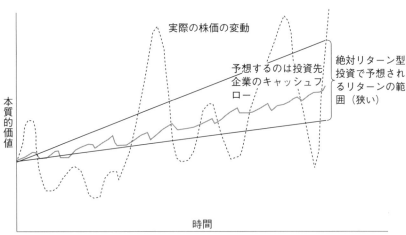

（出所）　運用会社等へのインタビューから野村総合研究所が作成

78

が株式に期待する絶対リターンを提供しようとするもので、相対リターン型投資に比べ投資目的の達成により適したものといえるのではないか。

⑼　組織設計上の違い

絶対リターン型投資は、相対リターン型投資と比べ、その特徴に根ざしたさまざまな組織設計上の違いがみられる（図表3 - 8参照）。まず企業の将来のキャッシュフローを予測することが主業務になるため、いわゆるアナリストとポートフォリオマネジャー（以下「PM」という）の区分があいまいである。一般的な投資プロセスでは、企業分析を主業務とするアナリストが、それぞれの担当業種から有望な企業を選定する。PMはアナリストが推奨した企業のなかから、最終的にどの企業を購入し、どの程度の保有比率にするのかを決定する。アナリストとPMの責任範囲が明確に区分された分業体制になっているのである。

これに対し、絶対リターン型投資では、両者の役割区分はあいまいである。絶対リターン型ではキャッシュフローが高いと確信がもてる少数の割安な企業に投資する。少数企業への投資であるため、1企業のリターンがポートフォリオ全体のリターンに大きな影響を及ぼし、投資先企業の選択そのものがきわめて重要になる。いったん投資すると決定すれば、その投資比率に

図表3 - 8　グローバル株式投資会社の組織設計の違い

評価項目・組織設計	相対リターン型	絶対リターン型
アナリスト・PM役割分担	明確	不明確（同様の職務の場合が多い）
アナリストの視点	スペシャリスト（業種内での相対評価）	ジェネラリスト（複数業種担当が多い）
チームの人数	大人数	10名前後と少数
運用チームの所在地	多拠点型	1カ所集中型
PMの人数	1名	複数
投資の意思決定	最終的にはPM1名が判断	投資チーム全体での意思決定を重視
運用会社のタイプ	大規模な運用会社が主	ブティーク会社が主

（出所）　グローバル株式運用会社へのインタビューをもとに野村総合研究所が作成

は確信度により若干の差はあるものの、あまり大きくはない。各企業の保有比率を決定するという、一般的なPMの主業務の重要性は相対的に低く、PMとアナリストの双方が最も重要な企業分析を同じように行っているのである。

アナリストの担当にも違いがある。伝統的な株式投資チームのアナリストは単一業種を担当する場合が多いが、絶対リターン型投資の場合、複数業種担当制がほとんどである。担当業種をまったく決めない、ジェネラリストの場合も多い。単一業種担当の場合、たとえその業種の業績がよくなくても、相対的に優れた企業を推奨しようとするバイアスが働くという考えである。

複数業種を担当していれば、企業を多角的な視点から眺めることができ、業種にこだわらずキャッシュフローの高い企業を選択するという、絶対値ベースでの評価がやりやすい。この投資スタイルを採用している運用会社のあるPMは、「私が理想とするアナリストは、その企業やビジネスの状況がどうなっているかを理解し、より広範な市場のコンテクストをわかったうえで企業の分析ができる者。このためには、2～3の、できればまったく異なるセクターをカバーすべきである」といっている。

投資チームの規模も異なる。絶対リターン型投資では、投資企業数が相対的に少なく集中的な投資となることが多い。保有期間も3～10年という長期投資が普通である。このような投資スタイルの特徴をもつため、意思決定は以下のようなものとなる。

① 新規の投資先企業の購入はあまり頻繁に行われず、年間にせいぜい数銘柄が入れ替わる程度、また保有企業数も少ないことから、1つの企業にかける調査時間が非常に長い（1企業に対する詳細な分析が必要）。

② 長期投資ではあるが、新規の投資先に本当に投資する意味があるのか、また投資先企業に継続して投資する理由があるのか、といった理由を多角的に分析するために、打合せを頻繁に行う必要がある（フェイスツーフェイスの頻繁な議論が必要）。

③ 投資判断をチーム内で行う場合、多角的な見方で十分に吟味を行う必要があり、チーム構成員同士がお互い気心の知れたメンバーであることが重

要（メンバー同士の密接な関係の維持が重要）。

　このような意思決定を行うため、投資メンバー間の対面での密接な議論が必要であり、チームのメンバー数を10名以下といった少人数に限定することが重要になる。

　さらにグローバル株式の投資であっても多拠点に投資メンバーを分散させず１カ所で集中して投資をしている。グローバル株式の投資では、投資先企業の本社のある国に投資スタッフを配置していないことは欠点になると一般的には考えられている。しかし、短期的な利益の予想や株価に織り込まれている情報の分析ではなく長期の経営戦略などに絞って投資判断を行うのであれば、定期的に訪問することで、離れた地点であっても十分に有益な情報を入手できると考えている。また人数が10名以上の場合は、地域別に10人程度にチーム分けするなど、チーム内の意思疎通が円滑に図れる工夫もされている。

　ちなみにPMの責任分担も相対リターン型投資とは異なっている。絶対リターン型投資ではPMとアナリストの役割区分があいまいだが、PMが最終的に保有比率などを決定する点は相対リターン型と同じである。しかし、特定企業を担当するPMは１人ではなく複数であり、１人のPMが単独で決めることはほとんどない。相対リターン型投資では避けることが多いコンセンサス重視の投資スタイルであり、全員一致でなければ新規投資は行わない運用会社もある。集中的な投資で失敗した場合のリターンへの影響が非常に大きいため、企業を多面的に分析し、議論を重ねた慎重な判断を重視しているためと考えられる。

第3節 絶対リターン型投資の2つの投資アプローチ

　ここまで、絶対リターン型投資の特徴を、ポイントを絞って説明してきたが、実はこれまで述べた投資方法とはやや異なるタイプのものも存在する。これまでは、絶対リターン型投資のなかで、「長期企業価値（本質的価値）評価型」と呼ぶ投資アプローチを紹介してきたが、「経営への積極関与型」と呼ぶことのできる投資アプローチも存在する。

(1)　企業価値評価型と経営への積極関与型

　「長期企業価値評価型」は大規模な企業を中心に、長期の企業価値評価を行い、さまざまな環境変化が起こっても確実なキャッシュフローが稼げる魅力の高い企業を特定し投資をする投資アプローチである。一方、「経営への積極関与型」は、長期の企業価値評価を行う点は企業価値評価型と同じだが、それだけでなく、企業価値向上を経営に働きかける点に違いがある。中小型の企業を中心に、キャッシュフローが稼げる魅力度の高い企業に投資し、ガバナンス改善、IR（Investor Relations）見直し、財務戦略の提言、運営プロセス改革、経営計画の策定、配当政策の見直しなど多岐にわたる企業価値向上（バリューアップ）のための提案を経営陣に対して行い、さらなる長期的な株価向上を図る点に特徴がある。

(2)　2つの投資アプローチの特徴

　図表3-9に2つの投資アプローチの違いをまとめてみた。2つの投資アプローチには、類似点と相違点がある。同じであるのは、投資目的、本質的価値の計算、リスクの定義、売却基準などである。

　大きな違いは投資先企業の規模である。長期企業価値評価型の保有企業は業界を代表する大企業が中心であるのに対し、積極関与型は中小型株が多

い。長期企業価値評価型は、「その企業がなければ業界自体が成り立たないような不可欠の企業」、すなわち業界を代表する企業が多い。長期企業価値評価型ではこの基準を満たし、なおかつ株価が割安な企業を選別して投資をしている。一方、積極関与型では、長期企業価値評価型のような企業選定基準は当然重要だが、それ以上に、積極関与によってさらなるバリューアップを図ることができるかどうかが重要になる。

　図表3−10は日本株式で積極関与型に分類できる運用会社の、積極関与によってバリューアップを行う方法をまとめたものである。投資企業の収益力がもともと高いことも重要であるが、それ以上に積極関与が容易であることが重要になる。その条件としては、経営トップへのアクセスが容易であること、変革スピードが速いこと、経営資源は不十分であるが改善余地が大きいことなどがあげられ、それらの条件を満たす企業は中小型企業が多い。

　バリューアップには主として3つの方法がある。①事業改革型、②財務／資本政策改革型、③投資家認知度改善型である。

　①事業改革型は、新たなビジネス計画の提案等により利益そのものの向上をねらうものである。実施している運用会社は欧米のEngagementファンドを除くと、ごくわずかであると考えられる。運用会社に事業改革を提言するだけのスキルセットがあまり存在しないこと、また事業会社自体がそのような改革を望まないことが多いことなどが主な理由と考えられる。②財務／資本政策改革型は、自社株買い等の財務戦略で「資本」の額自体を変え、一株当り利益を変化させるアプローチである。日本企業に対するバリューアップとしてよく用いられる方法である。③投資家認知度改善型は、IR活動の効率化提案等のIR改善で投資家の認知度を変化させることによって株価を向上させようとする。この手法も日本企業に対して活用されるケースが多い。

　必要とされるスキルセットにも、2つの投資アプローチには大きな違いがある。長期企業価値評価型の投資に必要なスキルは、企業の長期的な収益力を見抜く能力である。ここで必要なスキルセットは、企業の長期キャッシュフローを生み出す能力を徹底した分析によって見抜くことであり、企業に関する深い洞察力が求められる。長期企業価値評価型で興味深いのは、もとも

図表3-9　2つの投資アプローチの比較

ポイント	長期企業価値評価型	経営への積極関与型
投資の目的・投資哲学	投資先企業のキャッシュフローが投資家へのリターン源泉となる	
本質的価値の計算	①有形資産、②持続的収益力、③利益の出る成長	
リスクの定義	損失を被ること	
売却基準の比較	①目標株価に到達、②購入理由の間違い、③より魅力的な企業の発見	
重要な能力	①本質的価値の推定能力（企業の長期キャッシュフロー創出能力を見抜く能力）	①同左 ②本質的価値を向上させる潜在力を具現化する能力（②経営コンサル、貸出審査、投資銀行等での事業再編経験等）
関与する分野		①事業戦略（アメリカ、ヨーロッパ企業の場合） ②財務戦略、資本政策、株主政策（日本企業の場合）
対象となる候補企業	大企業が多い（中小型も含まれるケースもあり）	①積極関与が容易な中小型企業が中心（経営トップへのアクセス容易、変革スピードの速さ、経営資源不十分）：日本 ② 欧米では大企業への投資も多い
対象企業の所在国の法制	無関係	重要

（出所）　インタビュー等をベースに野村総合研究所が作成

とプライベート株式（PE）で投資を行っていたマネジャーが、同じ投資手法を上場株式に当てはめているケースがみられることである。プライベート株式では流動性が低く、企業の生み出すキャッシュフローをあげる以外にリターンを稼ぐ手段がないため、おのずと上記の能力が養われるのではないかと考えられる。

　一方、積極関与型では、企業の利益向上に資する提言を経営者に行う能力が必要とされる。利益を高める提言には、金融だけでなく産業分野の知識が

図表3－10　経営への積極関与型のバリューアップ方法の比較

運用 会社名	各社のバリューアップ施策の方法
A	①「事業価値そのものの向上」（成長戦略策定、海外進出支援、中計策定、M&Aサポート、ブランド構築、事業部制導入、在庫回転率向上、事業ポートフォリオ再編、BPR、既存店売上向上等）、②「価値と価格のギャップ解消」（資本効率向上、株主還元方針策定、流動性向上策導入、IR資料作成、アナリストカバレッジ拡大、海外IR支援、東証昇格、リキャップCBの導入、等）
B	コーポレートガバナンス（株主との利害一致：買収防止策・CB発行等、株主の権利保護、経営陣へのインセンティブ付与）、IR（ディスクロージャー改善、アナリストカバレッジの拡大、投資家の理解、成長戦略の明確な説明、アナリストからの信頼性向上、業績予想の正確性向上、グローバルコミュニケーション）、財務戦略（最適資本構成、資本効率性の改善：過剰現金の活用・ROICへの集中、配当政策の変更、自社株買い）、プロセス改革（ベンチマーキング、生産効率改善、ビジネスプロセス改革）、事業戦略（事業改革・売却、M&A、上場非上場判断）
C	事業戦略（海外企業提携、国内販路拡大、提携買収案件、SVA導入、株価ドライバー認識、不採算事業の売却・撤退、M&Aサポート、遊休資産の有効活用、子会社の吸収合併、スピンオフ）、財務戦略（自社株買い、増配、株式消却、株式分割、市場変更、ROE目標設定・改善策）、インセンティブプラン（ストックオプション、従業員持ち株会）、株主対策（グローバルIRサポート）

（出所）　日本株投資を行う運用会社の投資戦略説明資料、ヒアリングなどをベースに野村
　　　　総合研究所が作成

重要である。実業の世界で利益をあげるアイデアを出すことも求められており、これまで投資マネジャーが行ってきた業務およびスキルとは大きな違いがあると考えられる。実際、積極関与型の運用会社のポートフォリオマネジャーの出身をみると、経営コンサルタントであったり、投資銀行でM&A活動を行っていたスタッフであったりと、伝統的な株式運用経験者は少ないように見受けられる。

　このスキルは資産運用業界では稀少だが、広く産業界に目を転じれば存在する可能性がある。たとえば、近年の総合商社の活動から判断すると、彼ら

にはそのような潜在能力があるように思われる。さらにいえば、従前から日本の商業銀行が債権者として企業経営者に対して行っているサポート活動の一部や審査活動は、ここでイメージしているものに近い。人数からいえばこの分野にいる銀行スタッフがいちばん多いであろうから、そのような能力を資産運用業界が活用することも1つの方法であろう。また1990年代のセルサイド（証券会社）アナリストは産業再編や経営戦略提言などを行っていたこともあり、積極関与型のスキルをもっていたと考えられる。

第4節 普及への条件

(1) 日本株にこそ必要な絶対リターン型投資

　この章で紹介した絶対リターン型投資は欧米では古い歴史をもち、いくつかの運用会社の資産規模はかなり大きくなっている。特に21世紀に入り、グローバル株式のリターンそのものが低迷したため、相対リターンでも絶対リターンでも良好な成績を収めたこの投資スタイルに多くの資金が集まる結果となった。5兆円を超える規模になった運用会社も存在し、新規の資金導入を停止したところもある。

　一方、日本株式でこの投資スタイルが登場したのは2007年頃と考えられる。グローバル株式で成功した投資スタイルを日本株でも適用し始めたのが最初の投資事例である。すでに2,500億円以上の資産を集めるまでに成長しているが、全体の日本株式の運用資産に占める割合としてはまだ微々たるものである。

　ここでいま一度、株式市場の投資家の主な役割を整理し、この投資スタイルは日本株式でこそ必要なものであることを確認しておきたい。一般的に投資家の役割として、①価格発見機能（株式市場で売買を行うことで株価をつけ流動性を提供すること）、②効率的な資金配分機能（企業価値向上が見込める優良企業に資金提供を行い、そうでない企業との間で株価の格差をつけ、優勝劣敗を促すこと）、という2つの機能が指摘されてきた。

　現在はそれら2つの機能に加え、③経営規律の向上支援機能（議決権行使、経営者との対話など）の提供も投資家に期待されているのではないか。低成長下にある日本では、特に②と③の機能に貢献することで、企業間の優勝劣敗を明確に株価に反映させ株式市場のダイナミズムを促すとともに、コーポレートガバナンスの改善にも投資家側から貢献を行い、企業価値を高

めていくことが必要になっていると考えられる。

　低成長の経済のもとでは、このように投資家の果たすべき役割が変化していると考えられるが、絶対リターン型投資は、時代の変化に対応した、投資家として果たすべき新たな役割（②と③の役割）を担うことができる投資スタイルだと考えられる。

　この章の締めくくりとして、日本企業の企業価値の向上に意義があると思われる絶対リターン型投資が日本で発展するための条件について考えてみたい。絶対リターン型投資はこれまで説明したとおり、相対リターン型投資を代表とする伝統的な投資スタイルとは異なる独特の特徴をもっている。キャッシュフロー予測を基本とするため、リターンは安定的だが、株式市場でバリュエーションが大きく変化した場合、リターンがベンチマークと大きく乖離することもあり、万人向きの商品とはいえない。この投資スタイルが普及するには、投資家の条件も含め、さまざまなハードルを越える必要があると考えられる。

(2)　投資スタイルを理解する顧客の重要性

　まず絶対リターン型投資に行いうる投資家の条件について考えてみたい。絶対リターン型投資は、すべての投資家向けのものではなく、一定の条件が整った投資家のみが投資できる商品だと考えるからである。たとえば、欧米でこの投資スタイルに最初に投資をしたのは、ベンチマークを意識する機関投資家ではなく、元本毀損を嫌う富裕層であった。富裕層は運用会社の投資内容や運用成績に対して途中であまり口出しせず、長期にわたって資金を預けている場合が多い。

　資産運用業界で著名な思想家であったピーター・バーンスタインは、絶対リターン型投資のような投資スタイルを採用できる投資家の条件を以下のように述べている。

　「スキルのない運用マネジャーにアルファ2を生み出すことはできない。し

2　市場全体のリターンと連動しない独自のリターンのこと。

かし、熱いオーブンの上で立ち続けることができる我慢強い顧客（投資家）、銀行預金のようにいつでも好きなときに引き出せるものではなく、一定期間引き出しができないファンドと契約できる顧客が存在しなければ、どのようにスキルの高いマネジャーであっても、長期間持続し、統計的に有意な水準と考えられるほど大きなアルファを生み出すことはできない。ウォーレン・バフェットも、資金の引出しが自由なオープンエンド形式のファンドで運用していれば、あのような素晴らしいリターンを獲得できたかどうかは疑わしい」

　実際、日本株式で積極関与型の運用アプローチを採用しているある日系運用会社は顧客に3年間のロックアップ、つまり引出し制限を設けている。そのため、現時点で日本の顧客はおらず、すべて欧米の財団・大学寄贈基金などで占められている。

　絶対リターン型投資は相対リターン型投資とは大きく異なる投資スタイルであり、リターンのパターンが相対リターン型投資と大きく異なることは図表3-7で示したとおりである。したがって、時によりそのマネジャーが大きくベンチマークに負け越すことは当然起こりうる。その条件を覚悟する勇気が投資家に必要である。そのような状況下で絶対リターン型投資を採用し続けることができるかどうかは、投資に対するある程度高い理解力が求められるということであろう。絶対リターン型投資で高いリターンを獲得するには、顧客である投資家にも厳しい条件が課されることを覚悟すべきであろう。

(3)　受託者責任の再定義

　絶対リターン型投資を機関投資家（年金ファンド等）に普及させるには、受託者責任を再定義することも重要である。絶対リターン型への投資には、それを正当化する理由も必要と考えられるからである。

　受託者責任は、主として善管注意義務（duty of prudence）（prudent manルールという名のもとで知られている）と忠実義務（loyalty、参加者を公平に扱う義務を含む）から構成され、機関投資家は最終受益者だけの利益を考えて

行動することが求められる。しかし、その責任を果たすため、どのような投資プロセスを構築しなければならないかは明文化されておらずあいまいなままである。北アメリカなどでは、この受託者責任を再定義すべきとの議論が年金関係者の間で起こっている。注意義務に偏りすぎていた受託者責任を、忠実義務も同時に重視する方向に転換する動きである。

　過去50年間の歴史をみると、規制当局と受託者は２つの義務のなかでも、注意義務に多くの焦点を当ててきた。ここで注意義務は他のプロフェッショナルと同等のスキルをもって投資することと解釈されてきた。その結果として、同じような投資行動を行っている同類の機関の行動原則に従うことを奨励してきたと思われる。群衆行動を助長するような受託者責任の解釈が行われていたということであろう。

　しかし、巨額となった年金資金が短期指向かつ市場対比のベンチマークで運用されるケースが多くなるにつれ、この注意義務のみを重視することが市場の変動性を高め長期の価値創造を阻害することになっている、との批判が起こってきている。ここで鍵になる考え方が忠実義務を構成する「公平性（impartiality）」である。公平性は、受託者責任を構成する要素でありながら、これまであまり高い関心が寄せられてこなかった。この公平性を考慮するという義務が、「短期および長期両方のバランスをとる」ことにつながると考えられる。「現在の退職者に対する給付の生成」と「将来の退職者に対するキャピタルゲインの生成」は両方とも公平に考慮しなければならないからである。

　北アメリカなどでは、注意義務と忠実義務の間で利害対立が生じる際、たとえばこれまで行われてきた投資慣行がある受益者に対して過度に偏って利益を与えるようなケースでは、裁判所は、一般的に忠実義務を優先して紛争解決を図っている。この注意義務と忠実義務のバランスを取り戻すことが、受託者にとっての挑戦となる。長期視点を考慮することも受託者責任を構成するという解釈が広まってくれば、絶対リターン型投資への関心もより高くなっていくと考えられる。

⑷ 投資マネジャー（および資産オーナー）への投資ガイドライン制定の必要性

受託者責任の見直しを行うなかで、運用マネジャーおよび資産オーナーである年金ファンド等の機関投資家が投資先企業に対してどのような関与を行うのか、ディスクローズすべきとの議論も起こっている。相対リターン型投資やパッシブ投資では、多数の企業へ分散投資を行うがゆえに、投資先企業への無関心につながり、ひいては企業に対する投資家からの規律が働かず株式市場全体のリターンそのものを低下させるという結果につながっている、との見方が広がっているからである。

イギリスでは、金融危機以降、「スチュワードシップ・コード（Stewardship Code）」と呼ばれる、投資先企業への積極関与の方法について運用会社にディスクローズを求めるガイドラインの制定に議論が進み、2010年に正式に採用された。これは、傍観者的な投資家の態度が社会的に大きなコストを引き起こしたのではないかとの問題提起から始まったものである。年金ファンド等の機関投資家に運用委託を受けた運用マネジャーにも受託者責任があり、その定義のなかでマネジャーの投資家としての責任を明確化しようという動きである。

ましてや日本は国際的にみて経済成長率が相対的に低い国と考えられる。長期の株式リターンは（バリュエーションが一定であれば）マクロレベルの経済成長率と連動する可能性が高く、運用会社自らが企業に働きかけることで株式市場の平均リターンを高めることが投資家の責任であると考えるべきなのではないか。

⑸ ベンチマークの再定義

絶対リターン型投資の目的を達成するための1つの手段として、逆説的ではあるが、絶対リターン型投資そのものではなく、相対リターン型投資の内容を変えるという方法も考えられる。

たとえば、目標となる適切なベンチマークを別途設定するという方法であ

る。絶対リターン型投資の意義は、効率的な資金配分機能など、株式市場で投資家として果たすべき役割を遂行することである。そのような役割を果たすために、ベンチマークの構成比率を、企業価値の高さに比例させるという方法も考えられるのではないか。

　一例として、計算が大変むずかしいことは承知しているが、絶対リターン型投資で推計している、「本質的価値」で加重したベンチマークを考えてみたらどうだろうか。そのベンチマークでは、本質的価値の高い企業に多くの資金配分がなされるため、企業間の資金配分効果がより促進されると考えられる。このようなベンチマークが作成できれば、投資家の最低目標リターンを上回る収益率の高い企業に重みを置く、高品質企業群への投資が実現できるのではないか。今後、証券取引所や指数作成会社などからさまざまなアイデアが生まれることを期待したい。

　絶対リターン型投資が簡単には実行できないものであることは、筆者も十分に理解している。長期企業価値評価型の投資はその対象企業数が少ないことから万人のソリューションとはなりえない。また積極関与型の投資はそのスキルセットを持ち合わせたマネジャーが少ないという人材問題を抱えている。さらに、このような投資をマネジャーが提案しても、短期的には、他のマネジャーと大きく異なるリターンを生じることが避けられないため、サラリーマン的な運用管理を行っている機関投資家には採用しにくい面をもつと考えられる。

　一方で、このような投資スタイルが成長すると、個別企業間のリターン格差が大きくなる可能性がある。優良企業に資金が集まり、そうではない企業は株価が低迷し退場が促される効果をもつからである。逆説的ではあるが、マネジャーの適切な資金配分が進むことで、株式市場が活性化し諸外国の市場と比べて日本株市場全体のベータ（リターン）が向上する可能性がある。高いアルファをねらうアクティブマネジャーの活動により、結果として市場全体（ベンチマーク）のリターンが向上する効果が期待できるのである。

　この投資が拡大するいちばんの早道は、この投資での成功事例が多く生まれることである。日本企業の価値向上に貢献する、絶対リターン型投資マネジャーが登場し成功を収めることで、この投資の人気が高まることを期待したい。この投資は困難であるが、マネジャーと顧客（年金ファンド等）が協力し、また投資先企業からの情報提供も充実することで運用の裾野を拡大し、日本企業の復活の手助けをしなければならない。そうでなければ日本株の本格的な持続的回復はない、という思いを、顧客である投資家（年金ファンドを含む機関投資家や個人投資家）と投資マネジャーは共有すべきではないか。

〈参考文献〉

Greenwald, Bruce C.N., Judd Kahn, Sonkin, Paul D., Michael van Biema（2002）
『バリュー投資入門』日本経済新聞社

Leibowitz, Martin L.,（2004）"Franchise Value", John Wiley & Sons

Cremers, Martijn, Antti Petajisto（2009）"How Active Is Your Fund Manager? :
A New Measure That Predicts Performance", The Review of Financial Studies

第4章

長期投資に耐えうる
企業群への投資
——企業を選別して長期的に
投資する

コモンズ投信株式会社 会長（初版執筆当時）
現シブサワ・アンド・カンパニー株式会社代表取締役
コモンズ投信株式会社取締役会長 　渋澤　健

コモンズ投信株式会社 代表取締役社長
兼最高運用責任者（初版執筆当時より現在に至る）　伊井　哲朗

本章では、企業を選別投資している投資信託として、コモンズ投信を取り上げる。最初に投資理念とその背景、コモンズ投信の銘柄選択基準を述べる。その後、長期的な企業価値の向上を目指している企業の事例と特徴を紹介し、最後に、企業価値創造に関するコモンズの考え方を示したい。

第1節 はじめに

1 コモンズ投信の創業の理念

　現在、コモンズ投信は、個人投資家および機関投資家の長期の資産運用ニーズに対して、リーマンショック直後の2009年の1月より、「コモンズ30ファンド」という、30年目線で企業価値を分析し、30銘柄程度に絞り込んだ厳選投資の日本株ファンドを提供している。

　30年目線というアプローチは、30年後の企業業績を的確に予測するということではなく、企業あるいは事業の寿命が30年ともいわれるなか、そうしたサイクルを打ち破るほど強い経営体質や企業文化を維持できる企業を選ぶ活動である。そして、そうした強い体質の企業でなければ長期の企業業績の予想もむずかしくなると考えている。

　コモンズ投信の事業・プロダクトのコンセプトは2006年くらいから練り上げてきたものであるが、創業のミッションとして一般生活者の長期的な資産形成に貢献する「現役世代、次世代の生活者にとっての豊かな社会を導く長期投資」、わが国の資本市場の改革に貢献する「企業の永続的な繁栄と価値創造を応援する長期資本」を育むことを掲げた。

　その背景には、まず1,570兆円を超えるわが国の個人金融資産といっても、総務省家計調査によれば、その6割強は60歳以上のシニア層に偏在しており、将来の年金や子どもの教育資金についての不安が大きい現役世代は、自助努力による長期的な資産形成が必要となっていることがある。しかし、長期的な資産形成に堪えうる投資信託は少ない。たとえば、イボットソン・アソシエイツ・ジャパン株式会社の分析によれば、約4,000本もある投資信託のなかで、2012年の1月から12月までの1年間で12カ月継続して各月の設定額が解約額を上回るファンド＝毎月資金純増しているファンドはわずかに

62本。さらに、日本経済新聞によれば2012年を基準とした過去10年のデータで推計した投信の平均保有期間は2.3年となり、年々、短期化しているのが現状だ。個人投資家の短期志向や販売会社優位の業界体質もあると思われるが、本来、長期的な資産形成に向いているはずの投資信託が、その本質的な利便性や有効性が発揮されていない点を大きく改善していきたいと考えている。

そして、近年、多くの経営者の方々のお話をうかがうと、四半期決算の業績に偏重した短期的な視点に基づいた投資家との対話に疑問を感じられている方がふえている。21世紀に入ってからの新興国の台頭、エネルギー問題など、企業を取り巻く環境が激変するなか、経営者の平均在籍年数は5年程度とはいえ、この大きな環境の変化を意識した経営者の考える時間軸は長期化傾向だ。海外進出、エネルギー問題への対応、グローバルベースでの優秀な人材の確保と育成、資金調達などどれをとっても、経営者には長期的な視点が必要である。こうした長期的な視点をもつ優れた経営者や企業に、長期の資本の供給することで日本経済の成長に貢献したいとも思っている。

2 | 短期化した日本の株式市場と長期資本の担い手

(1) 投資主体別の売買シェアからみえる短期化した日本市場の課題

世界の株式市場に共通する傾向としては、投資ホライズンの短期化があげられるが、日本におけるその傾向はさらに顕著に感じる。2012年度の投資主体別の売買動向をみても、個人のシェアが25.3％、外国人投資家が63.0％、国内機関投資家が8.8％となっている（三市場ベース、現物と先物の合計）。

このうちの個人投資家の株取引においては、80％強がネット証券からの注文であり、その多くは信用取引などの短期売買で占められていると推測され、長期的な資産形成にはつながっていない状況である。

2009年、京都大学の川北英隆教授を座長とし、公的年金や生命保険会社、

損害保険会社、外資系運用会社などの機関投資家がメンバーの長期投資研究会という定例の勉強会に参加していた。そこでの議論は、年金基金も保険会社も、負債サイドに対応した超長期の運用が望まれるが、株式投資に関しては、さまざまな制約から、長期目線で運用するのはむずかしく、長期投資といっても、せいぜい3年程度の目線で投資をしているとのことであった。

日本株取引の6割強を占める外国人投資家も近年はヘッジファンドが中心であり、彼らの主な投資目的は長期運用ではない。このように日本の株式市場には短期売買の投資家が圧倒的に多く、長期資金は脆弱なのである。

マーケットは多様性が重要であり、短期売買の投資家がいるからこそ市場の流動性が確保されているという面もあるが、長期資金が少ないのは大きな欠陥といわざるをえない。企業の長期的な成長を支える長期資金が不足していることは、わが国全体の課題でもあるが、経営者が事業の長期的な成長戦略を構築するうえでも重要な課題である。

リーマンショックから1年ほど経過した時に、ネット系企業の著名な経営者とこんな会話をしたことがある。その方は「伊井さんも経営者として1日24時間、会社のことを考えていますよね」。私が「時々、夢にも出てきます」と答えると、その方はこう続けた。「私は毎日のように夢に出てくる。起きている時も、寝ている間も会社のことを考えています。それなのに、これまで調査に来てくださったアナリストや投資家の方々は、決まって私が考えているうちの1〜2時間のことしか質問してくれません。つまり四半期決算に関することばかりで、ほかの22〜23時間のことはだれも聞こうとしないので、参考になりません」とのことであった。

経営者の考える時間軸と投資家が考える時間軸に大きなギャップが出ていることがいちばんの課題かもしれない。

(2) これからの長期資本の担い手

さて、わが国の脆弱な長期資本の担い手はどこに求めるべきであろうか。まずは、個人投資家の今後の動向について考えてみると、証券税制の変更と、それに伴う長期的な資金導入が期待される。2014年1月より上場株式・

図表 4 - 1 「NISA（ニーサ）」（日本版ISA：少額投資非課税制度）の概要

非課税対象	新規に投資をする上場株式・公募株式投資信託や上場株式の配当所得および譲渡所得
非課税期間	非課税期間は 5 年間（途中売却は可能）
投資枠	毎年100万円を上限に新規投資が可能。制度としては2014年から2023年の10年間。 ※未利用の投資枠を翌年以降へ繰り越すことは不可
投資総額	最大500万円

株式投資信託等の配当金や売買益等の10％の軽減税率が20％の税率に変わることに合わせて、同年 1 月より「NISA（ニーサ）」（日本版ISA：少額投資非課税制度）が導入され、証券会社や銀行などの金融機関において、年間100万円までの上場株式や株式投資信託等の購入による配当金、売買益等が 5 年間非課税となる（図表 4 - 1 ）。

この制度はイギリスのISA（Individual Savings Account）をお手本に導入されたものである。イギリスでのISAは国民の 4 割が利用する制度に発展している。日本証券業協会の調べによると、イギリスでの市場規模は2011年 4 月現在、ISAにおける投資信託の残高が約18.6兆円、上場株式が3.8兆円になっている（なお、ISAでの投資信託残高は、イギリスにおける投資信託全体の残高の17.6％を占める）。

わが国でのNISA導入後の市場規模については、野村アセットマネジメントが 8 万人のアンケートなどをもとに推計したところによると、初年度は総額 4 兆円規模、 5 年間の累計では利用者 1 人当りの平均で約270万円を投資し、総額26兆円が株式や投資信託に流れるとしている。現在の投資信託の市場規模が約72兆円（2013年 3 月末現在）であることを考えると、大きなポテンシャルがあると思われる。このNISAでは、 5 年間の非課税期間に売却すると枠の再利用ができない仕組みになっていることから、これまでの一般的な個人投資家の投資期間よりも長い期間の投資を促す制度設計になっているといえる。まさに、日本株への中長期投資が期待される。

さらに、イギリスでは2005年に導入されたチャイルド・トラスト制度や

2011年から導入されたジュニアISAの制度があり、ゼロ歳児から18歳未満の子どもたちを対象に、両親や祖父母が資金を拠出し、株式や投資信託などを活用し長期投資による教育資金の育成に役立てている。イギリスをモデルとしたISA制度が導入されたことを考えると、近い将来、わが国においてもジュニアISA制度が導入されることを期待している。未成年はジュニアNISA、成人はNISAで長期投資ができるようになると、資本市場における長期資本の厚みは増していくことになるだろう。

　その他の長期投資の担い手としては、年金基金（特に確定拠出年金）があげられる。

(3)　注目され始めた長期的な視点での企業価値向上

　昨年度から東証が上場企業を対象に「企業価値向上表彰」を始めた（図表4－2）。この表彰制度の具体的な目的や表彰対象については、下表や東証のホームページを参考にしていただきたい。

　2012年度の第1回表彰は、大賞がユナイテッドアローズ、優秀賞にエーザイ、HOYA、丸紅、三菱商事だった。この5社のうち3社が当社の投資先でもあった。

　この選定方法として、①財務数値をもとにした定量的な方法による選定、

図表4－2　東京証券取引所の「企業価値向上表彰」

目的	東証が市場開設者としての立場から望ましいと考える企業価値の向上を目指した経営の普及・促進を図るため。
表彰対象	高い企業価値の向上を実現している上場会社のうち、資本コストをはじめ投資者の視点を深く組み込んで企業価値の向上を目指すなど、東証市場の魅力向上に資すると認められる経営を実践している上場会社を表彰対象とする。
選定対象	全内国上場会社を選定対象とする。
表彰社数	1社とする。なお、最終選考の候補（ファイナリスト）については、事前公表を行う。
表彰時期	毎年1回、表彰を行う。

（出所）　東証ホームページより

②経営態度等に係る定性的な選定、③大賞の決定の順番に行うとしている。取引所からもこうした視点の重要性が示されたと思われる。

⑷ 統合報告書（統合レポート）

　企業の新しい価値の伝え方として、グローバルに統合報告書[1]の作成が求められつつある。

　IIRC（国際統合報告委員会）は、統合報告が必要となる背景として、以下をあげている。

・企業の経営環境の変化（グローバル化、金融危機、企業の透明性への要請、資源・人口・環境問題など）。

・企業価値源泉の変化（有形から無形へ）。

・年次報告書のボリューム増、複雑化。

・異なる報告（財務、戦略、ガバナンス、持続可能性等）間の不整合。

　まだまだ、企業における統合報告書への取組みは始まったばかりであるが、企業の非財務情報に対する重要性が高まることになる。

　以上のように個人投資家に対する証券投資の税制改革は、新たな長期投資の担い手を生み、東証の企業価値の重要性に対する広報活動や、企業における統合報告書の取組みは、長期投資の担い手や長期投資を実践する運用会社にとって環境の整備が進むことを意味している。

1　統合報告とは、企業が、投資家を中心とするステークホルダーに対し、経営戦略、ガバナンス、パフォーマンスおよび見通しに関する情報を統合的に報告するものである。統合報告書は、企業の財務面だけでなく、持続可能性や知的資産に関する情報を含み、企業の主要な報告書となる。

第2節 長期的に企業価値を向上できる企業の特徴

1 「コモンズ30ファンド」の銘柄選択基準

　長期厳選投資のファンドである「コモンズ30ファンド」における銘柄選択基準は下記の項目からなる（図表4－3）。

　この銘柄選択を用いて、図表4－4のようなアプローチで銘柄を絞り込んでいる。

　こうしたアプローチにより、上場会社約3,600社から詳細な調査を行うべき対象企業は約150社に絞り込まれる。この約150社をまさにボトムアップアプローチによる徹底調査によって約30社で構成されるポートフォリオに仕上

図表4－3　「コモンズ30ファンド」銘柄選択基準

①　成長性・収益性 　営業利益率が業界平均を上回り、かつ、歴史的に安定している。ROEが水準を上回る。配当に対しては明確な方針をもつ。 ②　競争力・ブランド 　競争力の強い製品がスタンダードになっている。本質的な競争力の源泉がしっかりしている。長期的に続く強いブランドをもつ。常に顧客第一を示す製品、サービスを提案している。 ③　マネジメント・経営陣 　財務の健全性を維持できる識見あるトップ。キャッシュを重視し、かつ必要であれば、リスクがとれる経営陣で、継続性のあるビジネスモデルを運用できている。 ④　ガバナンス・対話力 　顧客、株主、投資家などステークホルダーを意識して、長期的視野と温かな目をもって経営している。 ⑤　文化・理念 　明確に定義された企業理念・価値観を組織内に共有し、商品・サービスを通じて顧客、社会に貢献している。

図表4-4　コモンズの個別銘柄調査プロセス

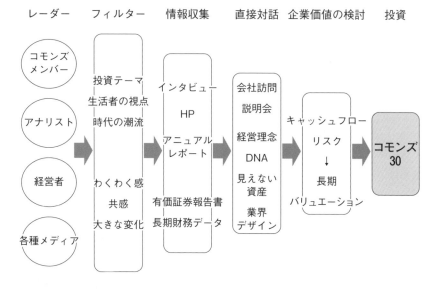

げていくことになる。

2 | 世界の成長を取り込むことに注力し始めた日本企業の特徴

(1)　世界の成長を取り込む日本企業のとらえ方

　ここからは、一部の日本企業が「真のグローバル化」にチャレンジすることで、長期的な企業価値の向上を目指している事例を紹介したい。個人的な印象ではあるが、リーマンショックを境に、日本の企業がこれまで以上に真剣に世界の成長を取り込むことを始めたと考えている。

　1960から1970年代の高度成長期には、日本からアメリカに大量の自動車や家電が輸出され、その影響が大きくなった1980年代には日米貿易摩擦が起きた。各社は、それに対応するため現地に工場をつくり現地生産することで摩擦を解消しようとした。その時期の海外進出は日本を起点として海外をみる

「国際化」の視点が主流だった。

　しかし近年、海外進出を果たしている経営者の方々は、日本から海外をみるのではなく、地球儀を俯瞰して、「世界全体でビジネスを考えた場合の東京本社の役割は何か」を考えるようになった。私はこれを、「国際化とは異なる真のグローバル化」と考えている。このチャレンジが、リーマンショック後に加速した。

　2011年年初、「武田薬品工業」代表取締役の長谷川閑史さんが、「武田の課題は本社のグローバル化だ」という趣旨のお話をされ、私は大きな感銘を受けた。これは単に、日本本社の英語のレベルを上げるという単純な話ではなく、「世界企業として武田薬品があり、その日本本社はグローバル企業として世界の多様性に対応する役割をどう担うかを考え、本社組織をグローバルな組織に大改革する」という趣旨だと感じたからだ。

　同社はその3カ月後、2011年最大のM&Aを行い、スイスのナイコメッドという製薬会社を約1兆1,000億円で買収した。主力製品の相次ぐ特許切れに対応した新たな展開を考えたうえでの決断だったはずだ。同社はアメリカを含めてグローバルに進出をしていたが、今後、市場が拡大する新興国やヨーロッパへの戦略的な進出を検討していたなかで、ヨーロッパと新興国で医療用医薬品の販売網をもつナイコメッドを買収して新興国での展開を強化する、という戦略だった。ユーロ安も追い風となったはずだが、この買収により海外における同社のビジネスエリアはアメリカをはじめとする28カ国から一気に70カ国以上に拡大したことになる。販売網が一気に広がることで、飛躍的な成長が期待できる半面、本社のグローバル化という課題にチャレンジすることになった。

　私は、武田薬品のケースから図表4-5の5項目が真のグローバル企業として対応せざるえない項目だと考えている。

　この2011年は、上記の課題に真摯に取り組む多くの経営者にお会いすることができた。制御機器やヘルスケアの「オムロン」、製薬メーカー「エーザイ」「アサヒビール」が代表例だった。真のグローバル企業になるためには、人事、組織、マーケティング、ガバナンスなどすべてを変えなければな

図表4-5　海外（特にアジア）の成長を取り込む日本企業の挑戦

国際化ではなく⇒グローバル化へ。
①　M&Aにより成長カーブが非連続になる。
②　グローバルに対応した人事制度、組織の構築。
③　グローバルに対応したSCM（サプライチェーン・マネジメント）、マーケ
　　ティング戦略の実践。
④　グローバルレベルのガバナンスの構築。
⑤　企業理念、文化の浸透。

らない。人事でいえば、日本では人事部の権限が強く、採用、解雇、異動に
も権限をもっているが、海外では人材については各部署が独自に判断するた
め、人事部は総務的な機能が中心だ。近年、ダイバーシティという言葉が多
く聞かれるようになったが、これはグローバル企業として人種、国籍、性
別、年齢、宗教、価値観などを問わずに人材を活用することで、ビジネス環
境の変化に対応することだ。言い換えれば、多様な人材が活躍できる土壌を
つくらなければ、海外事業は運営もできなくなる。

　最近はSCM（サプライチェーン・マネジメント）も高度化している。日本の
高い実効税率に対し、原材料の調達や組み立てる場所、材料の保管場所、物
流も含めた最適化を図ることでコストを低減する戦略だ。「HOYA」や「日
本電産」はこうした取組みをまさに地球儀で考え、実効税率を日本企業の平
均値の半分以下に抑えている。それでもアジアでは実効税率が15％程度の地
域もあり競争は熾烈だ。マーケティングのレギュレーション（ルール）もそ
れぞれの国の文化に伴い大きく異なる。ガバナンスもグローバル企業になれ
ば、日本のスタイルが通用しない。

　こうした真のグローバル企業への変貌に向けた企業体質の改革は、短期的
な時間軸での調査や、財務情報に軸足を置いた調査では、その成否を予測す
ることは困難だと考えている。

　では、こうしたグローバル企業の業種別の広がりはどのような傾向がある
だろうか。下記、TOPIX500採用銘柄（過去採用銘柄も含む）を対象に三菱
UFJモルガン・スタンレー証券がまとめた資料からの抜粋でその広がりをみ

図表4−6　海外売上高比率が30％以上となる企業の主要業種別構成比

（単位：％）

業種／年度	1994	1997	2000	2003	2006	2009	2011
建設業	10	10	7	10	11	11	11
食料品	0	0	0	0	3	9	7
繊維製品	0	7	14	21	25	25	17
化学	6	14	20	31	54	51	55
医薬品	0	11	11	19	22	26	30
ガラス・土石	14	21	23	50	64	64	55
鉄鋼	0	5	6	24	35	47	47
非鉄金属	13	18	27	21	43	47	64
機械	36	50	48	64	72	72	74
電気機器	59	70	75	81	88	86	88
輸送用機器	35	50	56	61	82	91	97
精密機器	50	80	70	78	89	100	89
その他製品	19	18	24	24	31	31	38
情報・通信業	4	7	7	0	2	6	8
卸売業	44	40	38	42	35	26	26
小売業	2	0	2	2	4	2	2
サービス業	0	5	3	6	0	4	0

（出所）　三菱UFJモルガン・スタンレー証券『ストラテジーマンスリー』

てみる（図表4−6）。

　1994年度は、海外売上高比率30％を超える企業が業種内構成比で50％を超える業種は、「電気機器」と「精密機器」だけであった。2011年度にはその2業種以外に、「化学」「ガラス・土石」「非鉄金属」「機械」「輸送用機器」にまで広がり、「医薬品」や「鉄鋼」「その他製品」でもその傾向は顕著である。この20年間で欧米市場に加えアジア市場が急拡大したことにより、多くの業種・企業がアジアを中心としてグローバルな成長を取り込むことが可能となり、長期的に企業価値を高めていける可能性が高まっている。

(2)　企業の国籍と事業領域の関連性は低下した

　上記で述べてきたように、日本企業も世界の成長を取り込み始めたことで、日本経済への依存を低下させつつある。これは先進国の優れた企業に共

図表4−7　NYダウ採用銘柄の海外売上高比率50％以上のランク（2012年6月末現在）

インテル	84.40％
マクドナルド	68.40％
HP	65.30％
エクソンモービル	65.10％
キャタピラー	63.90％
デュポン	62.40％
ファイザー	60.10％
IBM	60.00％
クラフトフーズ	59.60％
P & G	59.00％
シェブロン	59.00％
メルク	57.30％
コカコーラ	55.70％
ジョンソン＆ジョンソン	55.50％
3M	54.60％
アルコア	50.70％

（出所）　各種データよりコモンズ投信が作成

通する傾向でもある。図表4−7は、2012年6月時点における「ニューヨーク（NY）ダウ工業株30種平均」のアメリカ以外での海外売上高比率である。

　2013年7月現在、連日史上最高値を更新しているNYダウではあるが、アメリカ経済の景気がピークを迎えているわけではない。こうした、世界を代表する多国籍企業は、現在では新興国でもしっかりビジネスを展開しているので、企業業績の向上に伴い株価も上がっていると考えられる。つまり、アメリカ株＝アメリカ経済の構図は崩れているのであり、特にNYダウのように銘柄を30銘柄まで絞り込んでみると、NYダウの動向とアメリカ経済の関連性は薄れているといえる。

　当社のコモンズ30ファンドでも、長期的に企業価値を高めていける企業をボトムアップで絞り込んでみると、結果としてNYダウと同じような傾向がみられる。図表4−8は、2013年7月末現在で当ファンドの保有する銘柄における海外売上高比率が50％以上の企業のランキングである。

図表4－8　コモンズ30ファンド構成銘柄の海外売上高
比率50％以上の企業（2012年3月末基準）

マキタ	82.00％
ホンダ	80.90％
コマツ	79.70％
日産	79.30％
東京エレクトロン	72.90％
日揮	72.10％
シスメックス	70.50％
ディスコ	69.50％
日東電工	67.90％
信越化学	65.00％
SMC	61.90％
ダイキン	61.10％
堀場製作所	60.30％
クボタ	50.50％

（注）　2013年7月末保有銘柄、連結ベース。企業公表資料か
らコモンズ投信が作成

図表4－9　ユニ・チャームの売上高と海外売上高比率の推移

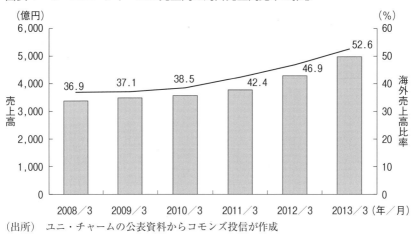

（出所）　ユニ・チャームの公表資料からコモンズ投信が作成

　2012年3月期の決算で海外売上げを公表している上場企業1,116社を対象
に海外売上高比率を集計すると、その比率は平均して36.4％だった。当ファ

図表4-10 ユニ・チャームの配当金推移（12期連続の増配を計画）

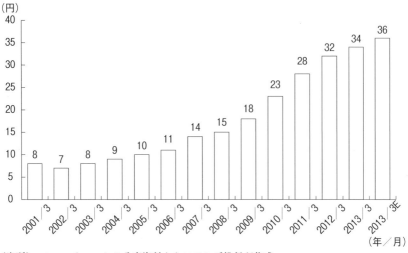

（出所）ユニ・チャームの公表資料からコモンズ投信が作成

図表4-11 主要国での高いシェアを獲得

	ベビーケア	フェミニンケア	ヘルスケア
日本	1位	1位	1位
中国	2位	3位	3位
インドネシア	1位	1位	4位
タイ	1位	1位	2位
台湾	2位	1位	1位

（出所）ユニ・チャームの公表資料からコモンズ投信が作成

ンドの構成銘柄では、海外売上げを公表している企業24社の平均は54.5％となった。上記の表からもうかがえるが、アジアを中心に世界の成長を取り込む企業は、長期的な企業価値向上を意識した経営を行っているケースが多いと考えている。

　以下でユニ・チャーム（図表4-9、4-10、4-11、4-12）とシスメックス（図表4-13、4-14、4-15）の例をみながら、海外売上高比率の上昇に伴う企業業績や海外での競争力および株価のパフォーマンスを考察する。

　最初にユニ・チャームの事例である。

図表4－12　ユニ・チャームの株価（チャート）

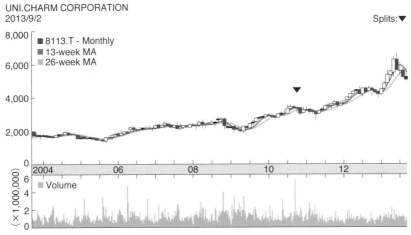

UNI.CHARM CORPORATION
2013/9/2
Splits:▼

（出所）　2013 Yahoo Japan Corporation. http://stocks.finance.yahoo.co.jp

　ユニ・チャームは、1990年代後半から国内市場の成熟化を考慮し、アジア
を重点地域に位置づけ、積極的な海外展開を行ってきた。その結果、海外売
上高比率は、2000年度くらいまでは10％台前半であったが、輸出企業といわ
れる30％を本格的に超えてきた2007年以降は、安定した業績の伸びを続けてい
る。株価も2000年１月から2013年４月末で約3.5倍に達している（トータル
リターン）。また、配当金も素晴らしく安定した伸びを示している。

　一方で長期的な成長には高いブランド力や強い競争力が必要だ。ユニ・
チャームは、世界最大の不織布・吸収体市場であるアジアにおいて圧倒的な
シェアを獲得することにより、世界ナンバー１企業への足がかりを築くこ
とを目指している。

　次にシスメックスの事例である。

　シスメックスは、神戸に本社を置き、「特徴のあるグローバルなヘルスケ
アテスティング企業」を長期ビジョンとする企業で、検体検査用機器・試薬
でグローバルに高いシェアを築いている。

　シスメックスでは、売上高は13期連続増収、営業利益は12期連続増益であ
り、11期連続の増配を達成している。シスメックスにおいても海外売上高比

図表4－13　シスメックスの売上高と海外売上高比率の推移

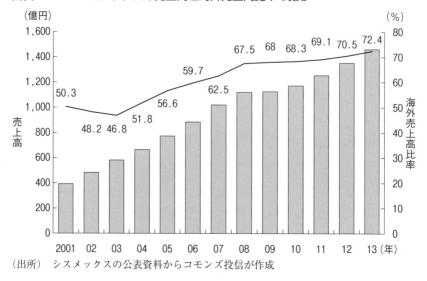

（出所）　シスメックスの公表資料からコモンズ投信が作成

図表4－14　リード・ヘマトロジー分野の主要地域で
　　　　　のシェア

地域	売上高順位
日本	1位
アメリカ	2位
ヨーロッパ	1位
中国、アジア・パシフィック	1位

（出所）　シスメックスの公表資料からコモンズ投信が作成

率の上昇は、売上高、利益の長期的な成長に貢献している。株価も、2001年
1月から2013年4月末で実に13倍を超える。

　主力商品であるヘマトロジー（血球検査）の分野で絶対的な世界ナンバー
1を目指している。

　このように当ファンドの投資スタイルである長期的な企業価値の向上に取
り組む企業は、アジアを中心に世界の成長を取り込むことに挑戦し、成功し
ているケースが多い。

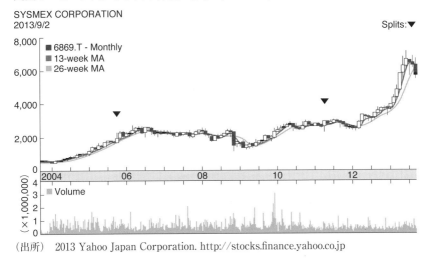

SYSMEX CORPORATION
2013/9/2

（出所）　2013 Yahoo Japan Corporation. http://stocks.finance.yahoo.co.jp

3 ｜「みえる資産（価値）」と「みえない資産（価値）」

　短期的に株価を予想していく投資であれば、過去３年程度の財務データ
（みえる資産）と将来３年程度の予測があれば十分かもしれない。しかし、長
期的な企業業績＝長期的なキャッシュフローを予測する場合には、定量的な
分析も長期間で行い、さらに定性的な「みえない資産（価値）」へのアプロー
チが重要となる。それは、キャッシュフローを生み出す源泉を把握していか
ねばならないからだ。

　図表４−16のように、「みえる資産（価値）」である「物的資産」や「金融
資産」の把握に加え、「みえない資産（価値）」である「組織資産」＝経営者
のリーダーシップ、経営者を含むボードメンバーの構成状況、企業文化・
DNAなどへのアプローチ、「顧客資産」＝お客様のロイヤリティの状況、お
客様の将来規模（人口動態など）、お客様へのアクセスの進化（ウェブなど）、
販売チャネルの持続性などへのアプローチ、「人的資産」＝従業員の満足
度、幹部社員の満足度、従業員の多様性などへのアプローチが重要となる。

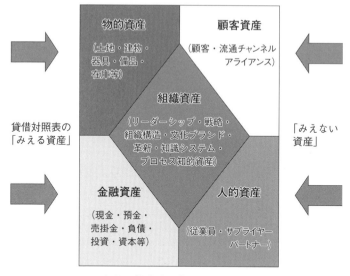

図表4-16 「5つの資産」による企業評価アプローチ

物的資産

(土地・建物・
器具・備品・
在庫等)

顧客資産

(顧客・流通チャンネル
アライアンス)

組織資産

(リーダーシップ・戦略・
組織構造・文化ブランド・
革新・知識システム・
プロセス知的資産)

貸借対照表の
「みえる資産」

「みえない
資産」

金融資産

(現金・預金・
売掛金・負債・
投資・資本等)

人的資産

(従業員・サプライヤー
パートナー)

みえない資産も評価の対象とします

(出所)　Quotation ARTHUR ANDERSEN "Value Code" 株式会社バ
リュークリエイト

4 | 非財務情報である「みえない資産(価値)」への アプローチ

　前項でも述べた非財務情報である「みえない資産(価値)」へのアプロー
チを、マネージメントチームの変遷からみるガバナンスの評価と、企業理念
について、投資先の事例をあげてみる。

　まずは、いまや日本を代表するグローバル企業といえるコマツについて、
優れた技術力やビジネスモデル、あるいは企業理念であるコマツウェイから
ではなく、ボードメンバーの推移から何が推察されてくるのかを確認してみ
る(図表4-17)。

　コマツは、1999年に大幅に取締役の数を減らした。企業において取締役の
数を大幅に減らすことは、改革が行われていることを示す可能性が高い。経

114

営の意思決定のスピードを上げる、権限を現場に移譲するなどの変化が起こっている可能性がある。さらに、この年から社外取締役が入るようになった。

2005年からは取締役10名、うち社外取締役3名の体制になった。これもガバナンスの進化が感じ取れる。ボードメンバーの多様性が充実し始めたわけだ。さらに、2006年から監査役5名、うち社外監査役3名の体制になっていることもガバナンスの強化だ。

また、会長・社長の変遷をみてみると二人三脚での経営であることわかる。同社は経営と執行をこうして分離し、マネージしている。これは、カリスマ経営者に依存する体質ではなく、経営の質の継続性を保つ秘訣のように感じる。長期投資には欠かせない視点だ。

また、こうした改革が行われた時期とビジネスの進化を突き合わせていくと、1990年代の半ばまでは、国内公共事業に依存したビジネスモデルであったが、その後、新興国で大きなビジネスを開花していくステージに入っていく様子がみえてくる。株価もこの間で4倍以上になることになる。

次に、企業理念の重要性を述べてみたい。

近年、企業理念の重要性を再認識する企業がふえている。エーザイは、会社の定款の2条に「患者様とその家族の喜怒哀楽を第一義に考える」などの趣旨の企業理念を入れている。定款を逸脱することは企業にはできず、まさに本気度がわかる。会社組織のなかにも社員に対して企業理念を説いて回る専属の部署を設け、国内外での浸透に力を入れている。当社ではエーザイの周辺調査のため、複数の薬剤師さんに製薬会社の評価について聞いたことがあるが、全員一致してエーザイが高い評価を得た。背景に企業理念が浸透していることがわかった。

エーザイも投資先であるが、その他に投資先として企業理念が企業価値向上につながっていると当社で評価している企業として、東京エレクトロン、日東電工、ベネッセ、堀場製作所、そして前述のシスメックス、コマツなどがあげられる。

グローバルに進出する企業にとって文化の違う国々でビジネスを行ううえ

図表4－17　コマツのボードメンバーの推移からみえてくるガバナンスのよさ

	1993	1994	1995	1996	1997	1998	1999	2000	2001
取締役	28	25	27	27	27	25	8	8	8
うち社外取締役	0	0	0	0	0	0	1	1	1
監査役	3	4	4	4	4	4	4	4	4
うち社外監査役	0	2	2	2	2	2	1	1	1
会長		河合	河合	片田	片田	片田	片田	片田	片田	安崎
社長	片田	片田	安崎	安崎	安崎	安崎	安崎	安崎	坂根

（出所）　コマツの公表資料からコモンズ投信が作成

　で、企業理念の浸透が欠かせないようだ。それは文化の違う国々においては、企業理念こそがアイデンティティになるからだ。

　また、東日本大震災時でも企業理念が浸透している企業は、復旧も早く、その地域での存在感を発揮していた。いわゆるBCP（事業継続計画）は、マニュアルだけでは実践がむずかしく、企業理念こそがBCPに役立つことが証明されたかたちだ。

2002	2003	2004	2005	2006	2007	2008	2009	2010	2011
8	8	10	10	10	10	10	10	10	10
1	2	2	3	3	3	3	3	3	3
4	4	4	4	5	5	5	5	5	5
1	1	2	2	3	3	3	3	3	3
安崎	萩原	萩原	萩原	萩原	坂根	坂根	坂根	坂根	坂根
坂根	坂根	坂根	坂根	坂根	野路	野路	野路	野路	野路

第3節 投資先企業と投資家がつくる新しい価値創造

コモンズ投信が取り組む投資先企業と受益者との対話

コモンズ30ファンドは、長期投資を前提にした投資を行っているため、「コモンズ投信と企業との対話」においても継続的な対話が可能となる。また、その対話においては、この長期投資に参加しているお客様の声をフィードバックすることで、価値創造にも貢献したいと考えている。特に個人投資家は消費者でもあり、生活者としての視点を企業に提供することが可能となる。

さらには、「企業と受益者との対話」にも力を入れている（図表4-18）。これは、株主総会でもなく、個人向けのIRセミナーでもなく、機関投資家向けの決算説明会や個別ミーティングでもない、新しい価値創造の場になっていると自負している。長期的な成長を望む企業と、長期的な資産形成を望む投資家が直接向き合ってワークショップを行っている。企業側は、経営者やIR担当役員、IR担当者などが参加する。過去には、アニュアルレポートや株主総会招集通知をテーマに、いかに企業が投資家や株主に的確に情報を伝えられるのかをディスカッションした。翌年から、その場の提案がアニュアルレポートに反映されたこともあった。企業と受益者が対話を通じて共感し合い、新しい価値が創造される。こうしたことも長期的に企業価値を高めていける方法だと考えている。

図表4-18　コモンズ30塾　企業との対話編（企業と受益者の対話）

〈過去の参加企業〉
エーザイ、HOYA、東京エレクトロン、堀場製作所、コマツ、旭化成、シスメックス、商船三井、ローソン、ベネッセホールディングス、ツムラ、資生堂、日東電工、オムロン

第5章

企業価値増大を楽しむ投資

農中信託銀行 企業投資部長（初版執筆当時）
現農林中金バリューインベストメンツ株式会社
常務取締役兼最高投資責任者（CIO）　　奥野　一成

本章では、2007年４月、筆者が数名の仲間とともに農林中央金庫の社内ファンドとして開始し、農中信託銀行に移管後、年金基金・機関投資家向けに取り組んでいる日本株長期厳選投資について、その本質を述べる。このファンドは、保有企業の企業価値増大をリターンの源泉とする投資プロジェクトである。最初に株式投資のリターンの源泉がどこにあるのかを述べ、厳選投資の特色を指摘する。その後、当ファンドの厳選投資における投資先の選定、企業価値の評価に関する視点を紹介し、最後に産業と、そのなかにおける企業の本質を把握するための視点についてまとめる。

第1節 リターンの源泉

最初に、農林中央金庫の社内ファンドに関する基本コンセプトを述べる。

1 | 「企業価値に投資する」という農林中央金庫の取組み

(1) 売る必要のない企業しか買わない

ファンドにおけるポートフォリオ企業(2013年5月末時点で20社)は、圧倒的なキャッシュフロー創出能力を備えており、時間の経過とともにその企業価値が増大する「構造的に強靭な企業」である。したがって、この企業群を保有し、見守っているだけで、長期的に保有価値の増大を楽しむことができる。売買して儲ける必要はないし、その能力も必要ない。長期的に価値を増大させることのできる企業を見極め、慎重に価値を評価し、保有し続けるだけである。

(2) ポートフォリオ企業の特性

ポートフォリオに組み入れられている企業の特性は、「構造的に強靭」な企業であると述べたが、もう少し具体的には以下のとおりである。
・東京証券取引所が5年間閉まったとしてもまったく困らないような企業。
・その企業がなければ産業が成立しない、そして、その産業がなければ世界中が(日本中が)困るような必要不可欠な企業。
・外部環境(為替・資源高等)にかかわらず、自らの運命を切り開く独立性・主体性の強い企業。
　第2節において詳述するが、構造的に強靭な候補の企業は定義上それほど多くなく、日本では100社程度だと考えている(米欧ではもっと多く存在して

いる)。これらの企業は、リーマンショック、東日本大震災、ユーロ危機等の幾多のマクロショックを受けても隆々とその競争力を保持・増大させている。また、円高や資源高などの外部環境によって、短期的な収益性が悪化することはあっても、長期的な競争力が失われることはない。

このような強い企業に、株主として寄り添うのがわれわれの投資スタイルである。現在のポートフォリオ企業は20社であり、市場の変動にあわせて若干の売買を行うのみで、基本的には投資開始以来継続して保有している。今後も、仮説に誤りがないかぎり、永久に保有し続けたいと考えている。これは、いわばウォーレン・バフェット氏がアメリカの企業に対して行っている投資のスタイルを、日本企業に適用する試みでもある。

(3)　事業そのもの・企業全体を買うという発想

このファンドでは、証券としての株式を買うのではなく、企業全体を買うという発想からスタートしている。

投資するには、候補企業を沿革から、産業構造、財・サービスの性質、原材料、技術動向、工場の所在地に至るまで徹底的に調査し、真の競争力を見極めたうえで、その企業の収益モデルを構築することによってキャッシュフロー創出能力と企業価値を算出している。この作業は膨大な時間と労力を要するものであるが、経験を重ねるとともに、その産業や企業に対する洞察力が蓄積されることを実感している。また、これらの分析は決して画一的なものではなく、新たな仮説と検証の積重ねであり、まさに実験の繰り返しである。一つひとつの仮説を丁寧に組み合わせて企業価値を算出するプロセスは、職人がモノづくりに注ぐ情熱と同種のものではないかと感じている。

刻々と変化する株価に対して、われわれは、通常の投資家とは逆の反応をする。通常の投資家は自らが保有する株価が下落すると落ち込み、上昇すると高揚感を覚えるが、われわれにとって投資先企業の株価下落はむしろ喜ばしいことである。なぜなら保有企業の株価下落こそ、その企業価値に対する持分を安価に増加させることのできる絶好の機会だからである。この違いは、先のリーマンショックや大震災の時のような大変動において如実に表れ

る。通常の投資家（機関投資家等）は、マクロ変動による株価の暴落により、そのオペレーションを凍結させざるをえない。凍結ですめばまだよいほうで、多くの場合、リスク管理セクションから投売りを強要され、底値で売る。

　なぜなら、彼らがリスク管理に用いているVaR（value at risk）という手法では、株価の急激な変動率上昇をリスク上昇ととらえるため、その時点で株式を買い増す（＝リスクを増大させる）ことは困難である。市場が沈静化し、株価が暴落前に半ば戻ってから、おもむろに買い始めるのである。

　一方、われわれは、投資企業を工場の所在地に至るまで徹底的に分析し、価値の源泉を熟知しているので、暴落時であっても平然と買い向かうことができるのである。

2 ｜ 運用スタイルの違い

(1) 投資リターンの源泉の違いによって運用スタイルは決定的に異なる

　われわれのように、企業価値の長期的な増大によって収益をあげようとする運用者がいる一方、世の中には売買の才能に長けた運用者が存在する。

　日々、相場の流れを読み、秒単位でトレードして儲けるデイトレーダーもいれば、株式という証券の割高・割安を見分けることのできる運用者は、個別株式の割安なタイミングを見計らって買い、割高になったら売却することで儲けようとする。これらの運用者の保有期間は1秒から3〜6カ月以上と幅はあるものの、なんらかの根拠に基づいて安く買って、高く売ることを収益の源泉としていることに違いはない。

　われわれのような運用者と、日々の売買、中短期の売買で収益をあげようとする運用者では、投資期間はもちろん、求められる能力や投資先の選定基準等がまったく異なる。以下にリターンの源泉の違いから生じる運用スタイルの相違についてまとめてみた（図表5-1）。

図表 5 - 1　リターンの源泉から生じる運用スタイルの相違

	リターンの源泉	
	保有企業価値の増大	トレーディング （安く買って高く売る）
投資期間	長期	中短期
投資対象	企業価値の一部分 （事業が創出するキャッシュフローの現在価値）	証券としての株式 （EPS×PER）
求められる能力	・長期投資に適した企業の選択（産業に対する洞察、企業を視る眼） ・短期的な収益変動に耐えうる性質（人、資金）	・タイミングの選択力（割高／割安） ・短期業績、EPSの分析力
投資に適している企業	持続的に価値（キャッシュフロー）を創出できる構造的に強靭な企業	好材料、好需給、割安
投資先選定基準	産業構造、競合環境、ビジネスモデル、経営者等	・短期EPS、BPS、PER ・需給関連基準等
市場参加者（運用者）	少ない	多い

（出所）　農中信託銀行作成

　こうして比較してみると、同じ株式運用とはいっても、運用スタイルによって似て非なるものになる。「保有企業価値の増大」派にとってのメリットは、売買の瞬発力がなくなっても問題がないことである。むしろ産業・企業に対する洞察力は経験によって磨かれる。ウォーレン・バフェット氏が80歳を超えても活躍できるのには、このような背景がある。

(2)　プライベートエクイティ投資のアプローチ

　「保有企業価値の増大」派の運用は、前述のとおり、「証券としての株式よりも企業全体を買う」という発想であり、企業買収（M&A）と同様の考え方である。プライベートエクイティ投資のアプローチとも近い。

　筆者は2007年に現在の日本株長期厳選投資を始めるまでの4年間、農林中央金庫でオルタナティブ投資を担当し、プライベートエクイティ（PE）投

資とヘッジファンド投資に従事した。そこではファンドとの共同投資において、数多くの企業買収事案にかかわり、株価がついていない企業の価値評価に携わった。その経験が現在の日本株長期厳選投資の原形となっているといっても過言ではない。

第**2**節 投資先企業の選定

　長期的・持続的にキャッシュフローを創出できる企業とはどういう企業なのだろうか。「儲けるための構造的な仕組み」こそが、ポイントだと考えている。「経営者が素晴らしいから儲かっている」とか、「ヒット商品があるから儲かっている」とか、そういったものではない「仕組み」をもち、持続可能なキャッシュフローを創出する企業が、長期投資に適した企業である。われわれはそういった企業を「構造的に強靭な企業」という造語で表現し、図表5－2のような枠組みで整理している。

1 ｜ 長期投資の可否を決める3つの定性的要件

　これまでの投資経験によれば、以下の3つの定性的要件を満たすかどうかで6〜7割、長期保有できるかどうか判別できると考えている。すなわち、①付加価値の高い産業であること、②競合上有利な状況にいること、③長期的な潮流に乗っていることである。

　以下でこれらの3つの要件について言及してみたい。

① 付加価値の高い産業であること

・そもそも産業そのものに付加価値がなければ、長期的にキャッシュフローを創出することなど、いかなる企業にとっても不可能である。

・ある財・サービスが属している産業の付加価値を考えるうえで、〔図表5－3〕のような「バリューチェーン（バリューカーブ）」というフレームワークを使うとわかりやすい。縦軸に付加価値、横軸に財・サービスのプロセスを取ったマトリックスであるが、一般的にはプロセスの中間が窪んだ「スマイル」のかたちになるといわれている。

・ただし、この「スマイルカーブ」は産業によって異なるうえ、歴史のな

図表 5 - 2　構造的に強靭な企業とは

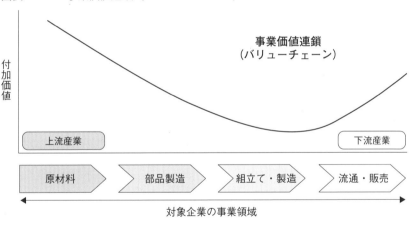

「定性的」な特徴

① 付加価値の高い産業である
　ーバリュー・チェーンのなかでの位置づけ
　ー安定的な成長
② 競合上有利な状況にいる
　ー限定的な総合環境
　ー競合上の圧倒的有利
　　（高いシェア、高い参入障壁）
　ービジネスモデルの優位
③ 長期的な潮流に乗っている
　ー人口動態
　ー歴史の潮流等

結果として

「定量的」な特徴

・定常的に高い利益率
・定常的に高い資産効率
　（資産回転率）
・安定的な増収率
・比較的少ない設備投資
・強いバランスシート
　（低い負債比率）

図表 5 - 3　事業価値連鎖（バリューチェーン）のイメージ

付加価値

事業価値連鎖
（バリューチェーン）

上流産業

下流産業

原材料　　部品製造　　組立て・製造　　流通・販売

対象企業の事業領域

かで変化する点は留意しなければならない。現実のバリューチェーン分析が単純ではないことについては、第 4 節「産業・企業分析の現場」で詳述する。

② 競合上有利な状況にいること

・付加価値の高い産業であったとしても、多くの競合と戦わなければならない場合、持続的にキャッシュフローを創出することは不可能である。

・競合上圧倒的に有利な状況にいるか、もしくはそもそも競合環境が限定的であることが望ましい。つまり、いずれのケースでも、なんらかの参入障壁がなければならない。

・参入障壁・競争優位こそが企業価値を形成する源であり、分析においても最も時間と労力を費やす部分である。

③　長期的な潮流に乗っていること

・どんなに付加価値や競合環境において魅力的であったとしても、産業そのものが縮小している場合、長期的にキャッシュフローを創出し続けることは不可能である。

・長期的な潮流は、人口動態や産業の歴史等を調べるなかで得られる仮説であり、株式市場でよく聞かれる類の「成長ストーリー」とは異なる。大事なことは「縮小していない」事実を合理的に説明できることである。

・成長については、本節3にて詳述するが、急激な成長は参入障壁を破壊する可能性をはらんでいるため、長期投資に適した企業を選択するうえでは特に注意を要する。

　以上の3つの定性的要件は釣りにたとえられる。

　「そもそも魚のいない池にいっても釣れるわけがない。魚がたくさんいる池を見つけても周りに多くの釣人がいては十分には釣れない。そして自分だけが楽しむことのできる素晴らしい池があったとしても、その池が徐々に小さくなっていては、長期的に十分な魚を釣ることはできない」

2 ｜ 定性的要件と定量的結果の有機的理解

(1)　結果としての定量的要素

　定量的にみたとき、本節1で述べた3つの定性的要件の結果は、当然に以下のような企業の財務諸表に表れてくる。

・定常的に利益率が高い。

・定常的に資産効率が高い。

・安定的な増収率。

・比較的、設備投資が少ない。

・バランスシートが健全である。

　3つの定性的要件があいまいかつ恣意性の高い判断基準であるため、企業の本質を理解するうえで、定性的な要件と定量的な結果を有機的に結びつける作業をしなければならない。過去10年以上の有価証券報告書をひも解き、自分たちの定性的な仮説が正しいかどうかを検証する作業である。

　この検証過程では、分析対象企業のみならず、競合企業、産業の川上、川下企業や周辺の企業にも実際に訪問し、生の声を聴くことが必要である。有機的に仮説の合理性を検証することで、将来の再現性を推定する。そして、最終的な目的は、将来キャッシュフローをある程度の合理性をもって推定することにある。構造的に強靭な企業とは、将来キャッシュフローを合理的に推定できる企業である。この推定できるかどうかが、次節で説明する企業価値評価において決定的な意味をもつ。

(2)　原因と結果の混同

　定性的3要件と定量的結果の関係は非常に重要であり、その因果関係を混同してはならない。

　たとえば、「直近5期連続でROEがxx%以上かつ自己資本比率xx%以上」という定量スクリーニングによって、将来的に企業価値を増大できる企業を選定できるだろうか。市場をアウトパフォームできる企業を見つけ出せるだろうか。以下3つの理由により、むずかしいと考えざるをえない。

① 　過去データのバイアス

　合理的・論理的に行うべき定性判断が、過去の良好な業績に引きずられてしまい、バイアスを受けてしまう。過去の素晴らしい業績が将来も続くだろうと考えてしまうのである。推定すべきものは、将来のキャッシュフローである。それにもかかわらず、バイアスのかかった期待が本来行うべき定性分析、競合分析をゆがめてしまう。このような原因と結果の混同

は、株式投資以外のさまざまな場面でもよくみられる。「雨が降るから傘をさす」のであって、「傘をもっているから雨が降る」わけではない。

② 企業ごとのデータの限界

　企業ごとの定量データをスクリーニングするだけでは、企業内セグメントとして隠れているよいビジネスを見つけられない。一般的に、企業はそのなかにいくつかの事業別セグメントや地域別セグメントを有しており、それぞれが異なるビジネスモデルをもっているケースが多い。しかし、一般的なデータスクリーニングは企業ごとであり、事業別や地域別をブレークダウンしない。現実において、企業のすべてのセグメントが素晴らしいケースはほとんどない。多くの場合、素晴らしいビジネスが他の凡庸なビジネスのなかに埋もれており、全体として「そこそこ」の業績となっている。このため、本当に素晴らしいビジネスを見つけるうえで、企業ごとのデータスクリーニングをかけるのは間違いである。将来的にその企業のキャッシュフロー創出を牽引できる、素晴らしいビジネスを見つけることが重要なのである。

③ 楽して儲けることはむずかしい

　だれでもできる定量スクリーニングでは、差別化されたアイデアを創出することはできないし、結果として市場をアウトパフォームすることはできない。「だれでもできること、8割の人がやっていることをやったとしてもマーケットでは勝てない（むしろ負ける）」ということは、マーケットに長くいるとだれでも痛感するほとんど唯一の真理だと思う。

3 ｜ 成長は必要か

　多くの株式投資家は、成長が常に株式投資にとってプラスだと考え、できるだけ高い成長を好む傾向にある。われわれは持続的な企業価値増大を考えるうえで異なるスタンスをとる。企業価値増大にとって本質的に重要なものは、「参入障壁・競争優位」であり「成長」ではない。

(1) 株式投資ははたして成長を買うものだろうか

　多くの株式投資家は株式投資の目的は成長を買うことだと考えている。この概念は株式売買を収益の源泉としている中短期の運用者にとっては正当性があると思える。なぜなら、中短期的には、その売買期間における一株当り利益が株価変動において相応に重視されるからである。

　ところが長期的な企業価値増大を収益の源泉とする長期運用者にとっては、成長はないよりもあったほうが望ましい程度のものである（縮小していないということは必要不可欠だが）。われわれは、産業・企業に参入障壁、競争優位がある場合にのみ、成長に意味があると考えている。これについてはもう少し理論的な説明が必要だろう。以下で言及したい。

(2) 参入障壁の有無

　企業をその競争力の有無、参入障壁の有無で分類した場合、図表5－4のようになる。参入障壁とは簡単にいうと、他社に参入を踏みとどまらせる要

図表5－4　参入障壁による企業の分類

参入障壁		タイプ	説明	競争	収益性	社数
新規参入が容易か（参入企業が、既存企業と同条件で競争できるか）	容易	コモディティー企業	新規参入企業が既存企業と同じ土俵で製品を開発・販売できる限り、製品は実質的に均一で、差別化できない。	厳しい（新規参入を踏みとどまらせる理由がない）	競争で悪化（最終的に資本コストを下回るまで低下）	大多数
	むずかしい	フランチャイズ企業	新規参入企業が既存企業と同じ土俵で製品を開発・販売できないような能力（競争優位性）をもつ。	緩やか（新規参入を踏みとどまらせる理由がある）	高い水準維持（競争による収益性の低下が抑制）	僅少

（出所）　農中信託銀行作成

因である。ここでは、高い参入障壁を有する企業をフランチャイズ企業、そうでない一般的な企業をコモディティー企業と呼ぶことにする。

⑶ 「参入障壁・競争優位」「成長」「企業価値」の関係

コーポレートファイナンスの理論では、会計上の利益が資本コストを上回る場合にのみ、企業価値は増大する。もしも事業に参入障壁がないとすれば、現実の競争経済では、資本コストを上回る事業を放っておいてはくれない。市場拡大期に、比較的緩やかな競合環境のなかで資本コストを上回る魅力的な事業があったとしても、いずれ新規参入者が殺到することで、市場の成熟化と相まって当該事業の利益率が下落し、資本コストと同等になってしまうのである。つまり、上記分類での「コモディティー企業」の企業価値は、持続的には増大しない。

成長が持続的に企業価値を増大させるのは、なんらかの参入障壁が存在する場合に限られる。市場の成熟とともに激化する競争に打ち勝つだけの競争優位がなければ、成長そのものは長期的には企業価値にとって逆にマイナスになりうる。

このことは、成長が株式投資にとって常にプラスだと考えている大多数の投資家にとっては、納得がいかないだろう。しかし、実際には、コモディティー企業（参入障壁が低い事業において競争力のない企業）が成長投資を行うことは、かえって企業価値を毀損してしまう。

⑷ 高すぎる成長率は危険

また、通常の株式投資家には受け入れがたいことかもしれないが、30～40％を超えるような異常に高い成長率をもつ産業・企業は長期投資にはなじまない。なぜなら異常に高い成長率は、既存の参入障壁を破壊してしまうからである。競争環境は相対的なものなので、参入障壁も動態的にとらえる必要がある。非常に高い成長が見込まれる場合には、どんなに高い参入障壁であったとしても、競合他社が乗り越えてくることを念頭に置く必要がある。したがって、急成長している産業では、一見、盤石にみえる参入障壁であっ

図表5－5　参入障壁の有無による利益と資本コストとの関係

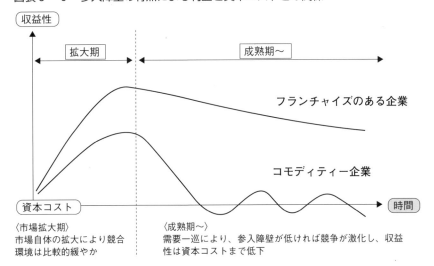

〈市場拡大期〉
市場自体の拡大により競合
環境は比較的緩やか

〈成熟期～〉
需要一巡により、参入障壁が低ければ競争が激化し、収益
性は資本コストまで低下

たとしても、長期的には懐疑的にみておくことが賢明である。

第3節 企業価値評価

　ここに毎年100億円ずつ、永遠に打出の小槌のように創出するキャッシュディスペンサーがあったとすると、この機械を買うため、いまいくら用意すればいいのだろうか。

1 永久債としての企業価値評価

　このキャッシュディスペンサーの価値は、創出されるキャッシュフローの確からしさに見合った期待収益率で割り引くことによって算出できる。

　この毎年100億円のキャッシュフローが100%確実だと判断すれば割引率にリスクフリーレート（近似的に国債利回り）を使うことになり、仮にそれが長期的に2％だとすればこの機械は5,000億円（=100億円／0.02）となる。5,000億円でこの機械を購入できた投資家は、年率2％の収益をあげることができる（国債に投資しても同じ収益率である）。

　次にこのキャッシュフローの確からしさから判断して、国債よりも2％高い収益率（つまり期待収益率4％）を要求する投資家にとっては、この機械の価値は2,500億円（=100億円／0.04）となる。もしこの機械の市場価格が2,000億円だとするとこの投資家は喜んで買うだろう。評価していた価値よりも安い価格で買え、年率5％の収益率をあげることができるからだ。

　この永久キャッシュディスペンサー、すなわち「永久債の価値評価」は、一定のキャッシュフローが永続するというDCF（discounted cash flow）モデルの特殊かつ単純なケースだが、その価値評価に必要な変数は「キャッシュフロー」とそれに対する「期待収益率」の2つのみである。つまり次の式となる。

　　「永久債の価値」＝「キャッシュフロー」÷「期待収益率」

前節において、長期投資に値すると紹介した「構造的に強靭な企業」とは、その産業内での圧倒的な優位性から永続的にキャッシュフローを創出できるという点において、まさにこの永久債である。この永久債としての企業価値評価こそ、次で述べるDCFの要諦である。

2 ｜ DCFにおける２つの変数

　DCFは、細部までこだわるとさまざまな変数があるものの、将来キャッシュフローをそのリスクに見合った割引率で割り引いて現在価値を算出している点において、本節1で取り上げた永久債の評価と本質的に同じである。価値を決定する変数は、永久債の場合と同様で２つしかない。すなわち、①将来キャッシュフロー、②割引率（期待収益率）である。

(1)　将来キャッシュフローは予想できるのか

　DCFを企業価値評価に用いることに対する批判として必ず出るのが、「事業の将来キャッシュフローが予測不可能である」という点である。たしかに通常のケースであればそのとおりとしかいいようがない。その企業が生き残るのかどうかですら予測できない厳しい経営環境において、そのキャッシュフローが合理的に推測できるはずがない。

　ところが、われわれが投資対象として選定する「構造的に強靭な企業」は、魅力的な産業のなかで必要不可欠であり、５年先、10年先も君臨しているとの仮説が当てはまる企業である。この前提が正しい限りにおいて、その将来キャッシュフローが合理的に推定できる。つまり「構造的に強靭な企業」に関しては、DCFを使うことが可能といえる。

　証券会社をはじめさまざまな市場参加者がDCFを使って企業価値を算出しているものの、あまり機能しないのは、「DCFが企業価値算出に適さない」のではなく、DCFを使ってはならない企業（キャッシュフローが合理的に推定できない企業）に対してDCFを使ってしまった「単なる誤用法」である。

(2)　割引率に何を使うべきか

　もう1つの悩ましい問題は、割引率である。ファイナンスの教科書では
WACC（加重平均資本コスト）を用いることになっており、資本コスト算出
に必ず出てくるのが、CAPM（Capital Asset Pricing Model）である。

　市場で観測される当該株式のリスク（すなわちベータ）を用い、要求リター
ンを算出する手法である。当該株式のリターン（正確には安全利子率を上回る
超過リターン）と市場リターン（同左）との連動性をリスクと考え、リスク
が高い株式には市場ポートフォリオよりも高い資本コスト、リスクが低い株
式には市場ポートフォリオよりも低い資本コストを適用する。市場ポート
フォリオに適用される資本コストは「安全利子率＋市場リスクプレミアム」
として計算される。

　この理論は、実務的にはきわめて問題が多い。DCFを日常的に用いてい
る実務家であればだれもが感じていることだが、そもそもの大きな問題は、
この割引率を0.1％上下させただけで、株式の理論価値が数パーセント以上
変動してしまうということである。それほど理論価値に与える感応度が高い
割引率だが、さらに以下の技術的な要因に基づく恣意性を有している。
・市場リスクプレミアムの前提……4～7％程度ときわめて幅が広い。
・ベータの恣意性……データ期間や頻度（週次・日次）によって大きく異
　　なってしまう。そもそも個別企業のベータは、その決定係数が非常に低
　　く、データをとるタイミングだけでも大きく変動してしまう。

　以上の理由で、真の企業価値を算出しようとするわれわれのような投資家
からすれば、CAPMを用いて個別企業のリスクを市場から算出できるとは、
到底信じることができない。

　では、割引率には何を使うのか。われわれは、「構造的に強靭な企業」の
企業価値増大によって、長期的に7～10％のリターンを享受したいと考えて
いる。つまり、割引率には期待利回りの7％を用いればいい。この考え方
は、PEファンドの企業価値算出に用いられる手法である。期待リターンが
25％のPEファンドでは個別投資案件を評価する際に25％の割引率を用いる。

この７～10％というリターン水準をどのように考えるべきなのだろうか。そもそも日本国債が１％を下回る水準で長期間推移しているなか（つまりリスクをまったくとらない投資では１％程度しか儲からない）、産業を代表する圧倒的に強い企業の企業価値に投資をして安定的に７％儲けられるのであれば適切だと考えられる。京都龍安寺の蹲踞（つくばい）に記された「吾唯知足（足るを知る）」の考え方は投資においても重要である。「株式に投資しているのだから10％以上儲けたい」と考える投資家は、もっとリスクの高い企業に投資するべきであろう。もちろん、リスクをとったからといってリターンが約束されるわけではないが。

(3)　企業価値評価こそリスク管理である

企業価値評価について、最も大事なことは、将来のキャッシュフローがある程度の合理性をもって予測できる構造的な強靭性を有している企業を選択できるかどうかである。この点で、われわれは割安な株式を探すために企業価値評価を使う一般的な運用者とはまったく異なる。

ではなぜ、企業価値評価を行うのか。それは企業価値評価の結果算出された本質的価値と、市場で値づけされている株価との間にある差異を、具体的に認識するためである。これは、自分が投資しているものの価値とその対価としての価格を理解するということである。価値と価格を峻別し、そのバランスを熟知することが、未来に起こる予測できない出来事に対処するうえで決定的に重要である。具体的には以下のような行動につながる。

①　割高なレベルで買うことを避ける。

②　将来の下落余地を具体的に認識する。

③　複数の投資機会を比較衡量する。

④　将来の上昇、下落に適切に対処する（投資機会を逃さない）。

以上のような具体的な行動を通じて、潜在的な損失を抑制しながらリターンをあげることがリスク管理であり、投資そのものであると考えている。証券の価格変動性（ボラティリティ）や相関をリスクとし、分散しすぎることで何に投資しているのかわからなくなってしまったのでは、将来の損失を避

けることはできないし、相場変動に伴う投資機会をとらえることもできない。

第4節 産業・企業分析の現場

　産業分析を行うときに、東証33業種は意味のある分類だろうか。また、任天堂の競合は果たしてマイクロソフトとソニーなのだろうか。

　第2節で長期投資における産業・企業分析のフレームワークを紹介したが、現場での分析はそれほど単純ではない。そもそも入口として、産業をどうとらえるかという設問こそ本質的に重要だからだ。産業のとらえ方によって、先述したバリューチェーンやバリューカーブ、競合環境や参入障壁等、分析しなければならない対象が180度変わってしまうケースも少なくない。そして、その産業のとらえ方にこそ独自の洞察が入り込む余地と、結果としてのアウトパフォームの可能性がある。

1 ┃ 産業全体を本質的に俯瞰してとらえる

　「バリューチェーン」を使って産業全体を把握する手法については、第2節で紹介した。たとえば、身近なケースとして「テレビ」という財・サービスのバリューチェーンを考えた場合、横軸のいちばん左（川上）には「原材料産業」、中間には「部品、組立て」、いちばん右（川下）には「家電量販店」がある。そして全体のプロセスのなかで、組立て・製造部分は窪んだかたちになる（図表5-6）。

　次に、より大きく産業全体をとらえ、「テレビを楽しむ」というサービスのバリューチェーンを考えた場合、最も川上にあるものは源泉としてのコンテンツであり、最も川下には消費者に直結している配信サービスやプラットフォームがある。このバリューチェーンにおいては、テレビというハード製造そのものが、全体のバリューチェーンのなかで中間に位置し、付加価値という観点では川上のコンテンツ、川下の配信サービスとの比較において、窪

んだかたちになる（図表 5 - 7 ）。

　テレビという財の本質をどう考えるかによって、バリューチェーンの描き方が変わってしまう例といえる。

　このようなバリューチェーンを描くきっかけは、職場での個人的な経験であった。筆者はちょうど日韓ワールドカップの時に、ロンドンの外資系証券会社に勤務していたのだが、当時は個人のインターネットは遅く、当然スマートフォンなどなかった。しかしオフィスでは、ワールドカップの試合をリアルタイムでみることのできるサイト（10cm四方程度）を個人のPC画面で

図表 5 - 6 　「テレビ」のバリューチェーン

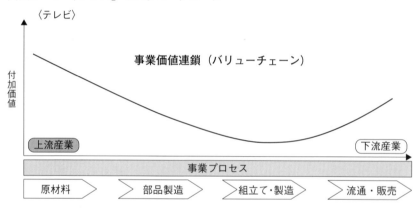

図表 5 - 7 　「テレビを楽しむ」のバリューチェーン

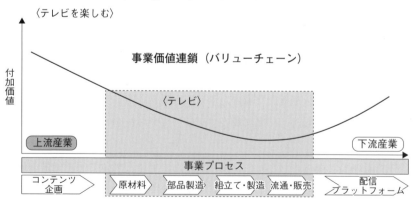

観ることが許されていた。というか、会社から視聴専用ソフトが全員に配布された（ロンドンの男性はフットボールに夢中で、視聴ソフトを配布しなければ従業員半分が休暇をとったのではないだろうか）。ボールもかすかにしか認識できないような小さな画面であったが、ベッカムやジダンの活躍に大熱狂する外国人たちに、筆者は日本人として複雑な思いを抱いた。なぜなら、液晶の解像度を競っていた日本メーカーの凋落が目に浮かんだからだ。人は、素晴らしい解像度をもったテレビよりも、素晴らしいフットボールの試合を観ることにより高い効用を感じるのだということを実感した瞬間であった。

現在、ワールドカップやオリンピックの放映権等（川上産業）や、YouTubeやiTunes等のプラットフォーム（川下産業）の価値が高騰する半面、家電量販店で売られるテレビ（川中産業）の価値が下落してしまっているのは、こうした人間の本来的な欲求に対応した当然の帰結である。

2 ｜ 産業を動態的にとらえる

産業は歴史とともに大きく移り変わる。電球の発明により人類の活動時間は飛躍的に増大したし、自動車・飛行機の発明は人類の移動の効率性を根本的に変えた。最近ではインターネット、携帯電話をはじめとする通信インフラの飛躍的な進歩によって、人間が保有・処理できるデータの量が格段に増大した。1969年、人類初の月面着陸に成功したアポロ11号に搭載されていたコンピュータは初代ファミコン以下だったというから驚きである。

産業構造は技術革新とともに移り変わるため、産業構造を動態的にとらえることが不可欠である。通信速度が飛躍的に上昇し、そのコストが劇的に下がったこの数年で、自分自身の行動がどう変わったかを整理してみたい。

・以前は音楽を聴くために専用デバイス（音楽プレーヤー等）をもち、映画を観るために映画館に行ったり、DVDをレンタルしたりしていた。予定表、名刺管理・住所録は紙の手帳を、電話をするために携帯を持ち歩く。データ処理の多くの部分をパソコンに頼ったりするが、データとしてはパソコンのハードディスクに保存してきた。

・数年前からスマートフォンを持ち歩くようになってからは、データ（名刺、住所、予定、日記、メール、読書、音楽、映像）のほとんどをクラウド（iCloudやEvernote等のパーソナルクラウド・サービス）に保存し、必要な時に通信を利用して取り出すようにしている。結果としてデバイスはiPhoneだけで十分なので、個別のデバイス（住所録・予定の手帳、音楽プレーヤー、デジタルカメラ等）はもたず、レンタルDVD屋に行くこともなくなった。

こういった自分自身の行動変化の本質を整理してみると、以下のような産業構造変化を仮説として導くことができる。

いままでは用途別に別々のデバイス（アナログ・デジタル）を持ち歩き、個別にデータ蓄積を行っていた（分散データ管理）。ところが、通信速度が上昇し、コストが劇的に下がったために、データを入出力することに時間・コストがかからなくなり、データを個別に蓄積するよりもクラウドサーバーに集中して管理するほうが効率的になってしまった（集中データ管理）。この結

図表5-8　産業構造の変化

	種類	データ蓄積＋入出力デバイス	データ蓄積・通信	入出力デバイス	プラットフォーム
		〈用途別分散データ管理〉	〈機能別集中データ管理〉		
用途	音楽	CD、iPod、MP3プレイヤー	クラウド（データセンターによる大規模ストレージ）	情報端末（iPhone、iPad、PC）	Google iTunes Amazon SNS（Facebook、mixi等）
	映像	映画館、DVD（レンタル）			
	ニュース・メディア	TV、ラジオ、ネット			
	ゲーム	ゲーム機、ゲームセンター			
	予定表	手帳			
	アドレス帳	手帳			
	日記	日記			
	仕事	PC			
	メール	PC、携帯電話			
	通話	電話機、携帯電話			
	インターネット	PC、携帯電話			
	表計算	PC、Excel			
	文書	PC、Word			

産業の潮流 →

果、それぞれのデバイスの価値が下がるとともに、データ管理・通信インフラ・プラットフォームの価値が上がっていると考えている。

これらの潮流のなかで、いわゆる「ビッグデータ」といわれる非定型データを管理・分析するビジネスが脚光を浴びており、その中心にいる企業がIBMである。同社は1990年代からこのような時代の到来を想像し、データ分析に資源を集中しながら、2004年にはPC事業を中国企業に売却したのである。その経営戦略の先見性と主体性は見事としかいいようがない。

ちなみに情報こそが価値を生む世界において、情報が集約するプラットフォームは、将来的にはインフラ・公益企業、金融機関と同様に規制対象とされるのではないかと考えている。

3 ｜ 競合をより本質的にとらえる

前1、2項で紹介したように、産業全体をより大きく、そしてより動態的にとらえた場合、当然の帰結として競合分析の相手方も大きく変わる。

たとえば、家庭用ゲーム機で圧倒的な強さを誇る任天堂の現在の競合はどこなのだろうか。この設問に答えるには、「そもそもだれが何の目的でゲームをするのか」と本質的に考える必要がある。中学生の子どもは純粋にゲームを楽しんでいるが、電車の待ち時間にゲームをしているサラリーマンは、ゲームを時間つぶしとして使っている。このようにゲーム産業を供給者の視点ではなく、利用者の視点で整理してみると図表5-9のようになる。

利用者視点からとらえ直すと、顧客特性、産業構造が大きく異なってみえる。つまり、任天堂は質的に異なった企業と競合しているのである。その結果、以前のように寡占化されたゲームハード業界の特性を生かした高収益性を維持できなくなっていると考えることもできる。

1〜3で紹介したとおり、産業・企業を分析するには自分の頭で考え、行動することが重要である。

日々の生活のなかで、さまざまなビジネスモデルを考えながら街を歩いて

図表5-9　ゲーム産業を考える

		利用者の視点：何が顧客にとっての効用なのか		
		ゲームを楽しむ		時間をつぶす
形態		家庭用ゲーム	携帯型ゲーム	携帯ネットゲーム スマホアプリ
ビジネスプロセス	ハード	Wii Play Station X-Box	DS PSP	スマートフォン 携帯電話
	ソフト	個別のハード用にゲームソフト会社が開発し、専用ソフトとしてパッケージ提供		世界中の開発者からプラットフォームを介して安価に提供
	プラットフォーム	なし		iOS（App-store） Google Play
産業分析上のポイント	顧客特性	利用者は子ども、若年層男性が中心 →限定された顧客層とコアなニーズ		利用者は携帯電話を保有するすべての人 →ゲーム以外に本質的なニーズ
	財・サービスの特性	ソフトに関してはニーズが限定的かつ流行り廃りがある →ソフト会社にとって開発コスト大		一般的なニーズであることから開発コストは小さい →大きな収益性もない
	産業構造	寡占化されたハード業界 フラグメントなソフト業界 →ハード業界に強い価格支配力		プラットフォーム産業の登場 →限定的効用を提供するハード業界の付加価値低下
	任天堂の競合は	据置型ゲームメーカー ・ソニー ・マイクロソフト		ネットゲームも含めたゲームメーカー ＋ プラットフォーム企業 ・Google、Apple、SNS（Facebook等）

（出所）　農中信託銀行作成

いるとまったく違った景色がみえてくるようになる。スターバックスのビジ
ネスモデルを喫茶店だと考えるとドトール等が競合になるが、「ゆったりし
た空間の提供」というサービスだととらえれば、図書館や美術館等も競合の

視野に入ってくる。そう考えて街を歩いていると、無数のアイデアの源泉がある。これが産業・企業を視るということであり、株式投資家のみならず、すべてのビジネスマンに共通して必要な素養だと感じている。

　独自の洞察は、日常的な気づきや歴史等の教養を土台とし、絶え間なく繰り返す「仮説と検証のプロセス」から生まれる。そこに論理的な仮説構築力が必要なことはいうまでもないが、同等に重要なことは、仮説を検証して実行に移す行動力である。

第5節 ま と め

　本章をまとめておく。

　一般的な株式投資においては、市場における株式の需給、割高割安、投資テーマ、ファイナンス理論等、株式投資特有の専門知識が氾濫しており、投資は「その道のプロ」が行うべき特殊なものと考える風潮が強い。

　ところが、企業価値増大を核とする企業投資において必要とされることは産業・企業を視る眼、論理的仮説構築力、仮説に基づく行動力であり、それらは株式投資のみならず、すべての経営者・ビジネスマンに共通して必要とされる素養である。

第 6 章

企業とともに成長する投資

「厳選投資の会」幹事
前あすかコーポレイトアドバイザリー株式会社 代表取締役社長
（以上、初版執筆当時）
現みさき投資株式会社 代表取締役社長
現独立行政法人経済産業研究所 コンサルティングフェロー　　　中神　康議

あすかコーポレイトアドバイザリー株式会社
取締役ファウンディング・パートナー
産業能率大学経営学部 教授
（初版執筆当時より現在に至る）　　　光定　洋介

本章では、単純な厳選投資スタイルのファンドとは少し異なる、「企業価値向上支援型」投資について解説する。このスタイルは、厳選投資であることには違いがないものの、ハンズオンで企業価値向上支援を行うことがその特徴である。本章では、まず企業価値向上支援型投資の意義を概観したうえで、実際の投資先選定基準、主たるバリューアップの手法を解説し、最後に実際の事例を紹介する。

第 **1** 節　企業価値向上支援型投資

1 ｜ 日本における企業価値向上支援型投資の意義

　日本において株主が、なんらかのかたちで企業価値向上支援活動を行う必要性はあるだろうか。過去の平均資本生産性（ROE）を比較すると、日本のそれは諸外国に比べて相対的に低い。資本生産性はその時々の経営環境によってブレるものの、わが国は比較的長期間にわたって資本を収益に変換する効率が低い。

図表 6 － 1 　日米欧の資本生産性分解

〈日本〉

分類	ROE	マージン	回転率	レバレッジ
製造業	6.8%	4.5%	0.95	2.3
非製造業	5.7%	3.2%	0.95	2.8
合計	6.6%	4.2%	0.95	2.4

〈アメリカ〉

分類	ROE	マージン	回転率	レバレッジ
製造業	23.3%	12.0%	0.89	2.3
非製造業	15.4%	7.9%	1.08	3.1
合計	20.8%	10.7%	0.95	2.6

〈ヨーロッパ〉

分類	ROE	マージン	回転率	レバレッジ
製造業	15.4%	9.1%	0.82	2.6
非製造業	18.5%	16.7%	0.89	3.3
合計	16.4%	11.7%	0.84	2.8

（注 1 ）　2011年暦年の本決算実績ベース、金融・不動産除く。
（注 2 ）　対象：TOPIX500、S&P500、Bloomberg European500 index対象の企業のうち、必要なデータを取得できた企業。
（出所）　中神分析

ROEが低いということは、さまざまなステークホルダーのなかでも、株主が最も報われていないステークホルダーの1つである可能性を示唆している。

　ROEは、「事業マージン[1]×資産回転率[2]×財務レバレッジ[3]」に分解可能であるが、なかでも低いのが事業マージンである。

　産業界からは、日本企業が欧米に比してROEが低いことに対する反論として、「レバレッジのような財務テクニックでROEをあげることが正しいのか」という指摘がよくあるが、これは事実認識を誤っているようだ。2011年のROEを構成する3要素を日米欧で比較すると、図表6-1に示すとおり、欧米企業のレバレッジは日本企業と同水準にすぎず、資産回転率も大差がない。日本企業のROEの低さは、売上高利益マージンにこそある。日本企業は本業で稼ぐ力そのものが弱いのである（ちなみに税率差異の影響を除いた営業利益率[4]でみても結果は同様である）。

　一方、日本企業の資本生産性の低さを経営者だけに求めていいものだろうか。古い文献であるが、松下幸之助氏は、すでに、1967年に、「株主は、みずから会社の主人公であるということを正しく自覚、認識していなければならない。そして経営者に対して言うべきは言い、要望すべきは要望するという、主人公としての態度を毅然として保つことが大事ではないかと思う。たとえ少数株しかもっていない株主であっても、会社の主人公たる株主としての権威、見識を持って会社の番頭である経営者を叱咤激励する、ということも大いに望ましいのである。そのようにすれば、経営者としても経営によりいっそう真剣に取り組み、業績をあげ、利益をあげて、それを株主に十分還元しようという気持ちが強くなってくるのではないだろうか」[5]といった「株主主人公説」を述べている。

　2000年に入るまでは、日本の機関投資家は、経営に不満があれば売却すれ

1　「純利益額÷売上高」。
2　「売上高÷総資産」。
3　「総資産÷株主資本」。
4　「営業利益額÷売上高」。
5　松下幸之助（1967）

ばいいといったウォールストリートルール（Wall Street Rule）で運用するだけであり、経営者とともに企業価値をあげていくパートナー・主人公と思ったことは少ないのではないだろうか。実際、機関投資家株主の議決権行使の意識が高まったのは、わずか10年ちょっと前のことである。こうした機関投資家の「主人公意識」が低かったことも、日本企業の経営者が低収益性に甘んじてきたこととつながりがあるように思う。欧米の実証研究を広範に整理した研究でも、日常の株主と企業との対話が企業によって受け入れられる頻度が高まっているという研究もあり、日常の株主の発言の重要性が増加しているのは世界的な動きでもある[6]。

　おそらく、これまでの日本企業の経営者は、銀行からの発言はあるものの、株主からの発言が少なかったため、赤字でなければいい、マージンは５％以上あればいいといった間接金融的な目線で経営戦略を考えてきた可能性はないだろうか。

　日本の機関投資家というと生命保険会社や年金基金であり、一般国民から遠いイメージがあるかもしれない。しかし、そのお金の本源的な出し手はわれわれ一般大衆・国民にほかならない。すなわち、株式価値の改善は、年金基金の財政改善を通じて年金の受給確度を高め、一般国民の生活レベルの改善につながるのである。松下幸之助氏の言葉を借りれば、多くの株主が自ら主人公という意識をもって、経営者をサポートし、マージンや資本生産性に対する経営者の意識を高め、株式価値を改善し、もって国民生活を豊かにするべきではないか。株主がなんらかのかたちで企業価値向上活動に参加する意義はこうしたところに見出すことができよう。

2 ｜ あすかバリューアップファンドのコンセプトと競争力

　一般的に戦略コンサルティングファームがクライアントとする企業は大企業に限定されてしまいがちだ。それは、経営コンサルティング会社のマーケ

6　光定洋介（2006）

ティング上の制約から、なかなか中堅企業と接点をもてる機会が少ないからである。しかし、本来は中堅企業のほうがコンサルティングによる経営改善余地が大きいという仮説は常に、実際に中堅企業の改革に携わった際には大きな成果も出すことができていた。

　そうしたなかで、上場している中堅企業へ投資を行い、株主としてサポートを行うことで企業価値をあげることができるのではないか、と考えたことが、筆者が投資活動を始めた原点である。

　優れた企業・優れた経営者とタッグを組んで経営を成長・進化させ、企業価値を高めるサポーターになる。これがあすかバリューアップファンド（以下当ファンドと呼ぶ）の原点である。実際、経済産業省（2008）は、ファンドの分類作業を行い、当ファンドを経営者応援ファンド等という分類にカテゴライズしている。

　しかし、実際に投資となると綺麗ごとだけではすまない。ITバブル崩壊、リーマンショックなどの市場のショックによって投資価値が大きく毀損してしまうこともありうる。オルタナティブ運用会社と組んで投資を行うことで、適切なポジション・マネジメントやリスクヘッジを行い、市場全体の動きに大きく左右されない仕組みを構築すれば、企業価値向上に専念できる可能性が高いのではないか、これが、オルタナティブ運用会社のプラットフォームのうえでファンドを組成した背景の１つである。投資のダウンサイドを回避しながら、アップサイドの企業変革を自らつくりだしていく、これが当ファンドのねらいとなっている。

　当ファンドの最大の特徴は、優れた経営を行っているが、いまだ経営資源が十分ではない中堅企業に投資を行い、「働く株主」としてハンズオン型のバリューアップ手法を提供していくところにある。こうした活動を行うため、当ファンドの運用に携わっているメンバーはユニークなバックグラウンドをもった人間で構成されている。通常の上場株投資ファンドの場合は、上場株の運用だけを行ってきたメンバーが主体になるが、当ファンドのメンバーは、多種多彩である。コンサルティング業界出身者を中心とし、プライベートエクイティ投資経験者、社外役員経験者、海外での事業経営経験者な

ど、多様な人材から成り立っており、企業の実情を考慮し、企業の立場に立って考えた改善提案を行うことができると考えている。

　当ファンドは、高い経営マインドや目線をもった経営者の頭のなかにある仮説や事業アイデアを実現していくサポーターになりたいと考えている。そのために、株主として労を惜しまず、さまざまな提案活動を行い、バリューアップ活動を行うことで、経営者の頭のなかの情報を現実の経営行動に転換したいと考える。経営者の頭のなかの情報が現実の経営行動になるためには、当然、経営者が腹をくくり、意思決定を行い、自ら動く必要がある。経営者が動けば、企業の収益構造が変わり、株価も変わる。バリューアップ活動は、現実のデータや事実に基づいた議論を企業経営者と行うことによって、経営者が意思決定しやすい環境をつくりだすことといえるかもしれない。

第2節　実際の投資先選定基準

　当ファンドでは、主として経営者、事業、財務・バリュエーションをみて投資の可否を決定している。

1 ｜ 選定基準①──経営者

　投資を行ううえで、経営者が最も重要な要素であることはいうまでもない。しかし、どのような経営者がよいのだろうか。当ファンドでは、経営者の成長への渇望（ハングリーさ／Hungry）、他者の意見の受入れ（オープンさ／Open）、公開企業の経営者としての倫理観（パブリックさ／Public）を重視している（これらを総称して「HOP」と呼ぶ）。

　まず、重要なのはハングリーさである。ハングリーさとは、経営者としての貪欲な姿勢である。大胆な成長シナリオでもいいし、痛みを伴うコスト改革や販売チャネル改革でもいい。企業を大きく変えていくことに対する熱意と具体的な道筋を有する経営者であることを重要視している。

　社長は、場合によっては成長よりも安定を重視してしまう可能性がある。成長を求めるには、なんらかの投資が必要であり、それには当然、失敗するリスクも伴う。したがって、もし保身傾向が高い経営者であれば、安定を求め、大きな投資を避ける傾向が高い。これは、失敗しなければ、成長しなくても退陣させられることがないといったメインバンクによるガバナンスの名残かもしれない。

　ちなみに、11の先進諸国間で1982年から2007年にかけてROA（総資産営業利益率に近い概念）の比較を行った分析によると、日本は諸外国に比べてROAが低いだけでなく、ROAの企業間の散らばりも低水準にとどまっている[7]。これは、経営者があまりリスクをとらないで、業種間で同じような経

営が行われている可能性を示唆する。

しかし、株主に経営を付託されているということは、株主から預かっている資金で効率の高い投資を行い、リターンを生む義務があるということだろう。投資を行わない限り、生まれるキャッシュフローが余剰となり、仮に配当をしなければ、現金ばかりがたまる経営になってしまう。こうした状況を回避するためにも、企業経営者には常に成長の可能性を追求するハングリーさを望みたい。

オープンさも重要である。企業価値の創造は容易なことではない。欧米に追いつき・追い越せという時代であれば、先例を模倣すればよく、多様な意見は不要だったかもしれない。現在は、企業経営者が対処すべき経営課題は広範かつ複雑となり、変化のスピードはますます加速している。こうしたなか、従来のように企業内部の限られた経営資源だけで経営課題を解決しようとするのではなく、年齢・性別・業界経験を問わず柔軟に社内外の意見を取り入れ、経営改革を進めていくことが重要ではないか。われわれは、企業価値創造に向けて真摯に取り組み、外部に開かれた対話姿勢をもつ経営者に投資したいと考えている。

その点でキヤノン電子株式会社の酒巻久社長のコメントは興味深い。

「私が観察するかぎり、業績のいい会社には共通点がある。それは100％の力を持つ社長が120％の力を出すことではない。100％の力を持つ社長が100％の力を出すことでもない。70％の力しかない社長が、それを自覚して周囲の力を引き出した時、その会社は必ず業績がよくなる」と話されていたそうだ[8]。やはり、周囲の意見を聞く素養の有無は重要ではないだろうか。

日立製作所の川村隆会長のコメントもオープンであることの重要性を示している。

「だれにとっても、自分を100％客観的にみるのはむずかしい。どうしても晶屓目（ひいきめ）にみてしまう部分が出る（中略）。自分の顔や容姿、ゴルフやスキーのフォームを写真でみて、あっと驚いたり、文句をいったりす

---

7 Nakano and Aoki（2010）
8 2013年4月20日、日本経済新聞34面

る人は多いがカメラのほうが正しい。会社も同じで、なかにいる人はなかなか自分の会社を客観視できないことも多い（中略）。会社の評価の際、カメラの役割をするものの1つは、年金資金などの運用をする機関投資家の目である。ひいき目なしの客観評価には、評価された会社の社内から「実態を知らない連中がこんな厳しい評価をするなんて」と恨み節が出るが、大抵は機関投資家が正しく、自分たちが甘いのだ」と、述べている。

　最後に、公開企業の経営者としての倫理観であるパブリックさも重視している。上場企業の経営者は非上場企業の経営者とは立場がまったく異なる。上場企業経営者は、数多くの少数株主から大切なお金を預かっているのであって、大衆から大事な資金を預かり、経営を付託されているという受託者責任意識・思想を持ち合わせているかどうかが重要である。

　上場企業である以上、株主を含むさまざまなステークホルダーが存在する。ともすると相反しがちなこれらのステークホルダー間の利益や現金の分配を適正に行うのが経営者の責務であろう。すべての利益を従業員に支払っていたら、損益計算書における営業利益以下から配分を受け取るステークホルダー（銀行、国（税金）、株主）は納得しないだろう。また、大半の利益を顧客に支払う（営業利益率が低すぎる）状況が続いても同様である。第1節1項でみたように、全体としては、日本企業の事業マージンは諸外国に比べて低すぎ、資本生産性も低すぎる。つまり、株主というステークホルダーに対する分配が低い可能性があり、ともすると軽視されがちなこの面に対する配慮が望まれる。

　もちろん個別企業でみれば、しっかりとステークホルダー間の利益調整ができている企業もあるし、または、バリューアップ活動によって、それが可能になりそうな企業もある。さらに、ステークホルダー間の利益調整を外部からモニタリングするという意味で、独立社外取締役を導入しているか、または、その改善余地があるかどうかも大きなポイントとしてみている。

　また、社長の「HOP」[9]が、組織全体に浸透し、社員が社長同様に、成長

9　Hungry、Open、Publicの略。

を志向し、オープンで、パブリック意識が高いほうが望ましい。

2 | 選定基準②——事業の競争力[10]

選定基準の第二は高い事業競争力をもっているか否かである。

どうして、事業の競争力にこだわるのか。それは、当ファンドがバリューアップ型長期投資家であるからである。企業変革には当然一定の時間がかかる。変革の最中に事業そのものの競争力が喪失され、企業価値が下がった場合、どんなにバリューアップを行っても投資家へのリターンを確保できない。

仮に、マクロ経済状況が大きく改善したとしても、競争環境の激化、グローバリゼーション、インターネット革命など、企業を取り巻く環境は厳しく、競争力のない企業の生き残りが容易ではない環境が続くであろう。長期投資を志す投資家としては、まずもって当該企業が十分な事業競争力をもった本物の企業か否かを見極めなければならない。「本物しか生き残れない」時代であり、定性的・定量的にどう競争力を見極めていくかどうかが投資家に問われている。以下では、当ファンドがみている定性的・定量的な競争力の視点の一部を述べていきたい。

(1) 定性的競争力評価

定性的な競争力の判断は、当該企業の展開する事業を複数の事業特性の観点から評価している。

ステップの1つ目が、投資先に関するニュース、CEOやその他の幹部のコメント、評価統計データ、マーケティング会社からのレポート、業界メディア（新聞、雑誌）、証券会社のレポート等の調査といった「文献調査」である。

ステップの2つ目は、顧客、競合他社納入者、販売者、供給者、業界エキ

10　本項は、中神康議・新田孝之（2010）を参考に加筆・修正を行っている。

スパート、業界メディア、銀行、証券会社、コンサルタント、CEO人脈等への「詳細な周辺インタビュー」である。

ステップの3つ目が経営陣・主要幹部へのインタビュー、工場・研究施設・店舗の実査、海外子会社等の状況確認などの「会社訪問・ディスカッション」である。

こうした3つを総合的に取りまとめ、事業分析、財務分析、企業価値分析、バリューアップ・インパクトの分析等といった項目別の「分析結果」へと整理されていく。そのなかの1つに、競争力の分析結果がある。

網羅的に開示はできないが、代表的なものをいくつか列挙すると、

・自社特有のブランドを有しているか……高いブランド価値を有する企業は忠実な顧客基盤を有するため、価格実現力が高く業績安定性が高い。

・顧客構造は分散的か……特定少数の顧客に依存した事業構造は当該顧客からの影響を受けやすい。

・付加価値が高い事業か……顧客に高い付加価値を提供できている企業では多様な経営戦略の打ち手が可能となり、他社と差別化できる可能性が高い。

などがあげられる。

このほかにも、投資先企業のセグメント別の市場規模、市場成長率、シェア、競合といったデータについて、詳細な分析を行う。また、マイケル・ポーターの競争要因分析に代表される市場内競争・新規参入障壁・代替品・売り手との交渉力・買い手との交渉力といった切り口などを使って、どうしてその企業の競争力が維持可能なのかを徹底的に分析・議論を行う。

(2) 定量的競争力評価

定量的指標としては投下資本利益率（ROIC、Return on Invested capital）を重視している。これは本業に投下した資金からどのぐらい利益をあげているかという指標であり、下記の算式によって算出することができる。

ROIC＝税引き後営業利益÷投下資本[11]

ROICの高い企業は当該業界における競争力の高さを表し、さらに長期間

にわたってその高さをキープすることが多いという実証研究がある[12]が、われわれの投資案件でも同様の実績を得ている。

　指標としてROICを用いるのは、営業利益率などの損益計算書上の収益性だけではみえない、事業資産効率も含めた真の収益力を測定できるからである。また、ROAやROEなどの指標では余剰現預金やレバレッジの効果が入ってくるため、事業そのものの収益力は測定しづらい。余剰現預金や低レバレッジは資本の有効活用の観点から問題ではあるが、そのことと事業そのものの競争力評価は切り離して考えるべきであろう。

　長期投資に向く企業とは、「最小の資金投下で最大の利益」を生み出しうる競争力を有しており、その考え方が企業文化に内在化されている企業である。

3 ｜ 選定基準③──財務とバリュエーション

　財務分析では、過去の分析だけではなく、将来のさまざまなシナリオを織り込んだ予想損益計算書、貸借対照表、キャッシュフロー表を作成する。ここで、今後3年間で営業利益が x 億円増加すると予想したとすると、その背景が売上増加から a 億円生じ、コストカットから b 億円生じている、などといった、収益改善の源泉について詳細な分析を加える。また、キャッシュフローの改善に関しても同様である。こうしたことを事前に把握することによって、その企業への効果の高いバリューアップアイテムの中身がみえてくる。

　最後にどんなによい会社であっても、バリュエーションが割高であれば投資を行わない。しかし、当ファンドでは単純なPBR、PERの相対・絶対水準だけでは割安・割高の評価を行っていない。当然、今後の収益を現在価値に割り戻した収益バリューの算出を行うが、これは、最終バリューが高く出す

11　投下資本は事業用資産（余剰現預金・有価証券等を除いた正味事業に投じている資産）から事業用負債（買掛金、未払金等）を差し引いたネットの事業投下資本。

12　マッキンゼー・アンド・カンパニーほか（2008）

ぎるという問題点がある。そのため、一定のディスカウントを行った評価手法も取り入れている。また、研究開発費などの、損益計算書上は費用項目になっているが将来大きな収益を生むものは資産として再評価を行う一方、不要な資産はそぎ落とし、企業が実質的に保有している資産を再評価する資産価値評価手法も取り入れている。こうした評価は、バリューアップが実現した場合、実現しなかった場合などの複数シナリオをベースに議論を行っている。このように、企業のバリュエーションを多面的に分析して、総合的に割安・割高を検討している。その結果、現在の株価が割安であれば購入し、割高と判断された場合は株価が調整する局面を待って組み入れる候補としてリスト化している。

当ファンドでは、企業の成長をサポートするため、さまざまな支援を行う。大枠としては、図表6－2にあるように、①事業価値そのもののバリューアップ、②価値と価格のギャップを埋めるバリューアップ、の2つのエンジンがある。弊社のメンバーが企業内部に入り込んで、一緒に成長をサポートするケースもあれば、外部のコンサルタントと協業して改善に取り組むケースもある。下記ではこうしたサポートの一例を紹介する。

図表6－2　エンジン1：バリューアップの手法（2つのエンジン）

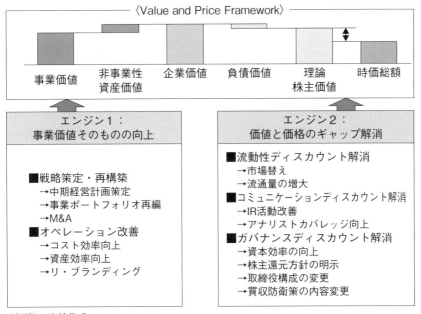

（出所）　中神作成

1 | エンジン①
――事業価値そのもののバリューアップ

　われわれが選ぶ経営者は日々全力で経営にあたっておられるものの、株主の視点から行う分析・提案が有益な示唆を生み出すことがある。われわれは、前職で培った戦略コンサルティングの調査・分析手法と、機関投資家としての情報データベース・ネットワークを組み合わせ、投資先企業にとって重要と考えるテーマについて定期的に提案活動を行っている。その内容は、海外市場を含めたさらなる成長可能性の探索、競争環境・動向分析による競争力強化の可能性、コスト構造分析による収益率の向上可能性、事業ポートフォリオ再編の余地、オペレーション効率分析など多岐にわたる。

　事業のことは企業経営者がいちばんよくわかっているのだから、外部の株主に事業に関するバリューアップなどできるのか、という疑問を投げかけられることがある。たしかに、日々の事業運営面では大きな貢献はできないかもしれないが、われわれの活動は、投資先企業へ、データや実証分析の結果などを示し、今後の成長のヒントを与えることが多いようだ。また、当ファンドのような機関投資家は、他の企業と客観的な横比較が可能である。この比較は、同業種内での比較もあれば、異業種企業との比較もある。たとえば異業種では常識になっているコストカット（効率化）の手法でも、ある業種ではまだ導入されていない場合などには、ベストプラクティス手法を紹介することによって、企業価値をあげることが可能である。もう少し、具体的に、バリューアップの内容をみてみよう。

(1) 戦略策定・再構築

　まず、戦略策定・および戦略の再定義について述べたい。

　われわれが第一に注力しているのが、成長戦略、特に海外成長（グローバル化）によるバリューアップである。たとえば、インターネット・リサーチ会社の最大手企業の海外進出についてさまざまなサポートを行った。まずは

世界各国の市場調査を行うことにより最有力な成長市場として中国市場を特定した。ただし、中国市場で調査事業を行うためには政府からの免許取得が必要で、免許取得のためには現地資本が入っている必要があることを確認し、事業パートナーとジョイントベンチャー（JV）をつくる必要があるとの結論に達した。そこでわれわれは提携先候補となりうる企業群との面談セットを行い、投資先経営陣とともに集中的な現地訪問・ヒアリングを実施した。JV設立前には、顧客セグメントごとの市場の立上がりを予測するために、顧客候補である現地の経営コンサル・広告代理店・欧米の消費財メーカーなどへのヒアリングを行い、顧客ターゲティングのサポートを行った。

中期経営計画策定のサポートを行うこともある。たとえば、中堅の医薬品メーカーに対して、日本の市場ではどのセグメントの顧客をターゲットに営業活動を行うべきか、また、中期計画達成後はどの程度のROEを目標とするべきか、などといった提案を行った。

また、事業ポートフォリオ再編を提案することもある。ネット系の企業では金融事業を行っていたが、ROICが本業と比較して相対的に低いため、その事業を売却し本業に集中することを提案した。

やや、毛色の異なるバリューアップ活動としては、勉強会の開催があげられる。これは、投資先企業の役員の方々をご招待し、いろいろな講師にご講演をお願いして、経営者の方々とともに学び、相互理解を深めることを目的とした勉強会である。これまでに講師としては、日本銀行の元総裁の福井俊彦氏、一橋大学名誉教授の野中郁次郎氏などをゲスト講師としてお招きした。

(2) オペレーション改善

次に、オペレーションの改善提案について、いくつか具体的な事例をご紹介したい。

コスト効率向上では、調剤薬局のBusiness Process Re-engineering（BPR）があげられる。コンサルティングの経験からみて同社では、顧客の待ち時間短縮や薬剤師の生産性改善余地が大きいと思われた。それは、この業界で

は、製造業などではすでに導入されているBPR手法が、いまだ導入されていなかったことが1つの原因ではないかと考えた。そこで、外部コンサルタントを紹介し、生産性改善に取り組むこととした。調剤薬局業界はこれまでは病院前の出店立地を取り合う競争であったが、医薬分業率はかなりの高水準まで上昇しており、立地獲得競争はほぼ終了しつつある。その結果、今後は、競争ステージが生産性の向上（待ち時間の短縮、薬剤師当りの処方箋枚数の向上、在庫管理の改善など）に移っていくと思われる。同社では、BPRを導入することで、次の競争においても勝ち組として残っていく可能性を高められるとわれわれは考えた。

　また、ブランド再構築に関する提案も行っている。たとえば、バイク用高級ヘルメットを製造販売するSHOEIに対して、バイクのマニア層をターゲットとしたマーケティングから、より広い顧客層をターゲットにしたマーケティング戦略に転換するような提案を行った。現在では、同社のヘルメットはお洒落でファッショナブルなヘルメットというイメージが定着している。

2 ｜ エンジン②
──実態価値と市場価格のギャップを埋めるバリューアップ

　企業の実態価値と市場価格（株価・時価総額）にはギャップが生じることがある。これが経営者の、株価に対するフラストレーションになっている場合が多い。ギャップ要因を放置したまま、事業価値（企業の実態価値）のみを高めていっても、市場価格と実態価値との乖離が埋まるものでもない。このギャップにはどのような要因が隠されているのかを突き詰め、一つひとつに対策を打っていかなければ、ギャップは永遠に埋まらない。

　ギャップが生まれる要因は、情報の非対称性によるもの、流動性によるもの、ガバナンスによるものなどさまざまであるが、われわれは資本市場の立場から、なぜこのようなギャップが生まれているのかを分析し、ギャップの解消に向けた打ち手を提案することで、市場価格の適正化を実現するサポートを行っている。以下では、それぞれのギャップが生まれる原因とその解消

のために使ったいくつかの事例を紹介したい。

(1)　流動性ディスカウント解消

　投資家は、一定の流動性がある銘柄を好む傾向がある。これは、なんらかの不測の事態（これは、企業サイドの問題もあれば、解約などの投資家サイドの問題の可能性もある）が生じた場合、保有するポジションの一部または全部を、どの程度の期間で現金化できるかという点を重視するからである。したがって、株式売買高の低い企業は、実態価値よりディスカウントされた市場価格がつく場合が多い。これに対して、東証一部への昇格といった市場替えや、大株主の段階的な売出しにより流通量の増大を進め、流動性ディスカウントを解消するように働きかけることがディスカウントの解消につながることがある。

(2)　コミュニケーションディスカウント解消

　企業の実態・中身が十分に投資家に理解されていない場合も、市場価格はディスカウントされる傾向がある。これに対しては、IR活動を改善するようなサポートを行う。より具体的には、わかりやすいIRスライドの事例を紹介したり、競争力の源泉がどこにあるかを議論し、それを効果的に投資家に伝えうる方策を提案したりしている。

　経済産業省と日本IR協議会が2013年に企業に行ったアンケート調査では、多くの企業が持続的な企業価値創造の実現の弊害として人材の獲得が困難ということをあげている。これは、全回答企業の10％強であるが、最も高い比率となっている[13]。そこで、IRに適した人材を紹介する「人を入れる」バリューアップにも注力している。たとえば、幼児教育企業には、異業種で豊富なIR経験をもつ人材を紹介し、IR担当として採用していただいた。さらに、証券会社のアナリストと情報を共有することによって、アナリストカバレッジの改善を図る取組みも行っている。

13　経済産業省／日本IR協議会（2013）

(3) ガバナンス・ディスカウント解消

　投資家は、企業の広い意味でのガバナンス姿勢についても関心を寄せている。欧米の投資家には、企業訪問する際に、通常の業績や競争力などに関するミーティングとは別に、ガバナンスだけに関するインタビューを行う投資家もいるほどである。したがって、株主を軽視していると思われる企業は、一定のディスカウントされた市場価格がついている可能性がある。こうしたディスカウントを解消するために、資本効率の向上や株主還元方針を明示し、それにコミットすることを勧めることがある。

　また、少数株主との利益相反が生じそうな企業や、多様な意見を必要としていると思われる企業で、独立社外取締役がいないような場合、社外役員の導入や取締役構成の変更を推奨することもある。社外役員と協業して企業価値向上の提案を行うこともある。さらに、買収防衛策を入れてきた企業に対しては、買収防衛策の内容変更を議論することもある。こうした活動などによって、ガバナンス・ディスカウントの解消を図っている。

第4節 バリューアップ活動と実際に企業経営が変わった例

本節では、育児用品市場における国内リーダー企業であるピジョンにおける投資・バリューアップ活動を取り上げる。

1 | ピジョンへの投資例

(1) 投資適合度（経営者）

ピジョンの大越昭夫社長（当時。現会長）は、経営者として当ファンドの望む人物像にぴったりであった。ハングリーという意味では、当ファンドとのミーティングや説明会などで、「3期6年で退任するが、それまでに売上げ800億円を目指す（2007／1期当時で453億円）」「中国は出生数が1,500〜2,000万人。シェア1割しかとれなかったとしても、顧客数は日本の2倍ある。いずれ中国事業が日本を抜く日が来ると思う（2007年当時中国の売上げシェアは10％程度）」「中国はあと2つくらい工場をつくらないといけないと思っている。これまで以上に投資を行っていく」と、高い成長への意欲が感じられた。

大越社長は、1969年にピジョンに入社し、1989年に一度退職された人物である。その後12年経って、オーナーの仲田洋一氏に呼び戻され、2001年に会社に戻り、2007年に社長に就任された。就任時の「ピジョンの基盤は、松村誠一前社長（当時）がつくってくれた。自分は松村さんが敷いた線路の上を、機関車として走ることが使命。自分がやっている期間は、増収・増益で突っ走りますよ」とのコメントが非常に印象的であった。

また、社長就任後、「部下にいかに意欲をもたせるかが重要だ」という考えのもと、産業能率大学のコンサルも参考にしながら、能力の高い従業員の

給与を上げ、約半分を年齢給、約半分を成果給与とする給与改革も行い、社内全体にハングリーさを醸成した。ここで、成果給を導入したのはハングリーさの醸成のためであったが、一定の年齢給を残したのは、企業のサステイナビリティ（持続可能性）を意識してのことである。すなわち、「企業は人なり」であり、従業員の会社に対する帰属意識も重要で、一定の生活設計もできない会社になってしまっては、社員のロイヤリティが大きく低下すると考えたからである。この給与改革は、日本企業のよさである定着率の高さを維持しながら、社員がいろいろなことにチャレンジする文化の醸成に大きく寄与した。また、役員の給与は成果給とし業績に連動させ、社長の給与を100と基準化した場合、各役員層をその何％にするかという数値を完全に社内に公開した。

　給与面のオープンさに加えて、さまざまな人の意見に真摯に耳を傾けるという意味でも非常にオープンな方である。常に、社員と「コミュニケーション・納得・信頼」のプロセスを確認しながら仕事を進めている。そして、社員を信頼して一任するというやり方で仕事を進め、結果に対しては信賞必罰を徹底している。また、社員だけでなく、われわれのような株主ともオープンにコミュニケーションを行う。

　さらに、ピジョンをオーナー会社から、数多くの株主に支持される真の公開企業にもっていこうとするパブリックさも高い社長であった。

(2)　投資適合度（事業とバリュエーション）

　同社のビジネスは高品質の育児用品の製造・販売であり、国内で圧倒的なシェアを誇っていた。国内でのブランド力の高さはいうに及ばず、哺乳瓶の乳首の形状に他社を寄せ付けない競争力をもっている。どのようにしたら、お母さんのおっぱいに最も近い形状の哺乳瓶の乳首を、安心・安全を保持しながら製造することができるかを長年研究しており、その分野での知見の深さには大きなアドバンテージがある。生まれてから生後24カ月までの赤ちゃんの成長メカニズムは世界共通であり、同社の乳首は世界中で販売が可能だ。当ファンドでは高品質を武器に成長市場である海外市場の開拓を積極的

に進め、グローバルブランドを確立することが長期的企業価値向上につながると考え投資を行った。

　圧倒的なシェアを誇るものの、当ファンドが投資を開始した2005年では、経常利益率は6.4％[14]という少々物足りない経営パフォーマンスであった。当ファンドは、海外の同業他社との比較において、これだけ競争力のある充実した製品群があるのであれば、もっと高い経常利益率をねらえるのではないかという仮説をもっていた。仮説を検証するために、同社への取材や周辺取材を多数行い、たとえば、中国での販売製品を日本からの輸入から現地製造に変えれば利益率が改善するのではないかなど、仮説の確度をあげていった。また、ROE（自己資本利益率）についても7.7％とグローバル比較では決して高くはなく、配当性向の向上などを通じて改善余地があると思われた。

　このような高いポテンシャルがあるにもかかわらず、株価はそうした成長・改革の可能性を織り込まず、ほぼ横ばいで推移していた。当時売上高の約92％[15]を占めていた日本は少子高齢化社会であり成長は期待できないと市場では考えられていたのかもしれない。しかし、当ファンドはビジョンの「働く株主」となって協働することで、海外での成長や、経常利益率や資本生産性の改善という果実を得られるのではないか、という仮説に賭けて投資を行った。

2 ｜ 投資とバリューアップ活動[16]

　当ファンドは2005年に投資を開始してから、2006年には経営陣からの紹介でオーナー家からの株式譲渡を受けた。経営者に株式を保有してほしいといわれて株主になることで経営者との一体感が高まる。このような経営陣の紹介による株式の譲受けは、経営者応援ファンドであればこそ可能な投資手法の1つではないだろうか。また、大越社長が就任された2007年頃から、市場

14　平成17（2005）年1月期実績。
15　平成17（2005）年1月期実績。
16　本項は、光定洋介／中神康議（2013予定）を参考に加筆修正している。

での買増しペースを上げ、2008年にはピジョンの発行済株式の13％強をもち、オーナー家とほぼ並ぶ第2位株主となった。

投資開始以降、当ファンドは資本コスト概念の導入や株主還元のあり方といったテーマなどについて、経営陣と議論を進めた。また、2007年に中国現地視察を行った際には、ピジョン製品の競争力を実感するとともに、中国市場での成長ポテンシャルを強烈に認識した。

大越社長が中期経営計画づくりに着手したことを受け、当ファンドの提案活動は一気に活発化した。当ファンドでは、経営者との意見交換プラットフォームをつくっていただき、中期経営計画づくりをサポートした。

「成長性」に関しては世界各国の育児用品市場の規模・成長性を分析・提示、「効率性」に関しては今後3年間の設備投資金額を推定しながらROE向上の余地を分析・提示、「株主還元」については自社株買いも盛り込んだ総還元性向の目標値を分析・提示し、約10カ月間にわたって中期計画策定プロジェクトを外部からサポートした。

図表6−3は、その時に使用したものだが、第3節1項で述べたように、具体的なデータを示して議論の材料を提供するものである。図表6−3のデータでは、1人当りGDPがどのレベルを超えたあたりから、育児用品への支出が急速に増加するかを示している。1人当り育児用品支出は、1人当りGDPが1,000〜1,500ドル近辺で急速に立ち上がることが読み取れる。提案時の中国はまさに、その分岐点（インフレクション・ポイント）にある可能性を示していた。また、別の資料を使って、GDP成長が続けば、現在の中国の育児用品市場は、出生数が当時と同程度の水準としても、5年後には最大約4倍、10年後には最大約8倍の市場規模となる可能性があることなどを、データを使って議論を行った。最終的な提案内容は海外での高い成長をベースに、「EPS（一株利益）倍増・ROE（自己資本利益率）倍増・株主配当3倍増」を柱にした中期計画を発表するというものであった。

2008年3月にピジョンは新中期経営計画を発表した。最終的にどのような内容が出てくるか、正直、当ファンドとしては不安であったが、結果としては、中国を中心とする大胆な海外成長、バランスシートの改善による資本効

図表6-3　ビジョンとの議論に使った資料（一例）

〈アジア各国の1人当り育児用品支出（2004）〉

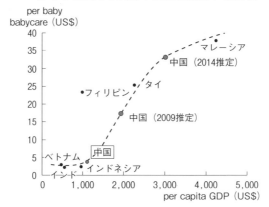

1人当り育児用品支出は、1人当りGDP1,000〜
1,500ドル近辺で急速に立ち上がる。

（注）　Babyは0〜24カ月までの人口。
（出所）　中神・新田分析

率の向上、株主還元の強化と、盛り沢山で意欲的な（中期経営計画期間の3年間で一株当り利益を約2倍、ROEも約2倍の水準に、株主配当は約3倍増、という計算になる）中期経営計画となっていた。

意欲的な中期計画の発表を受けて、2008年というリーマンショックのさなかでも株価は急伸し、株式市場全体が約4割下げるなかで、同社の株は約4割以上上昇し、全上場企業の上昇率ランキングでも30位以内に入る勢いをみせた（2008年1月から12月）。

2008年1月期の6.4％であったROEを3年後の2011年1月期には12％にもっていくという当初計画は、実際には11.2％と目標値には若干到達しなかったものの、ROEをほぼ倍増させ、グローバル企業と比べても遜色のない水準へと大きな飛躍がなされた。

中期経営計画について、発表3年後には必ずレビューを行い、レビュー結果を公開するというオープンさも、外部投資家からすると安心感をもてる。マルティン・ヒルブ（2012）は、取締役会も、通常の事業の現場と同様に何

ができて何ができなかったというPDCAサイクルを回して、取締役会自身が進化することが重要だと述べている。この観点で、ピジョンは、取締役会の決定したことを、事後的にCheckし、次のActionやPlanへとつなげ、それをパブリック企業としてきちんとすべてのステークホルダーに公開しているということが確認できる。

後に、当初の宣言どおり2013年に3期6年でご退任を決められた大越社長へインタビューを実施したが、その際、「あすかは口も出す株主だったが、いわれたことはよいことだったので全部やった。配当性向も50％まで引き上げたし、中期経営計画の振返りも行った。また、外部からみてわかりやすい会社に変革した。さらに、ピジョン独自の資本コストの概念を取り入れたPVAという資本コスト控除後の利益管理も導入した。また、定期的に参加したあすか勉強会もよい刺激になった」とおっしゃっていただき、大変、光栄であった。

就任当初は10％にも満たなかった[17]中国での売上げは、いまや17％[18]とほぼ倍増し、同社は代表的な中国成長企業として注目される存在になり、業績も中国での成長を受け絶好調である[19]。また、中国以外でも同社のグローバル展開は加速している。この投資事例は、経営者と投資ファンドの協働が大きな成果を産む代表的事例になった感がある。

---

17 2006年1月期。
18 2012年1月期。
19 2013年3月現在。

まとめ──経営進化のための株主の役割

　企業は「3つの市場」と相対している。「製品・サービス市場」には顧客や競合企業が存在し、経営者は日々、事業戦略を練り競争を勝ち抜こうと汗をかいているだろう。また、「企業は人なり」であり、経営者は日々、「労働市場」と相対し、どう最高の人材を獲得し、また育成していくかに頭を悩ませているに違いない。概して日本企業は、上記2つの市場との関係を良好に保つことで世界的な競争力を身につけてきたといっていいだろう。

　一方で、最後に残された「資本市場」との関係はどうだろうか。欧米ではこの30年というもの、設備投資の評価方法や最適な資本構成のあり方、適正な株主還元等についての研究が大きく進み、実業の世界で十分活用されてきた。残念ながらわが国ではこのコーポレートファイナンスの成果がいまだ企業経営に十分に取り入れられていないように感じる。本章の冒頭にみた資本生産性の低さはそれを象徴しているように思える。

　これは換言すれば、資本市場と経営の対話に日本企業経営が進化しうるチャンスがあり、残された大きな「フロンティア」があるといってよいということではないだろうか。

　元経営コンサルタントであり、現在は資本市場に身を置く筆者の偽らざる感想である。

〈参考文献〉

松下幸之助（1967）『PHP　昭和42年11月号』

光定洋介（2006）「海外のアクティビズムと日本への示唆」『証券アナリストジャーナル　2006年12月号』

経済産業省（2008）「ファンド事例研究会報告書」

マッキンゼー・アンド・カンパニー／ティム・コラー／マーク・フーカート／デイビッド・ウェッセルズ著／本田桂子監訳（2008）『企業価値評価　第4版』ダ

イヤモンド社

中神康議／新田孝之（2010）「企業経営者と投資家のタイアップ～あすかバリューアップファンドのコンセプト」川北英隆／白須洋子／山本信一編『総合分析　株式の長期投資』pp.25-46、中央経済社

マルティン・ヒルブ著／公益社団法人会社役員育成機構（BDTI）監訳（2012）『経営戦略マニュアル—取締役会を成功させる実践ツール集（New Corporate Governance: Successful Board Management Tools 4th ed.』レクシスネクシス・ジャパン

経済産業省／日本IR協議会（2013）「持続的な企業価値の創造のためのIR／コミュニケーション戦略に関する実態調査」集計結果、2013年3月22日、http://www.meti.go.jp/policy/economy/keiei_innovation/kigyoukaikei/kikakuiinkai/130117_PC4_6.pdf

あすかコーポレイトアドバイザリー／山を動かす研究会（2013）「"成長戦略"に加えるべき視座～投資・経営の現場からの問題意識」2013年4月16日

光定洋介／中神康議（2013予定）「運用フロント：アクティビスト」三好秀和編『ファンドマネジメント大全（仮題）』同友館

Nakano, M and Y Aoki（2010）, "What Explains Widening Profitability Dispersion around the World?" Korean Accounting Association, Annual Summer International Conference, June 2010, Busan, Korea.

第 7 章

年金からみた望ましい
日本株式への投資

DIC企業年金基金 運用執行理事（初版執筆当時）
現DIC企業年金基金 理事　近藤　英男

2007年、アメリカでは住宅バブルが弾け、2008年には世界的な金融危機に発展した。年金運用も大きな痛手を受けた。その金融危機から4年経ったいまでも、経済は回復の途上にある。筆者は1999年にDIC（旧・大日本インキ化学工業）の年金運用を担当、2003年に運用執行理事となって、年金運用の最前線で市場と向き合ってきた。

　アメリカ、ヨーロッパ、日本といった先進国では、経済の回復をねらって、大規模な金融緩和政策を行っている。その結果、日本のみならず、先進国の短期金利はほぼ0％となり、長期金利（10年債の利回り）は2％を下回る水準にまで低下した。株式投資の期待リターンは低下する一方で、株式投資のリターンの変動（ボラティリティ）は大きくなっている。

　株式投資は年金にとっての資産成長を実現するリターンドライバーであるといっても、低ボラティリティでの運用を目指す年金にとっては投資しにくいアセットとなってしまった。これまでの10年間の運用パフォーマンスを振り返り、「年金にとって望ましい株式投資とは何か」、考えてみたい。

年金運用のパフォーマンスを振り返る

1 | 年金運用の課題

　年金の運用は、1997年秋に資産配分規制が撤廃されて以降、市場での運用を拡大してきた。1990年代、国内株式のリターンは低迷したが、国内債券と外国債券や外国株式の高リターンに支えられて、安定的なリターンを確保することができた。しかし、2000年代に入って、ITバブルの崩壊（2000年から2002年）、アメリカでの住宅バブルの崩壊（2007年）と金融危機（2008年）、最近では欧州債務危機（2010年から）の影響を受けて、苦戦を強いられている。

　一方で、年金制度を取り巻く環境の変化も大きい。DIC企業年金基金では、2004年に代行返上し、企業年金基金へと制度を変更した。団塊世代の退職による影響を受けて、2008年からは給付額が掛金額を上回るキャッシュアウト・フローの状況となり、「投資元本の保全と資産の成長」との両立が求められるようになった。企業年金である以上、母体企業財務に対する影響を軽減する必要があるため、企業会計（退職給付会計）の変更による影響も受ける。不安定な運用環境と年金制度をめぐる環境の変化を反映して、年金運用の現場では、「低ボラティリティで資産成長を目指す」ことが重要になった。

　図表7-1では、各資産クラスの過去30年間のパフォーマンスをみた[1]。

　国内株式（TOPIX）の収益率は、過去30年平均で2.69%、20年でマイナス1.34%、10年ではマイナス0.61%となる。外国株式（MSCI-KOKUSAI）は、過去30年平均で7.55%、20年では5.91%、10年では0.52%となる。過去10年間では、国内株式でマイナス0.61%、外国株式で0.52%となり、ほとんどリ

1　各資産クラスの代表的なインデックスであるTOPIX、MSCI-KOKUSAI、NOMURA-BPI、シティ世界国債・除く日本を用いた。

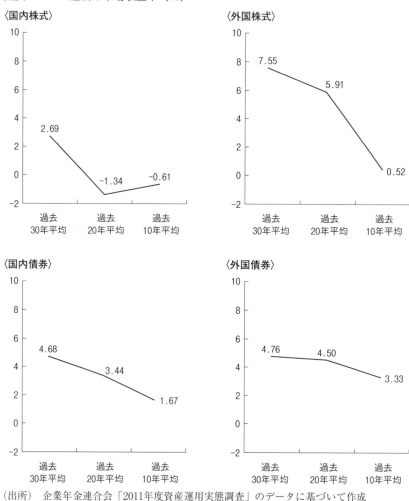

図表7-1　過去の市場収益率（％）

〈国内株式〉

〈外国株式〉

〈国内債券〉

〈外国債券〉

（出所）　企業年金連合会「2011年度資産運用実態調査」のデータに基づいて作成

ターンが生まれていない。

　債券では、国内債券（NOMURA-BPI）は過去30年平均で4.68％、20年で3.44％、10年で1.67％となる。外国債券（シティ世界国債、除く日本）は、過去30年平均で4.76％、20年で4.50％、10年で3.33％となる。株式のリターンと比べると、まだましな状況といえるが、内外の債券は十分に金利が低下

し、この先リターンを期待できる状況ではなくなりつつある。

2 | パフォーマンスの振返り

2003年4月から2013年1月までの約10年間について、DIC企業年金基金の
パフォーマンス（年率）は、図表7－2～7－4のとおりとなった。

政策AMは政策アセットミックスのことであり、（A）は現在の政策AM、
（B）は従前の政策AMである。（A）は国内債券55％、国内株式20％、外国
株式25％で構成される。（B）は国内債券40％、国内株式30％、外国株式
30％で構成される。

2003年4月から2013年1月のリターン（年率）は4.41％となり、過去10年

図表7－2　2003年4月から2013年1月のパフォーマンス

	DIC企業年金	政策AM（A） （株式45％）	政策AM（B） （株式60％）
リターン	4.41％	3.43％	3.86％
リスク	6.16％	8.02％	10.73％
シャープレシオ	0.72	0.43	0.36

図表7－3　2003年4月から2008年3月のパフォーマンス

	DIC企業年金	政策AM（A） （株式45％）	政策AM（B） （株式60％）
リターン	6.97％	5.94％	7.52％
リスク	5.22％	5.31％	7.15％
シャープレシオ	1.34	1.12	1.05

図表7－4　2008年4月から2013年1月のパフォーマンス

	DIC企業年金	政策AM（A） （株式45％）	政策AM（B） （株式60％）
リターン	2.57％	1.55％	0.96％
リスク	6.99％	10.11％	13.50％
シャープレシオ	0.37	0.15	0.07

間（2002年4月から2012年3月）の国内債券リターン1.67％を2.74％上回る。リターン目標3.5％に対し0.91％上回り、リスク目標7.3％に対し1.14％下回る。目標とするレベルのシャープレシオ[2]は0.48であるので、実績ベースの0.72はかなり高い水準だ。政策AM（A）の実績との比較では、約2％低いリスク水準で、約1％高いリターンが実現できている。この10年間を振り返ると、リスクが高いポートフォリオほど、リターンも低くなる結果となっている。累積リターンは2007年7月がピークであったが、2013年1月にはピークを上回っている。

　前半の5年間（図表7－3）では、リスクが高いほどリターンも高くなる傾向がみられたが、後半の5年間（図表7－4）では、まったく逆のパターンへと変化している。2008年9月にリーマンショックが起こり、翌10月には世界的な金融危機が起こり、その後は、不安定な環境となったからだ。

3 ｜ 資産配分戦略の考え方

　目標とするリターンの水準によって、株式投資の有用性は変わる。
① 　目標リターン1.5％＝0.7％（長期国債10年物利回り）[3]＋0.8％（上乗せ分）
② 　目標リターン3.5％＝0.7％（長期国債10年物利回り）＋2.8％（上乗せ分）

　②のように、2.8％の上乗せリターンを目指すには、一定の株式投資が必要だ。そして、低ボラティリティ（リスク）でいかに目標リターンを達成するか、年金運用の課題となる。①の場合には、債券セクターでの分散投資で達成が可能となる。

　DIC企業年金基金では、2004年から2つのポートフォリオをベースにした運用を行っている。政策AM（A）は基本ポートとなり、実際に運用するポートフォリオは実行ポートフォリオと呼ぶ。実行ポートフォリオでは、2

2　ポートフォリオから得られた超過リターンを、ポートフォリオのリターンの標準偏差（すなわちリスク）で割った比率である。リターンの効率性に関する代表的な指標として用いられる。
3　2013年1月現在の長期国債10年物利回り。

つのポートフォリオをベースに運用を行う。債券ポートフォリオと株式ポートフォリオ（リスクアセット・ポートフォリオ）の２つである。

　債券ポートフォリオは年金債務に対応することを目的として、リターン目標を２％とする（年金制度の最低保証利回りが２％である）。キャッシュアウト・フローに対応して、流動性の確保と投資元本の保全とが重要な制約条件となる。

　株式ポートフォリオは資産の成長を目指すため、目標リターンは６％となる。これによって、ポートフォリオ全体では3.5％がリターン目標となる。制約条件は、テールリスク[4]の影響を可能な限り抑制することだ。年金制度の半分は終身年金となることから、長期投資目標も重要だ。内外株の期待リターンを5.5％と置いているため、株式のポートフォリオに対する配分割合45％をふやすかどうかを考慮する必要も出てくるが、株式の配分割合は受給者と加入者の比率の長期的なトレンドで決まるので、配分額を増額することはできない。このリターンギャップを埋める方策が株式ポートフォリオ戦略となる。株式ベンチマークから離れて、「低ボラティリティでの運用」という制約条件のもとで、いかにして大きなアルファ（超過収益＝ベンチマークに対する上乗せ分）を獲得するか、株式投資の大きなテーマとなる。

4　発生確率は小さいながら、投資収益が大きくマイナスになるリスク。

第2節 株式投資の考え方

1 脱ベンチマーク思考の導入

　DIC企業年金基金にとっての運営目標は、ポートフォリオ全体として「ベンチマークよりも低いリスクで、ベンチマークよりも高いリターンを獲得する」ことから出発した。2008年の金融危機を経験して、「大きな負けを抑えつつ、目標リターンを実現する」方向、すなわち、「テールイベントの影響（テールリスク）を最小化しつつ、リターン目標を達成する」ことを明確にした運営目標へと進化した。「低ボラティリティでの運用」のもとで、資産成長の実現を目指す目標だ。株式投資は一定程度の配分は維持するものの、リスクアセット45％のもとで、上場株式、非上場株式、ヘッジファンド、これら3つ領域での投資の可能性を考慮して、リスクアセットを構築していく。

　図表7－5では、2003年4月から2013年1月までの約10年間（118カ月）にわたる月次リターンの分布を示した。縦軸にはポートフォリオの月次リターン、横軸には国内株式ベンチマーク（TOPIX）と外国株式ベンチマーク（MSCI-KOKUSAI）を加重平均した株式インデックスの月次リターンを表示している。

　月次リターンが3％を超えるマイナスとなった回数は4回、とりわけ2008年10月のマイナス8％は最悪であった。月次リターンがマイナス2％を超えてマイナス3％以内であった回数は7回である。すなわち、118回のうち11回、月次リターンが2％を超えるマイナスのリターンとなったが、この10年間の激しく変動する市場環境のもとで、ポートフォリオのリスク（リターンの変動）はうまくコントロールされていたといえるのではないか。

　ポートフォリオのリスクの大半は株式リスクと為替リスクで説明できる。為替リスクについては、為替ヘッジ手法が一般化している現在、リスクのコ

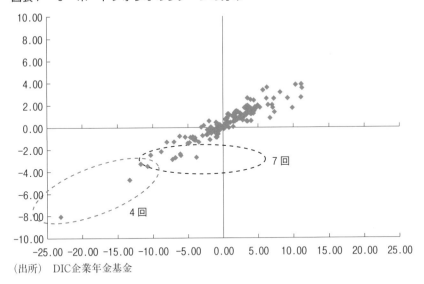

図表7－5　ポートフォリオのリターンの分布

（出所）　DIC企業年金基金

ントロールは可能だ。「どれだけ為替リスクをとるか」、これは年金の意思決定の問題である。株式リスクについては、試行錯誤の段階にあり、「どれだけ株式に配分するか」「どのように株式リスクを抑えた運用手法を取り入れるか」、このような試みが展開されている。株式は主要なリターンの源泉であるだけに、株式リスクをどのようにコントロールするか、年金の運用にとっては重要な意思決定事項となる。

　DIC企業年金基金では、2004年、ITバブル崩壊で3年連続マイナスリターンとなった経験をふまえて、株式投資のあり方を見直した。見直しのポイントは、まずは運用環境の認識の持ち方である。世界経済が変調をきたし、先進国では低成長に移行するという前提のもとで年金の運用を検討した。株式投資のアプローチの見直しもその一環にあり、大きな変更点は「リスク管理の考え方の転換」にあった。それまでのトラッキングエラー（ベンチマークから乖離するリスク）によるリスク管理から、株式ポートフォリオ全体でのリスク（株式リスクの絶対水準）管理に変更し、「ベンチマークよりも低いリスクで、ベンチマークよりも高いリターンを獲得する」目標に変更した。

目標実現のための方策として考えたことは、①時価総額加重インデックスから離れる、②マネジャーの銘柄選択能力を活用する、以上の２点である。時価総額加重インデックスには、その構成上、「真の本質的価値のウエイト」に対して割高株をオーバーウエイトし、割安株をアンダーウエイトすることによってリターンを劣化させる問題がある。

　図表７−６では、これまでの運用手法と時価総額加重インデックスの欠点を補うさまざまなアプローチをまとめてみた。ファンダメンタルバリュー（企業価値）に焦点を当てた「ファンダメンタルズ・インデックス」、株価の変動に焦点を当てた「最小分散投資戦略」、最近では、リスクで加重した（リスクパリティ）「MSCIリスクウェイテッド・インデックス」、ターゲットボ

図表７−６　時価総額加重インデックスと非時価総額加重インデックス

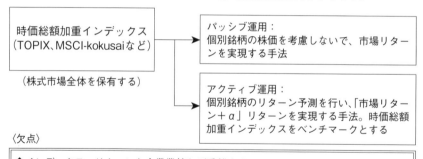

| 時価総額加重インデックス
（TOPIX、MSCI-kokusaiなど）

（株式市場全体を保有する） | → | パッシブ運用：
個別銘柄の株価を考慮しないで、市場リターンを実現する手法 |
| | → | アクティブ運用：
個別銘柄のリターン予測を行い、「市場リターン＋α」リターンを実現する手法。時価総額加重インデックスをベンチマークとする |

〈欠点〉

◆インデックス・リターンと企業業績とが乖離する
◆時価総額加重インデックスは構成上、「グロース株」（またはPERの高い銘柄）により多くの資金を配分し、「バリュー株」（またはPERの低い銘柄）に少ない資金を配分する

非時価総額加重インデックス

| 〈集中リスクを修正〉
・等金額ポートフィリオ
・ファンダルメンタルズ・インデックス | 〈リターンの劣化を防ぐ〉
・ダイバーシティ・ウエイト方式
・ダイバーシフィケーション・ウエイト方式
・効率加重方式
・ダイバーシフィケーション・ベースド・インベスティング | 〈株式リスク抑制〉
・最小分散投資戦略
・ロー・ボラティリティ戦略 |

（出所）　企業年金連絡協議会編（2011）『チャレンジする年金運用』第８章をもとに作成

ラティリティ（株式リスクを一定に保つ）を目指した「リスクコントロール・インデックス」（東証のインデックスなど）、さらには、VIX指数を活用したインデックス（S&P）なども発表されている。

　DIC企業年金基金の株式投資に対する政策ベンチマークは、いまでもTOPIXとMSCI-KOKUSAIを使用している。これらのインデックスは、将来のリターンを考えるとき、ラフなかたちではあるものの、運用の現場で複製が可能だからだ。しかしながら、実際の運用では、2004年にインデックス運用をやめ、全面的にアクティブ運用へと移行することを決めている。「ベンチマークに勝った」「ベンチマークに負けた」といったことで判断する状況は変わってしまったと判断して、株式リスクを抑制する有力な戦略として、非時価総額加重インデックスの採用とマネジャーの銘柄選択能力の活用を実施した。

2　「質」の高い株式への投資（外国株式の事例）

　年金ポートフォリオを安定的に運用するには、株式リスクのコントロールが重要となる。株式のリスクとリターンは運用環境によって大きく変化する。

　図表7－7は、DIC企業年金基金のポートフォリオのリスクとリターンについて、時間の経過に沿った変化をみたものだ。運用期間は、2003年4月から2013年1月の約10年間である。横軸にリスク（年率）、縦軸にリターン（年率）を表示している。リスクの7.3%は、ポートフォリオの期待リスクである。リターンの3.5%は、期待リターンである。運営目標は第二象限にとどまることであるが、運用環境が大きく変化するなかで、BM（60）（政策AM（B）（株式60%））のように、リスクが高まる方向に流れては困る。このような状況はボラティリティ（リスク）が高いポートフォリオとなるからだ。

　DIC企業年金基金のポートフォリオは、「ポート」で表現している。2003年4月から2006年3月まで（3年後）では、リターンは13.83%、リスクは4.29%であった。6年後（2003年4月から2009年3月）には、リターン

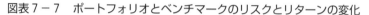

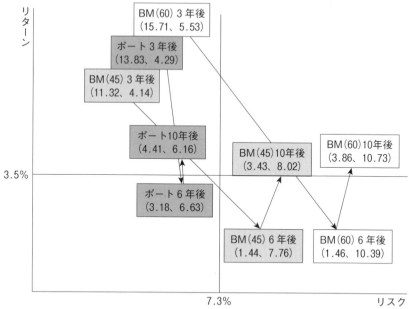

（出所）　DIC企業年金基金

3.18%、リスク6.63%となった。10年後（2003年 4 月から2013年 1 月）には、リターン4.41%、リスク6.16%となった。これは、期待リターン3.5%を上回りつつも、期待リスク7.3%を下回る水準だ。留意するポイントは、この10年間で、ポートフォリオの特性が第二象限と第三象限の間で変動し、リスクが高まる方向には流れなかったことである。目標としたリスク管理が実現し、全体としてコントロールされたポートフォリオとなっている。

　同様の分析を外国株式ファンドで行ってみた（図表 7 - 8）。期間は2004年 4 月から2012年12月の約 9 年間。横軸はリスク（年率）、縦軸はリターン（年率）となる。ベンチマークであるMSCI-KOKUSAIの期待リスクは20.0%、期待リターンは5.5%となる。

　比較の対象としたのは、Fund 1 （ベンチマークMSCI-World 円ベースのアクティブマネジャー）、Fund 2 （ベンチマークMSCI-KOKUSAI円ベースのアクティブマネジャー）、そしてMSCI-KOKUSAI （円ベース）の 3 つである。期間は、

図表 7 − 8　外国株式ファンドとベンチマークのリスクとリターンの変化（2004
年 4 月から2012年12月）

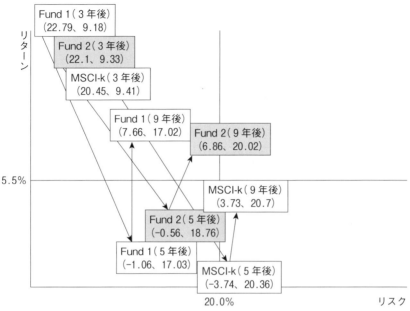

（出所）　DIC企業年金基金

　3 年後（2004年 4 月から2007年 3 月）、 5 年後（2004年 4 月から2009年 3 月）、 9
年後（2004年 4 月から2012年12月）とした。 5 年後には、リーマンショックが
起こった2008年が含まれる。
　Fund 1は、 3 年後リターンが22.79％、リスク9.18％であったが、 5 年後
リターンはマイナス1.06％、リスク17.03％となり、金融危機の影響を受け
て大幅に悪化した。 9 年後リターンは7.66％、リスク17.02％と、大きく改
善している。Fund 2は、 3 年後リターンが22.1％、リスク9.33％であった
が、 5 年後リターンはマイナス0.56％、リスク18.76％となった。 9 年後リ
ターンは6.86％、リスク20.02％となった。MSCI-KOKUSAIは、 3 年後リ
ターンが20.45％、リスク9.41％であった。 5 年後リターンは、マイナス
3.74％、リスク20.36％となった。 9 年後リターンは3.73％、リスク20.7％
となった。

Fund 1とFund 2はともに、金融危機を経た5年後リターンで、それぞれ2.68%、3.18%の超過リターンを獲得している。リスク水準でも、ベンチマークよりも3.33%、1.60%、それぞれ低い水準にある。9年後リターンでは、それぞれ3.93%、3.13%の超過リターンを獲得している。リスクは、Fund 1で3.34%ベンチマークよりも低くなるが、Fund 2ではほぼベンチマーク並みであった。これら2つのファンドには、銘柄分散の数に差異がある。

DIC企業年金基金では、2001年からボトムアップ型（マネジャーの銘柄選択能力を活用）のアクティブ運用の強化に努めてきた。2004年の見直しで、アクティブ運用でのトラッキングエラーが2.4%程度、インデックス運用を加えると全体で2%を切る水準となり、ほとんどインデックス運用と変わらない運用をしていることがわかった。このため、ボトムアップ型運用に全面的に移行することを決めた。

Fund 2のマネジャーは2001年10月に採用した。2013年1月までのリターンは1.68%、リスクは19.64%（ベンチマークのリターンは、マイナス5.76%、リスク20.65%）となり、良好だ。銘柄数は80〜90銘柄で、厳選投資を検討するきっかけを与えてくれた。

「質」の高い株式への投資とは、どのような投資であろうか。Fund 1とFund 2は、ともに企業が生み出すキャッシュフローの成長を重視した銘柄選択を行う。井手正介（2010）では、「ROEと配当性向が安定している企業の場合には、EPS（一株当り利益）だけでなく一株当り純資産（BPS）も配当も、同様に内部収益率（ROE×（1－配当性向））で持続的に成長する。そしてPERが安定的であれば（あるいは平均PERであれば）、株価もトレンドとして内部成長率で上昇を続ける」と指摘する。市場株価の変動をリターンの源泉と考えるか、あるいは、キャッシュフローの成長をリターンの源泉と考えるか、どちらの考え方をとるかによって投資のアプローチも変わってくる。

2008年に世界的な金融危機が起こって、世界の株式市場は大暴落した。この時、株式リスクファクターでみて、ポジティブな貢献をしたファクターは「収益性」と「収益の質」であった（図表7－9）。まさに「質への逃避」が

図表7－9　2008年の米国株式市場におけるファクターリターン（％）

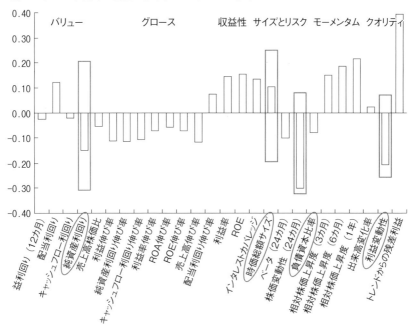

対ベンチマーク比での上位ファクターエクスポージャー

（出所）　Alfred Berg社

　起こったのだ。2004年のような景気回復の初期の局面では、「バリューファ
クター」（割安性）と「小型ファクター」（規模）が貢献している。景気の局
面によって貢献する株式リスクファクターは変わってくるが、株式投資のリ
ターン源泉に何を求めるのかによって、運用の現場では株式投資のアプロー
チを選択できるのである。

3 ｜ 株式厳選投資ファンドへの投資

　Fund 1は、22銘柄の世界株式に投資する株式厳選投資マネジャーである。
特性を列挙すれば、以下のとおりとなる。
①　無形価値（ブランド力等）を有効活用することで、強固なフリーキャッ

シュフローの創出が見込める優良企業に投資する。

②　リターン目標は、長期金利よりも高い安定したリターンの追求である。

③　生活必需品セクターが主要な投資セクターとなるが、設備投資に依存するIT（情報技術）関連や自動車には投資をしない。

④　長期投資家として、経営陣との対話を重視する。

⑤　グローバルベースで投資案件の発掘を行い、地域配分には目配りしない。ただし、投資先企業の売上高構成はベンチマークの地域配分と同様となる。

　Fund 1のほかにも株式厳選投資のマネジャーを採用している。これをFund 3とする。イギリスのエジンバラを拠点に、「長期成長企業を厳選する戦略」をとる。アジアをはじめとするエマージング諸国の自律的成長を長期テーマに掲げて、年間20%の利益成長を持続的に実現しうるグローバル企業（40〜60社）に厳選して投資を行う。長期保有が原則であり、売買回転率は20%未満、長期的に実質7〜10%のリターン（インフレ考慮後）を追求する。

　Fund 1とFund 3は、どちらもMSCI-Worldをベンチマークとしているが、

図表7−10　2006年1月から2007年12月のリスクとリターン特性（2年後）

	Fund 1	Fund 3	MSCI-World
リターン（年率、%）	12.72	11.25	10.95
リスク　（年率、%）	11.88	10.89	12.58

図表7−11　2006年1月から2009年12月のリスクとリターン特性（4年後）

	Fund 1	Fund 3	MSCI-World
リターン（年率、%）	−1.22	−0.50	−5.52
リスク　（年率、%）	20.17	20.29	22.93

図表7−12　2006年1月から2012年12月のリスクとリターン特性（7年後）

	Fund 1	Fund 3	MSCI-World
リターン（年率、%）	4.34	2.21	−1.42
リスク　（年率、%）	18.54	19.74	22.04

（出所）　DIC企業年金基金

リターン目標は絶対収益とする運用を行っている。2つのファンドで異なることは、投資アプローチが相違していることである。

　ベンチマークのMSCI-Worldは投資後7年が経ってもマイナスのリターン（円ベースでマイナス1.42％）であるにもかかわらず、2つのファンドはともにプラスのリターンを実現している。リスクも、ベンチマークよりも低い。Fund 1は「エクイティボンド」のようなリターンを実現している。Fund 3は、エマージング諸国の経済成長低迷の影響を受けて、2010年以降は、Fund 1と比べてパフォーマンスが劣後している。

　Fund 1とFund 3は、グローバルベースで活躍する大型優良株に、「長期に」「厳選して」投資を行う。このようなファンドに投資することを決めるときに考えなければならないことは、「長期」という投資期間の問題と「銘柄数」の問題である。

　どちらの問題にも明確な定義は存在しないのが現実である。著名な投資家であるウォーレン・バフェットのように、本当に気に入った銘柄を永久に保有するつもりで厳選投資する投資家もいるが、一般的とはいえない。長期投資となれば、当然のことながらその保有期間に見合ったリターンの獲得が必要であることはいうまでもないが、そのリターンが実現する過程も重要な要素となる。投資家の信念、あるいはリスク許容度の大小とも関係してくる。「長期的な視点」と「長期的に保有すること」とは異なる。投資ファンドのリスク管理（損失リスクとボラティリティリスクの2つ）にも目を向ける必要がある。

　また、投資銘柄を厳選するとき、何銘柄であれば厳選投資といえるのだろうか。この時、株式リスクの分散に関する問題は起こらないだろうか。アメリカでは通常のアクティブマネジャーでも80銘柄程度で運用する。80銘柄と50銘柄ではどう違うのか。Fund 2とFund 3はともに、トータルリスクはベンチマークよりも小さい。一方で、20銘柄あるいは30銘柄ではどうか（Fund 1のトータルリスクもベンチマークよりも小さい）。内外を問わず、30銘柄に厳選して投資するファンドをみかけるが、その根拠は定かではない。統計の理論では、15銘柄程度の銘柄に投資すれば分散効果が得られるとされる。実際

に投資を検討する時には、「長期」と「銘柄数」について、マネジャーとじっくり議論する必要がある。

　また、株式厳選投資を検討するとき、株式厳選投資が目的化となってはならない。ポートフォリオ全体の視点で考える必要がある。ポートフォリオのなかでの配分戦略で苦慮する事例も出ている。分散投資の高度化を考えている年金では、上場株式だけではなくプライベートエクイティなど非上場株にも投資が拡大する場合がある。「100%上場株式へ投資する」といった制約条件をもっている年金のケースと、「非上場株にも投資できる」といった年金のケースとでは、株式厳選投資の議論の内容が変わってくる可能性がある。

　DIC企業年金基金では、後者の立場で株式厳選投資を検討してきた。すなわち、「株式厳選投資が先にありき」の議論ではなく、広範な分散投資の枠組みのなかで検討を行ってきたのだ。

　2008年の金融危機を経験して、「収益性と企業の質を重視した戦略」に重点を置いた上場株式投資をしている。このような「質」の高い企業にどのように投資をしていくか、そのアプローチの一つに株式厳選投資がある。Fund 2は80〜90銘柄に厳選して投資をするが、これも「質」の高い企業への投資形態である。したがって、20銘柄あるいは30銘柄の株式に厳選投資することだけにフォーカスすることでもない。

　図表7 −13では、株式厳選投資の形態に関し、イメージ図を描いてみた。上場株式では、強力に経営に関与するアクティビストファンド、フレンドリーに経営に関与するバリューアップ型ファンド、エンゲージメントを結んで経営に関与するコーポレートガバナンス・ファンド、アクティブ運用（厳選投資型）、バリュー型やグロース型（配当成長を目指すものも含む）など、さまざまな形態がある。大きなアルファ（a）[5]を獲得するアプローチとして、プライベート市場の活用もある。プライベートエクイティ（PE）や企業再生にかかわるファンドは、厳選投資となる。

　このように多様な投資機会が存在するなかで、年金はどのように取り組む

5　市場全体のリターンと連動しない独自のリターンのこと。

図表 7 - 13　株式厳選投資の形態（イメージ）

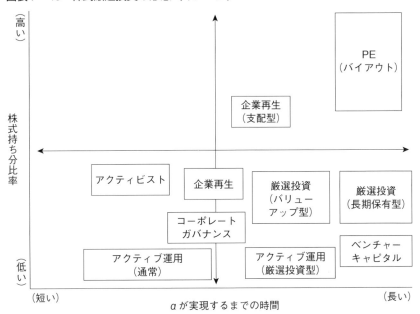

（出所）　投資商品をイメージして、筆者作成

か。「特定の投資機会がよいかどうか」といった議論よりも、「年金のポートフォリオ全体としてどのようにまとめ上げるか」と考えるプロセスをとることのほうが有益である。全体ができあがったところで、トータルリスクはどうなっているのか。アルファが実現する時間軸を長くとったときには、時間軸に見合った価値をきちんととっていかなくてはならない。このように考えると、「長期的なアルファのとり方をどのように考えるか」といった議論が必要となり、「長期・厳選投資」がよいかどうかの議論を超えた話となると考える。

年金からみた日本株式投資アプローチ

1 日本での株式投資アプローチ

　ゴールドマン・サックス証券の投資調査部では、東証一部上場企業のうち、2006年3月期以降の連結決算データが利用可能な企業を対象に算出した結果、2014年度のROE（株主資本利益率）は10.5％となると予想する（2013年2月現在）。為替水準は88円／米ドル、115円／ユーロ（いずれも算出時のスポット水準を使用）を前提としている。日本企業のROEが初めて二ケタ（10.5％）になる見込みであると予想するものである。

　ROEは株式に投資する場合、きわめて重要な指標となる。「株式投資のリターンは基本的に企業のROEから生まれる」と考えるからだ（井手正介(2010)）。

　日本の株式市場は大きく変わってきている。戦後日本の高い経済成長は、株主価値を犠牲にした低収益経営によって成し遂げられたものであり、それを金融面で支えたのがメインバンクを柱とする「間接金融システム」であった。多くの企業は株式の政策保有、相互保有制度によって守られ、わずかばかりの安定配当さえ欠かなければ、株主価値の増殖に対する責任を問われることもなかった。1990年代の失われた10年を通して間接金融システムが破綻し、低効率・低収益経営を許容してきた株式持合制度も終焉を迎えた。加えて、伝統的なグループや系列を超えたわが国大企業の本格的なリストラや業界再編成のうねりが高まり、企業の合併・買収活動が本格化してきた。メインバンクを失った大企業は必死で事業ならびに財務リストラに取り組み、本業で高い収益をあげて必要なキャッシュフローを確保することが、サバイバルのための第一条件だということを悟った。日本企業はようやく「株主価値を重視した経営」に目覚めることになったのである。

日本企業は低収益経営と決別し、平均ROEは2003年度以降上昇に転じ、2007年度には10%近い水準にまで高まった。2003年度以降の企業収益の歴史的な改善基調の定着と株価水準の持続的調整によって、PERもようやく主要先進国並みの水準に落ち着いたのである。

　2008年に起こった世界的な金融危機によって世界経済は低迷し、そして歴史的な円高が進展したことで、その後の日本企業のROEは大幅に低下した。アベノミクスによる円高修正が進展し、再びROEの水準は上昇して、2014年度には歴史的な水準となる二ケタの10.5%となると予想される。

　しかしながら、年金のベンチマークとなっている「TOPIX（東証株価指数）には、多すぎる銘柄数、いびつな業種配分といった問題がある。しかも、国際優良銘柄といわれる企業群は外需・製造業のウェイトが高いため、外需・為替・商品価格に対する業績感応度が高く、予想業績が大きく振幅する。そのために、ベンチマークであるTOPIXは低リターン・高リスクの特性を持つことになる」（近藤英男（2011））。国内株式のリターンは、過去30年平均で2.69%、過去20年平均でマイナス1.34%、過去10年平均でもマイナス0.61%となり冴えない。また、外国株式の過去30年平均の7.55%、過去20年平均の5.91%、過去10年平均の0.52%と比べると大きく見劣りする（図表7－1）。

　一方で、すべての企業の株価が下がっているわけではないことに留意する必要がある。縦軸に株価の騰落率をとり、上昇率の大きい企業を左から順にならべた図表7－14をみてみると、実は過去10年で半分近い44%の企業の株価が上昇しているのである。このような結果となるのは、株価指数は市場での存在感の大きい株式に左右されやすい面があるからだ。

　DIC企業年金基金の基本ポートフォリオでは、国内株式に20%の配分、外国株式に25%の配分を行う。実際に運用するポートフォリオ（実行ポートフォリオ）では内外株をあわせて45%の配分とし一体で管理するが、その実行ポートフォリオでも、基本ポートフォリオの配分と大きく変わらない。

　国内株式投資でも、外国株式と同様に「質」の高い株式に投資を行う。2004年にインデックスに対するインデックス運用はやめて、すべてアクティブ運用とした。外国株式とは異なり、当時は運用者に多様性がなく、ボトム

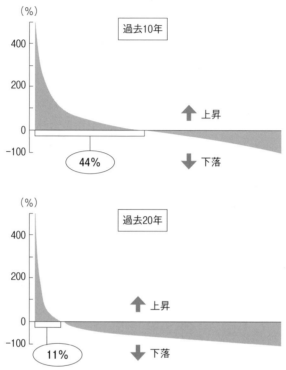

図表 7 -14 上場企業の株価騰落の分布

（注） 2011年 1 月から 6 月の月末終値の平均値を2001年（過去20年は1991年）の毎月末終値の平均値で除した。
（出所） あすかコーポレイトアドバイザリー

アップアプローチを採用できなかったことから、「ファンダメンタルズ価値に基づいた投資」や「バリュー効果」と「サイズ効果」をねらうスタイル運用[6]を中心に投資した。

6　PBRで評価した割安株や時価総額での小型株に投資することにより、超過リターンが得られるとの投資理論に基づく運用方法。ファーマとフレンチが最初に提唱した。

2 | 株式厳選投資ファンドへのアクセス

　ここで、日本の株式市場における「バリュー効果」と「サイズ効果」を検証してみたい。株式市場の代表的な指標であるTOPIXは、2001年10月1日から2013年3月12日の期間で、累積リターンはマイナス0.16％（年率マイナス0.01％）であった。ラッセル野村バリューインデックスは26.15％（年率2.09％）、ラッセル野村小型株インデックスは35.02％（年率2.71％）となり、どちらのインデックスもTOPIXを大きく上回っている。

　2004年3月1日から2013年3月12日の約9年間でみても、TOPIXの累積リターンはマイナス7.62％（年率マイナス0.89％）、ラッセル野村バリューインデックス7.40％（年率0.81％）、ラッセル野村小型株インデックス9.17％（年率1.00％）となり、TOPIXを大幅に上回る。

　小型株マネジャーは2001年（グロース型）と2004年（バリュー型）に採用した。マネジャーのアルファ創出力では、バリューマネジャーのほうに優位性があった。バリューマネジャーのリターンは累積リターンで27.74％、年率に換算して2.81％となり、TOPIXとラッセル野村小型株インデックスを大きく上回る。

　2004年に採用した大型株のバリューマネジャーも、TOPIXとラッセル野村バリューインデックスを大きく上回る。累積リターンベースで、TOPIXを38％、ラッセル野村バリューインデックスを14％上回る。「個別企業の財務分析に基づいて本質的価値を判定し、割安に取引されている優良銘柄をボトムアップで選択する厳選投資（約70銘柄）」を行うバリューアプローチをとるマネジャーだ。バランスシートが強固で、長期的に持てる企業に厳選して投資を行っているのだ。株価がいつ上がるかわからないので、保有期間が10年に及ぶこともある。株価が本源的価値にたどりつけば、短期保有となっても売却する。

　日本では、TOPIXから離れたところで株式運用を行うことで、リターンを獲得できる可能性がある。『証券分析』（改訂版1962年）の共著者であるシ

ドニー・コトルの言葉として、「投資家が実際に市場でつけている株価を見ると、時々本来の価値をよぎるものの、つねに上方あるいは下方にオーバーシュートする」と井手正介氏は語る（井手正介（2010））。

　続けて、「当時の日本では企業のROEは低く、一株当たり利益は何とか5円配当を賄える程度でよしとされていた。したがって、ファンダメンタル価値（EPSに妥当なPERを掛けて推定した理論株価）とは無関係に決まり、はるか高いところで形成されていた。当時はほとんどの銘柄に関して、株価がファンダメンタルズ価値を一瞬でもよぎることはなかった。1989年をピークに日本の株価は暴落に転じて、失われた10年を迎え、バリュー株投資の元祖ベンジャミン・グレアムの割安株選択基準は、1990年代の日本の相場ではほとんど有効ではなかったが、日本企業が「株主価値重視経営」に目覚めたことで、平均ROEは2003年から上昇に転じている」と語る。

　2003年から10年が過ぎて、この間、アメリカ発の金融危機やヨーロッパ発の金融危機に遭遇し株式市場は大きく揺れたが、最近では円高修正と株価の修正局面が続いている。日本政府は3月15日、TPP（環太平洋経済連携協定）交渉への参加を正式に表明した。同日、産業競争力会議は、今後5年間を集中期間と位置づけ、産業構造の改革に取り組むことを決めた。

　日本市場には大きなアルファを獲得する機会も存在する。日本株を運用するマネジャーの多様性も進んでいる。「資産価値等と比較して割安な中小型銘柄を取得し、企業価値向上提案により経営者と親交を深め、株価上昇を図る」マネジャー、「企業価値向上戦略に加えて出口戦略の描ける割安な銘柄に投資する」マネジャー、「経営者が優秀で優良な銘柄に割安なタイミングで投資し、アドバイス・提案を行い、さらに力をつけさせる」マネジャーなど、多彩だ。共通することは、投資銘柄を厳選して、投資することだ。

　2006年初めに日本株厳選投資マネジャーを採用した。このマネジャーは2008年にTOPIXが約35％下落する環境でマイナス7.14％のリターンとなり、TOPIXを約28％アウトパフォームした。

　2006年の初めにかけて、日本では小型株が大幅に割高な状況になっていた。DIC企業年金基金において、TOPIXを基準に運用するアクティブマネ

ジャーと小型株で運用するマネジャーの、各々の小型株エクスポージャーを足し合わせると国内株に占める割合は30％に達した。市場全体でみた15％のウエイトと比べると２倍の配分であった。TOPIXを基準とするアクティブマネジャーにとっても、アルファの源泉は小型株を多く組み入れることであったからだ。DIC企業年金基金では、2005年末から2006年初めにかけて小型株のエクスポージャーの削減を行った。削減したエクスポージャーをどこに振り向けるか。TOPIXを基準としたアクティブマネジャーに配分をふやせば、何をやっているのかわからなくなる。その結果、先ほどの日本株厳選マネジャーに振り向けることを決めた。その後、「ライブドアショック」が起こり、日本の小型株市場は現在に至るまで低迷することになったのであ

図表７－15　厳選投資マネジャーの分類

	厳選投資の分類	ベンチマーク	銘柄数	着眼点	上位10銘柄集中度合い	回転率	
国内株	アクティブ運用型①	TOPIX	40程度	強固なフリーキャッシュフロー	40%	15-20%	時価総額250億円未満は排除
	アクティブ運用型②	TOPIX	30程度	企業の質	47%	15%	トラッキングエラー 4～10%
	バリューアップ型	×	15～30	経営計画等に関与	―	―	小型特化
	長期投資型	×	30程度	世界の成長を取り込む	財務データと「見えない資産」	長期の目線	小型特化ではない
外国株	バリュー型（アジア特化）	MSCI ACFE	27	本源的価値	44%	―	大型・中型・小型
	バリュー型（グローバル）	MSCI	40程度	本源的価値×0.7	35%	30%	中型・大型株
	グロース型①（グローバル、配当成長）	MSCI	22	企業の質、利益成長	―	7%	大型（マルチナショナル）
	グロース型②（グローバル、配当成長）	MSCI	31	企業の質、利益成長	54%	20%	大型（マルチナショナル）
	グロース型③（グローバル）	MSCI	50	企業の質、利益成長	―	7-10%	大型（先進国、新興国）

（出所）　マネジャーリポートに基づき、筆者作成

る。

2006年当時はこのような日本株厳選投資マネジャーは少なかったが、現在ではさまざまなマネジャーが登場してきている。このような状況（日本株と外国株）を図表7 −15で一覧にまとめてみた。

株式厳選投資は、株式投資でリターンをあげる有効な投資手法の1つとして考えることができる。しかしながら、外国株では大型株で厳選投資する機会が得られるが、日本の場合には小型株で厳選投資するマネジャーが多いことに留意する必要がある。投資機会の制約を受ける可能性もあるので、年金の資金規模の大きさによって、投資機会は異なるであろう。

3 ｜ 株式厳選投資がもたらす効用

株式厳選投資の銘柄選択アプローチを考えたとき、外からみても非常に魅力的で、価値を創造している企業が対象となる。このような企業は、変革を志す意欲と能力のある経営者によって引っ張られる。厳選投資マネジャーたちは、「このような企業を応援（長期資本を供給）することで、株式市場は価格発見機能を取り戻し、その結果、企業価値創造にも貢献できる」と話す。

違った側面から株式厳選投資の効用を考えてみると、株式厳選投資は日本経済を活性化するためにいちばん有効な手段となるように思える。これは、日本のプライベートエクイティ市場が未成熟な段階にあることに起因する。日本の企業側でもプライベートエクイティを嫌う傾向が強く、企業の再編や企業の効率化を進めていくとき、だれがその後押しができるかといえば、日本では上場株式市場における株式厳選投資が有効となるだろう。

アメリカであればプライベートエクイティの枠組みのなかで進められるものが、日本では機能しない。企業に問題があればいったんプライベート化して、そこで企業価値を高めて、再度上場する。しかし、日本ではこのような手法は嫌われている。ある株式厳選投資マネジャーから教えてもらったことは、「日本のプライベート市場では異常に高いEBITDA倍率[7]で取引される」一方で、「上場株式市場ではきわめて低い倍率で取得が可能である」という

ことだ。このような状況を考えたとき、上場株式市場での投資が有利となる。日本の金融市場におけるいびつさが大きな問題だ。企業再編や企業の効率化に関して、真っ先にできることといった視点で考えると、やはり上場市場での株式厳選投資となる。ただし、長い目でみればそこには限界があって、プライベートエクイティ市場の活性化も必要だ。プライベートエクイティ市場の活性化なくして、日本経済も活性化できない。

株式厳選投資という手法を考えたとき、欧米の株式厳選投資と日本の株式厳選投資とでは、日本のプライベートエクイティ市場が未成熟であるがゆえに、中身が異なっている可能性が高い。このようなことにも理解を深めて、「自分たちは何に取り組んでいるのか」と考えることが重要である。

---

7 EBITDA（earnings before interest, taxes, depreciation, and amortization、利払い前・税引き前・減価償却前・その他償却前利益）を分母、株価もしくは企業価値評価額を分子とした比率のこと。

2008年、世界的な金融危機の影響を受けて、国内株式（TOPIX）は34.78％下落、外国株式（MSCI-KOKUSAI）は43.32％の下落となった。DIC企業年金基金では国内株式全体で25.36％の下落、外国株式全体で24.65％の下落となり、インデックスを大きくアウトパフォームした。上場株式のエクスポージャーだけを取り出しても、TOPIXを2.4％、MSCI-KOKUSAIを1.59％、それぞれアウトパフォームした。個々のファンドをみてみると、国内株式の大型バリューマネジャーは7.9％、株式厳選投資は27.64％のアウトパフォームとなった。外国株式では、Fund 3（図表7-10）が15.28％、Fund 1（図表7-8）6.24％、Fund 2（図表7-8）3.78％のアウトパフォームであった。当時、「アクティブ運用はアルファを創出しない」といわれたが、事情は異なる。

1980年代後半に多くのインデックスが開発されて、パフォーマンスを測定するベンチマークとして活用されることになった。ベンチマークに対する相対リターンは「至高の目標」となり、投資家のパフォーマンス評価も短期化してしまった。1990年代後半には、TMT（telecom, media and technology）バブルが起こった。この時、ベンチマークに近い運用を助長する風潮が高まり、運用コンサルタントや運用会社の間では、「元本を毀損することがリスク」であることよりも、「ベンチマークから乖離するリスク（トラッキングエラー）がリスク」であると重視されるようになった。その結果、「インデックス中心の投資とモーメンタム重視の投資」とが主流となったのである。

セクター内での優位性に焦点を当てすぎていること、そして、短期的なイベントに大きくベットし、高いボラティリティ株に焦点を当ててしまうこと、このような事情が多くのマネジャーに存在する。加えて、個々の株式がもつバリュー（質）ではなく市場価格の変動がリターンの源泉であると考え

ることで、投資の本質を見誤ってしまったところに株式運用の課題が存在する。

　楠木建（2010）では、競争の本質についての考え方が展開される。「競争優位を築いて持続的な利益を上げるためには、ストーリーとしての競争戦略が必要だ。流行りの「ベストプラクテイス」に飛びつくことなく、戦略を一連の流れを持ったストーリーとして考える。そして、ストーリーは時間的な広がりを持つことから、時間展開の中でストーリーを徐々に練り上げていくことが大切だ」と説く。年金の運用では他者との競争は必要ないものの、「気まぐれなミスター・マーケット」に翻弄されることなく、リターン目標を達成する必要がある。時間軸は「流動性プレミアム」でとらえるだけでなく、動態的なつながりとしてもとらえられる。「"これまで"と"これから"のフィットをよくよく考えて」、年金ポートフォリオを育てていくことが大切だ。これは「ストーリーとしての運用戦略」といえるのではないか。

〈参考文献〉

Angus Tulloch（2009）"The Business of Investment Management Where to Now?" Presentation to the Jana Conference September 11 2009, Directed by Angus Tulloch, Joint Managing Partner, First Investments Asia Pacific/Global Emerging Market Equities

井手正介（2010）『バリュー株投資は「勝者のゲーム」！』日本経済新聞出版社

近藤英男（2011）「ベンチマーク／インデックスは必要か」企業年金連絡協議会編『チャレンジする年金運用』日本経済新聞出版社

近藤英男（2012）「株式集中投資に関わる一考察」『みずほ年金レポート 2012.7／8』pp.18-35、みずほ年金研究所

大藤康博／近藤英男／伊井哲郎／菅原周一（2012）「（座談会）株式集中投資」『証券アナリストジャーナル　Vol.50、No.6』pp.6 -27、日本証券アナリスト協会

楠木建（2010）『ストーリーとしての競争戦略』東洋経済新報社

第8章

大阪ガス企業年金における国内株式運用管理

大阪ガス財務部ファイナンスチーム（初版執筆当時）
現システム2株式会社年金ガバナンスアドバイザー　　石田　英和

本章では、大阪ガスの企業年金の国内株投資について、運用実績の概観、運用機関の構成、投資戦略別の実績、投資戦略別の超過収益を示し、日本株式のアクティブ運用に関する期待を述べたい。

大阪ガスでの15年間の運用実績

　大阪ガス企業年金（規約型）では、税制適格年金時代の1998年度から、国内株式を年金運用のコア資産と位置づけ、アクティブ運用の強化に取り組んできた。それから2012年度までの15年間で、当社の国内株式は年率5.8%のリターン（運用報酬控除前）をあげ、代表的なインデックスであるTOPIX配当込み（同1.8%）を大きく上回ることができた。この実績は同時期の外国株式（同4.2%）と比べても勝っており、ホームカントリーバイアスを正当化できるだけの超過収益を獲得している。

　当社が達成したアルファ（超過収益）3.9%に対して、トラッキングエラーは5.1%であり、対TOPIXのシャープレシオは0.83と、効率の高い運用であった。15年前から日本株市場には多くの非効率性が残っており、それゆえにプロによるリサーチで高いアルファを達成することが期待できると信じ、

図表8－1　大阪ガス年金基金のリスクとリターンの実績（1998〜
　　　　　2012年度）

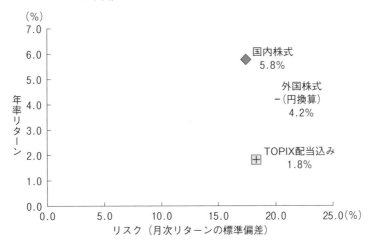

一貫してインデックス対比でリスクを十分に取るように管理してきたが、この信念が報われたと感じている。

第2節 運用機関の構成

　年金向けの国内株式運用商品の大半は銘柄を厳選しない。このため、アクティブ運用機関だけを漫然と集めてもポートフォリオ全体のリスクはあがらない。そこで当社では、スタイルインデックスなどを活用し、サイズやスタイルによって個々の口座の役割を明確にし、運用機関構成を構築した。

　インデックス運用は主幹事会社の1社だけで実施し、リバランス取引にも活用している。この投資は大型株インデックスの直投で、直近は日経平均株価を採用し、リバランスには日経225先物を活用することで、機動性向上や取引コストの削減を図っている。

　大型アクティブ運用において、運用開始当初は数多くの商品を採用していたが、その後はパフォーマンスのよいものだけを残してきた結果、現在3口

図表8－2　大阪ガス年金基金における運用機関の構成

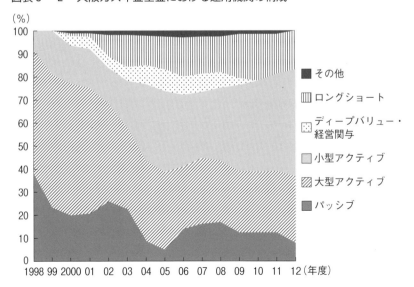

座での運用としている。採用インデックスはラッセル野村大型株やMSCI日本インデックスである。

　小型株は入替えも含め延べ9社（11口座）を採用したが、現在は3社（4口座）の構成としている。採用インデックスはラッセル野村小型株が中心である。小型株はボラティリティが高いため、それとの相関の低い戦略を組み入れることでリスクを抑制することに努めており、ディープバリュー戦略、経営関与戦略や、ロングショート戦略にも配分してきた。前者は国内上場企業のなかに、保有資産に比べて株価が破格に安い銘柄が多い時期に、逆張り的なアプローチや、経営関与により株主価値の実現を働きかける手法を用いて取り組んだものであるが、このような非効率性が大部分解消されたことなどから退出してしまった。後者はいわゆるヘッジファンド戦略であり、ベータをショートする分、株価下落に強いことに着目して導入したものである。

　投資戦略別に実績をみると、この15年間では３回、小型株の爆発的なラリーがあった。このため、小型株戦略が圧倒的にアウトパフォームしており、全体の実績を引き上げている。一方、小型株のリスクは25％以上と市場全体よりもかなり高く、リスク管理が重要である。

　ディープバリュー戦略、経営関与戦略やロングショート戦略は、運用期間が異なるため比較には注意を要するが、リスク水準の引下げには貢献している。

　インデックス運用や大型アクティブ運用は、リスク特性こそTOPIXと大差ないが、着実に超過収益を獲得できている。

図表８－３　戦略別のリスクとリターンの実績

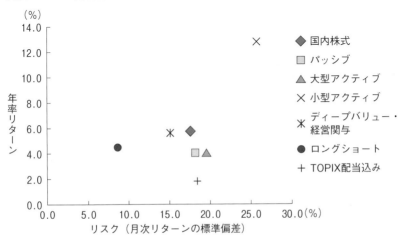

超過収益（アルファ）の投資戦略別要因

第4節

　上述のようにこの15年間において、当社の国内株式の対TOPIX超過収益（アルファ）は年率3.9％であった。これを年度ごとにみると、超過収益が得られなかったのは15年中に３年だけであり、リスクをとっている割には勝率を落とさずにすんでいる。

　投資戦略別にみると、何より小型アクティブ運用が小型株ラリーの時期（1998 ～ 99、2003 ～ 04、12年度）に大きく超過収益を生んでおり、このことが大きく貢献している。リスク削減効果を期待したロングショート戦略は、リーマンショックの影響で市場が大きく下げた時期（2007 ～ 08年度）に実績

図表 8 − 4　投資戦略別の超過収益

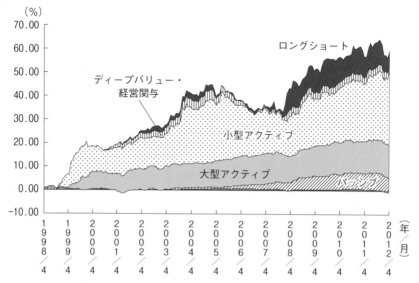

（注）　戦略別貢献度＝（各戦略別月次リターン−TOPIXリターン）×各戦略への配分割合。

の下支えに成功しているものの、上げ相場に弱いことは否めない。大型株はトータルリターン面では目立たないものの、超過収益ベースで負けたのは1回（2008年）だけであり、実績の底上げに着実に貢献してきたと評価できる。

第**5**節 おわりに

　当社の国内株式運用が、15年間にわたって十分な実績をあげることができたのは、規制緩和によって外資系、独立系の運用機関を採用できるようになり、彼らのプロとしての創意工夫や切磋琢磨の成果を取り込むことが可能になったことが大きい。

　多数投資家の使うベンチマークから意識して離れ、リスクをとり続けることは、とかく減点主義に流れがちな組織のなかでは困難を伴う。とはいえ、取引先運用機関との密なコミュニケーションのなかで、現場の生の情報に触れること、すなわち情報優位にあったからこそ、資本市場のプレーヤー（の評論家）としての自覚が生まれ、日本株でのアクティブ運用の可能性に関する信念を鍛えることができたと感じている。

　しかし、年金投資家における日本株アクティブ運用をめぐる環境は決してよくない。市場全体が不振で魅力がない以上、ホームカントリーバイアス是正のトレンドは止まらないだろう。市場全体が投資家から見向きもされないために、斬新なアクティブ運用を手がける業界は停滞どころか縮小している。欧米をみると、発達した資本市場は、多様で深い運用機関・投資家の生態系によって支えられていることが実感できる。一方で、日本のアクティブ運用の裾野は十分に広がっているとはいえない。「金は天下のまわりもの」である。リーマンショック後の氷河期を生き残った運用者がいっそう奮起し、高い超過収益をあげることで、この閉塞感漂うわが国に、生き生きとした血潮をめぐらせていくことを期待する。

214

第 9 章

【座談会】
インデックス運用か
厳選投資か

この座談会は2013年4月24日に実施した。座談会の進行は、主執筆者である菅原周一、堀江貞之、伊井哲朗、奥野一成、中神康議、近藤英男が最初に発言し、その後に光定洋介がコメントする形態とした。座談会当日、石田英和はニューヨーク出張中だったため後日、コメントを追記した。司会は川北英隆が担当した。

株式投資の意義と位置づけ

年金・投資家がねらう株式リターンとは何か

川北　皆さんは年金のための運用や研究に携わっています。年金は株式に投資
　　し、リターンをねらうわけですが、その株式のリターンをどう考えればいい
　　のでしょうか。どういうリターンをねらうべきなのでしょうか。

近藤　年金運用に携わっている立場から、インカムを得るための債券と、配当と
　　キャピタルゲインを得る株式が重要です。株式への期待は、配当と、成長の
　　成果としてのキャピタルゲインの2つだと考えます。

石田　年金資産のポートフォリオにおいて、株式はリターンを生むエンジンとし
　　て不可欠の資産だと思います。老後のために積み立てた資金を、株式を通じ
　　て広く社会の生産手段に投資し「お金に働いてもらう」わけですから、ド
　　ラッカーの指摘を待つまでもなく年金運用の要です。

菅原　私は長年、年金の運用で仕事をしてきましたので、年金の運用を前提にコ
　　メントさせていただきます。そもそも年金には負債があり、その負債に対し
　　ての運用となります。このため、運用の基本はその負債のヘッジにあり、負
　　債ヘッジの運用対象資産としては国債ということになります。

　　負債をヘッジした残りの資産は、リターンがほしいという点で、株式が期
　　待されます。株式リターン獲得には、2つの視点で考えるべきです。

　　1つは株式市場全体のプレミアムです。もはや日本の株式プレミアムはゼ
　　ロという意見もありますが、長期的にみてグローバルな株式のプレミアムが
　　あってもおかしくない。

　　もう1つはマネジャーのアルファです。市場リスク以外でのマネジャー・
　　アルファをとりにいくことが考えられる。厳選投資は、市場リスク以外のマ
　　ネジャー・アルファ獲得が期待されていると思います。

堀江　個人投資家も年金も、すべての投資家には目標となる利回りがあって、そ
　　れは絶対利回りだと思っています。

　　そのなかで株式に求めるのは成長ドライバーです。ですので、株式に求め
　　る役割というのは、個人も年金も高い絶対リターンでしょう。

　　「ベンチマークに勝つ」との議論にはまったく組しません。そんなものに
　　勝った、負けたというのはくだらない議論です。市場の状態に関係なく、投
　　資家は安定的に高い絶対リターンを株式に求めているはずだと考えていま
　　す。

奥野　私も堀江さんに近い考えです。年金の本質とは、預けたお金が老後に返っ

てくることです。年をとっても目減りしていないというのが最低限の話です。国債だけでは、たぶんインフレには勝てません。

　インフレに勝ち、老後に相応のリターンを得たいのなら、たとえばイノベーションによって成長する企業の価値増大をとりにいかざるをえない。株式に投資をし、価値の増大に賭けることが必要です。

中神　われわれのファンドは、投資先企業を厳選することに加え、その企業の価値向上のために働き、そのアルファを年金などの投資家に返すことを目的としています。したがって、目の覚めるようなバリューアップ・アルファを提供したい。一方で、現在の年金を取り巻く環境からすると、ダウンサイドリスクを抑え、安心してみていられるリターンが求められています。

　こう考え、投資家に3つの約束をしています。1つは投資家から安心してみていられる株式ファンドであること。2つ目は、ファンドの本来価値としてのバリューアップ・アルファを提供すること。3つ目は、そのバリューアップが単発ではなく、再現性をもつことです。

伊井　株式への投資では、長期的に安定した資産をつくるため、配当とキャピタルをしっかりとるということが求められます。もう1つは、株式投資には社会的意義があり、間接的な企業活動への参加を通して資本市場の活性化や日本経済の成長、また、CSR活動を通じた社会的な課題の解決に参画できることも大切な点だと思っています。

近藤　中神さんから「ダウンサイドを抑える」という話がありました。年金の予定利率は下がる傾向にあるものの、年金として3％あるいは2.5％以上を求めるのなら、株式を組み入れ、成長の果実を享受する。加えてダウンサイドを抑え、安心して投資できる。その要素が重要だと思います。

川北　「絶対リターン」という意見も出ましたし、「ダウンサイドを抑える」という意見も出ました。皆さんの認識は、基本的には株式の成長をとるということでしょう。一方で、インデックス対比の運用には意味がなく、違う発想に立つべきだとの意見もありました。光定さんはいかがですか。

光定　これまでは、相対リターンを追求するファンドやインデックス運用のファンドが多すぎて、絶対リターンを求めるファンドが少なすぎるから、それはあったほうがいいと考えています。逆にインデックス運用が多い結果、非効率的な株価がついている可能性があるので、投資対象を絞る厳選投資にはチャンスがあると思います。

日本株・海外株の位置づけ

川北　株式といっても日本だけではなく、アメリカもドイツもある。この欧米の株式ですが、この半年ぐらいは別にして、リーマンショック以降、日本株に比べると現地通貨ベースでかなり高いパフォーマンスをあげていました。で

は、日本株をどう位置づければいい
のでしょうか。

川北 英隆 氏

石田 日本株については情報も豊富です
し、優秀な運用機関へのアクセスも
容易なので、日本の投資家として
ホームカントリーバイアスがかかる
のは自然でした。その日本株は長期
間、低迷した。このため、国内投資
家のなかでは、日本株への配分を減
らすトレンドが強まっている。直近
の日本株上昇は喜ばしいことなが
ら、このトレンドを反転させることはないと思います。

近藤 株式に求められる成長の成果という意味で海外株式があります。日本株の
場合ですと、絶対リターンを求めるほうが強いと感じます。
　　絶対リターンを求めるといったとき、どのくらいのリターンかというと、
長期金利プラスアルファを期待します。

川北 運用する側からはいかがですか。

伊井 コモンズの例では、長期的に企業価値を高めていける強い企業を徹底した
ボトムアップで選んでいます。選んだ企業は、世界の成長を取り込めている
ところが多い。現在、30企業に投資していますが、平均して海外売上げが
50％を超えています。しかも、こうした企業は現地での生産比率を高める地
産地消に取り組むことで、為替の影響をあまり受けず、現地のニーズを汲み
とることに成功し始めています。まさに、筋肉質な体質に変わってきてい
る。また、現在は海外での売上高比率が低くても今後大きく伸びていくため
にチャレンジしている企業がふえています。
　　日本企業に投資しているものの、日本経済に投資している感覚はまったく
ない。コマツに投資するときはキャタピラーと比べますし、ユニ・チャーム
はP&Gなどと比較して競争力を分析します。日本企業が世界の成長をとり
にいくのなら、欧米の多国籍企業と対比して、本当に勝負できるのかどうか
が重要になります。

川北 TOPIXがどうであろうと、世界の成長を取り込んで安定的に高いリター
ンをもたらす、そうした企業というイメージでしょうか。

伊井 そうですね。そういった企業の経営者は、リーマンショック以降、グロー
バル化への取組みを急速に強化し、真のグローバル化に挑戦をしていると
おっしゃっています。企業の形態を、雇用を含めた人事、組織、マーケティ
ング、サプライチェーン・マネジメント、あるいはガバナンスを含めてグ
ローバルな体制に移行しようと取り組んでいる経営者も多い。日本株という

ことにあまり意味はないと思います。

中神　投資家は何にでも投資できるわけで、あえて日本株に投資する必要は本来ありません。では、日本株に投資する意義は何か。人間の行動には常に経済的動機と非経済的動機があるでしょう。日本株に投資することで経済的動機を満たせるか、リターンがとれるかというのは当然大きい。

　　同時に、日本株への投資意義は、非経済的動機を満たせることにもあると思います。投資の醍醐味といってもいい。日本株に投資する、あるいは日本株のアセットマネジャーを選ぶ醍醐味、アセットマネジャーが語る日本企業の課題であったり、それを克服していこうとする経営者の取組みであったり、それを日本の投資家として身近に体験できる醍醐味です。

　　弊社では年に1回、投資家総会を開いています。そこに必ず投資先企業の経営者に出てもらい、自社、自社の経営戦略、弊社との関係を語ってもらいます。この株主総会に出席された年金からは、「ファンドを通して、こうした企業と経営者に投資していること、経営者がこうして世界と戦っていることを肌で感じることができる」という言葉をいただいています。リターンが悪ければ話にならないですが（笑）、リターンを満たしながらそういうことを行うことができる。

　　こう考えると、菅原さんがいうマネジャーのアルファ、つまりよいマネジャーを選びやすいのではないかと思います。この日本株マネジャーはこういう企業に投資をしていると実感でわかるので、海外のアセットマネジャーを見分ける場合よりも多く情報が手に入ることになります。

奥野　われわれは株価上昇というよりも、価値の増大にベットしています。価値とは将来のキャッシュフローの現在価値であり、強いキャッシュフローを創出できるのであれば、伊井さんがいうように、日本企業であろうがアメリカ企業であろうがどうでもいい。強いキャッシュフローに投資しているだけであり、その企業が上場している場所など本質的にはどうでもよいと思っています。

堀江　15社ほどグローバル株のマネジャーを、訪ねてきました。彼らは投資先企業の本社がどこにあるかを、まったく気にしていません。カントリー・アロケーションや業種アロケーションも議論したことはないといっています。

　　伊井さんや奥野さんと一緒で、キャッシュフローが長期的に伸びる企業というのが、彼らの唯一の企業選択基準です。本社の所在地で日本株と海外株に分けるのはくだらない。為替リスクがあるから日本株と海外株を分ける、そういう議論はわかりますが、リターンを成長させるドライバーとして株式を位置づけるのなら、日本株、海外株という区分は時代にそぐわない。企業選択を本社の所在地で限定するのは投資機会を少なくすると懸念します。

菅原　私も堀江さんの意見と同様です。日本株の位置づけという前に、グローバ

ル株式を投資家は意識しています。
グローバルな株式投資で期待するの
は、リスクをある程度覚悟したうえ
での高いリターンです。そのなかの
たまたま一部が日本の株式です。

菅原 周一 氏

　実のところ、過去をみると日本株
に投資していいのか不安になること
もあります。というのも、政権がか
わっただけで突然株価が急上昇する
市場です。日本株というのは控えめ
にせざるをえないと思います。ただ
し、株式にはインフレヘッジ機能を期待したい。インフレをヘッジできる資
産はなかなか見当たりません。コモディティーも資金量が大きいと制限があ
り、日本株は捨てがたいと思います。

川北　海外の株式はインフレヘッジにはなりませんか。

菅原　なるかどうかはわからないと思います。この点は日本株も同じです。理屈
からするとヘッジになるかもしれないですが、ヘッジになるということを
しっかり示した実証分析をみたことがありません。

近藤　「グローバル化」としてまとめる方も多いのですが、われわれのファンド
では、かたちは内外株一体管理ですが、なかで日本株と外株に分けていま
す。この着眼点は、株にはバリュエーションの問題があるので、一概に世界
株といわなくても、日本株がホームマーケットで割安に放置されているのな
らそれにベットしてもいいとの考えです。

川北　アナリストが十分分析していない株式があるということですか。

近藤　ありますね。特に小型株では、2006年のライブドア・ショック以降、アナ
リストが離れた企業が非常に多い。宝の山かもしれないし、バリュートラッ
プかもしれない。それを見分けるのが、マネジャーです（笑）。

　昨年、ハーバード・ビジネススクールの元教授と議論した際に大きなテー
マとなったのは、「日本市場では株価がネットキャッシュ以下にまで落ち込
んでいる」ことです。アメリカではこのような現象はみられませんから。

川北　グローバル株式といっても、日本人なら日本企業に対する情報の優位性が
あるし、海外の投資家であれば各自国市場での情報の優位性がある。そうい
う現実の情報格差が大きいですかね。

近藤　そうですね。

中神　金融業は情報産業であるため、単に定量的な情報はすぐにコモディティー
化します。優位性のある情報とは事業競争力や経営力についてのローカルな
情報にあり、この点でローカルビジネスではと思います。

堀江　そこには異論があって、本当に強い企業を選択するのに国境の差があるのか。逆に、強い日本企業を選択するのに、英語しか話せない人が年に1回来て、ちゃんと調べられるのか。

　　　奥野さんは「できない」との意見ですが、僕はそうは思いません。本当に強い企業を選ぶのに、バリュエーションは長期でみると大きな問題ではないから、経営戦略の理解にそれほどバリアはありません。

　　　ただし、中神さんのバリューアップはローカルビジネスだと思っています。バリューアップの方法は国ごとの独自性が非常に大きく、たぶん国を超えたものはない。しかし、強い企業をバイ・アンド・ホールドする能力に関して、言語のバリアが本当にあるのかなと思います（笑）。

奥野　キャッシュフローを評価することに関して言語のバリアはない。本当によい企業はだれがみてもよい企業なので、それだけで投資できる。アメリカ人が日本でよいパフォーマンスをあげている背景はこれだと思います。

　　　金融がローカルビジネスだというのはこの先の話です。すべてのビジネスは顧客の満足のためにあり、金融・運用業の場合、顧客の満足は定量的なパフォーマンスのみならず定性的な説明力で形成されます。つまり、投資リターンが少々高いことよりも、的確な情報提供のほうが大事なこともあるのです。こう考えると、言語には大きなバリアがありますね。

　　　われわれのファンドでもグローバル株を試みていますが、日本株ではなくグローバル株において、ウォーレン・バフェットのようなバリュー・インベスターに勝てるのかといわれると、現時点では挑戦途上です。しかし、日本の顧客への説明は確実にでき、より高い顧客満足を得られる自信はあります。リターンだけではない、トータルでの満足が大事だと思います。

川北　この議論は、大型株、小型株を問わずにあるのか、それとも大型株に限った議論なのか、どちらでしょうか。

奥野　小型株ではアナリストのカバーがなかったり、情報発信がなかったりで、明らかに議論の対象です。しかし、大型株でもありえます。

　　　というのは、企業の強さは、たとえば沿革とか従業員のDNAとかにあったりします。これらの情報は定点観測的にずっと毎回同じ人に会って話すことから得られます。これがファンドのバリューにつながると思います。

　　　大型株では、多くのアナリストがカバーするから価格の非効率性が小さく超過リターンをあげることはむずかしいといわれます。しかし逆説的ですが、現在のような短期的な視点に基づくセルサイドのカバーは、長期投資家にとってかえって超過リターンのチャンスだと思っています。

光定　大型株はともかく、中・小型にはコミュニケーションのギャップがあるのではと感じています。ここには、リターンを得るチャンスがあります。

　　　もう1つは、バフェットのようにアメリカ株を中長期で持ち続けることの

是非です。IRの本来の目的は、ステークホルダーとの間に最も効率的な双方向的コミュニケーションを実現し、企業の証券が公正な価値評価を受けることにあるはずです。アメリカでは、公正な評価以上の株価がついていると会社が判断する場合は、「アナリストの予想は強気すぎるようだ」などと発言することで、高すぎる株価を公正な評価にあえて引き下げる努力が行われています。結果的に、これが市場全体や個別企業のボラティリティの低さにつながっている一因だと

堀江 貞之 氏

思っています。一方で、日本では、株価を公正な価値に下げるためにIRをしている企業が相対的に少ないと思えるので、突然、悪いニュースが出たりして、株価のボラティリティが高くなる可能性があると思います。投資家は、上がりすぎたら、ポジションを引き下げて、ポジションコントロールをしないと、単純なバイ・アンド・ホールドだけではうまく機能しないのではないかと思います。

川北　以上に関連してこれだけはいっておきたいということは……。

中神　大型株なのか小型株なのかというのはあまりにも外形基準的で、大きかろうが小さかろうが、明らかに強い企業はだれでもわかります。一方、そうした企業には高いバリュエーションがそもそもついています。

　　　強いのか弱いのか、その境界にある企業を見分けることが大事で、そうした企業は安い可能性があります。それを見分ける力は、社会のコンテクストを理解しやすいローカルなマネジャーにあり、見分ける力がリターンにつながります。大型株がグローバル、中小型株はローカルという単純なものではありません。結果的に、大型は多くの投資家がみているからそういう面は少なく、中・小型の場合は多いと思いますが。

川北　それが中神さんのファンドに生かされている。

中神　必ずしもできていないのですが……（笑）。

近藤　強い企業を選び、絶対リターンをねらうには、財務面だけではなく、非財務情報の理解が必要です。各マネジャーにとっての強い企業のとらえ方が違う、アプローチがそれぞれ違うと思います。

　　　「強い企業とは何か」、アセットマネジャーとしてそれを明示してほしい。パフォーマンスも大事ですが、それ以前にマネジャーの軸をはっきりさせてもらいたい。それを選択するのはわれわれ年金であると思います。

インデックス運用か厳選投資か

第2節

インデックス運用の問題点

川北 皆さんは厳選投資に関心をもち、今回の執筆になったわけですが、インデックス運用なのか厳選投資なのかといったときに、ではなぜインデックス運用を採用しないのか、どういう点に疑問を持たれるのでしょうか。

堀江 株式投資に求める目的、この定義が重要だと思っています。

投資目的がベンチマークに勝つことであれば、ベンチマークをベースに相対運用しているマネジャーを採用するのが正しい。そうではなく、株式投資というのは資産をふやすための成長ドライバーの1つだと考えれば、ベンチマークの変動はどうでもいい。株式投資から長期的にプラスのリターンを得る、それだけです。この目的を投資家がもっているのであれば、ベンチマーク対比の相対投資は目的にはそぐわないと考えます。

菅原 昔からインデックス運用を担当していた関係もあり、ずっとインデックス支持派でした（笑）。しかし、そのうち時価総額加重型のインデックス運用の問題もみえてきました。

もちろんよい面もあります。時価総額加重型のインデックスとアクティブの平均的なリターンを比較すると、インデックス運用は、アクティブ運用に負けていない。これは事実です。

では時価総額加重型のインデックス運用者の行っていることは何なのか。原則として、市場でつけられた価格を妥当と考えて行動する。このため、状況によっては時価総額加重型のインデックス運用者が、大量の売買を行って市場をゆがめてしまう可能性もあります。

企業には自己資本コストがあって、それを上回る利益をあげないといけないわけですが、ベンチマークに入っていれば、恒常的に資本コストを下回っている企業にまで投資することになります。

しっかり経営している企業にお金が回るようにする。そうでない企業の株式は買わない。これが本来の姿です。その意味で、アクティブ運用にも問題はありますが、時価総額加重型のインデックス運用にも大きな問題が内在していると思います。

中神 そのとおりで、インデックス運用は価格をみないから、価格発見機能も資産配分機能も果たしていません。

より現実的で、年金にとっての最大の問題は、インデックス運用がこの20年間、リターンを出していないことです。これはモダン・ポートフォリオ・

セオリーの分散投資、長期投資の教えと異なっています。

　資本生産性（ROE）で日本は世界の最貧国といってよいレベルにあります。欧米はもちろん、新興国よりも低い。過去10年の日本の平均ROEは6％ぐらいで、その分布をみると、上場企業の7割が資本コストを下回り、株主価値を破壊しています。これらの企業にも投資するパッシブ運用は社会的機能を果たしていないと思います。

伊井 哲朗 氏

伊井　パッシブ運用もアクティブ運用もどちらも特徴があります。株式市場は多様性が大切なので、「オア」でなくて「アンド」だと思っています。

　日本では、多くの業種で国内過当競争になっていることが企業の体力を弱め、グローバルでの競争力を低下させている部分がありますが、一方で業界の再編のスピードもきわめて遅い。昔のような通産省主導での再編もいまの時代は困難ですから、投資家が市場を通して企業に対して規律ある経営を求めたり、ガバナンスを効かせたりすることで産業の再編も後押しするようなことが重要だと思います。当社のような長期的な視点で企業価値向上に取り組む企業を投資対象とするファンドは、こうした点で日本の資本市場に貢献できると考えています。

奥野　私はもともと個別のプライベートエクイティ投資から得たノウハウを活用して上場企業投資を行っているので、インデックス運用の意義がよくわかりません。個別のよい企業のみに投資するという視点でインデックスをみたら、だめな企業ばっかりにみえます（笑）。インデックス、特にTOPIXはダイナミズム、新陳代謝がなさすぎて、脂肪だらけの老人のようです。よい企業もあるのですが、総体でみると資本効率が低すぎて投資対象にはなりにくいと考えています。

近藤　インデックスかアクティブかということからすると、われわれのところは2004年から、一部エンハンスト・インデックスを含めて完全にアクティブ運用に移行しています。

　その理由は、ボラティリティは、インデックス運用よりも厳選投資のほうがはるかに小さいからで、かつパフォーマンスもよいためです。日本市場を対象に、2001年に小型株式投資を始め、2004年にはディープバリュー株式投資を始めていますが、TOPIXと比べて小型株インデックスのベータのパフォーマンスがよく、アルファもディープバリューのマネジャーのほうが高

かった。最近、個人がかなりETFに投資していますが、そうするとインデックスのボラティリティがより大きくなり、機関投資家は「たまんないよね」となります。パッシブから離れて、厳選投資だけとは言わないまでも、ボトムアップ・マネジャーを選んだほうがボラティリティは低いし、高いリターンを出すことができます。

石田　当社ではTOPIXをインデックスとして採用していません。パッシブファンドもありますが、先物の流動性が高い日経225を使用しています。各アクティブファンドには、基本的にRussell-Nomura日本株インデックスの各シリーズから戦略にあったものを選んでいます。本来インデックス提供者は、その魅力を高めるために、さまざまな改良を加えるべきですが、日本のインデックスは多様性に欠けており、魅力がありません。

川北　アメリカをみると、過去のインデックス運用のパフォーマンスは必ずしも悪くはありません。そうした状況をふまえインデックスをどう位置づけたらいいのでしょうか。

光定　投資理論では、十分に分散化された市場ポートフォリオを仮定していますが、その市場ポートフォリオがインデックスだとはいっていません。インデックスを代替的に使っているだけです。

　　　アメリカの場合、インデックスに入っている企業が資本コストなどを考慮して合理的に経営していることが多く、十分なリターンを出しています。

　　　日本の場合、資本コストを考えて運営する上場企業だけではなく、たとえば相続税対策で上場する企業もあったように、それがインデックスに入っています。インデックスの構成そのものにも問題があると感じます。

川北　クリアに答えていただき、ありがとうございます。

近藤　1つ考えていることは、運用する資金の規模です。われわれのファンドは960億円でさほど大きくないのですが、日本の公的年金は規模が大きくアクティブ運用はむずかしいですね。

　　　小さい年金はアクティブ度の高いものを選び、インデックスから離れることでアルファをとることが可能です。ところが大規模なファンドは多少アクティブにしても仕方ないので、なかなか投資機会がつかめません。ですからインデックス運用が主流となります。資金量で投資家が二極化するかもしれません。

厳選投資のメリットは何か

川北　次に「厳選投資のメリットとは何か」のテーマです。これは皆さんの担当の章でそれぞれ述べていると思いますが、ポイントを教えていただければと思います。

奥野　日本の株式市場はダイナミズムが機能しにくいため、総体でみるとダメな

インデックスだけど、個別には世界に伍して戦って勝つことのできる素晴らしい企業もあるので、インデックスから離れて投資先を厳選することは投資の本質からして当然のことであると考えています。世界的な低成長化により企業の優勝劣敗がより加速するなかで、むしろ弱い企業の割合が高いTOPIXというインデックスはショートすべき対象かもしれません。

奥野 一成 氏

　実は、われわれの厳選投資にはファンドが2つあって、ロングオンリーで絶対リターンを出してインデックスに勝つというのが1つ、もう1つはインデックスをショートしてベータを完全に消して絶対リターンを出すものです。後者の戦略は優勝劣敗という潮流に乗って、下落相場でも着実にリターンがあげられるものになっています。

中神　厳選投資のメリットは、7割強の株主価値破壊企業を排除し、価値を創造している企業にだけ投資する点です。短期的にはともかく、長期的には株式に求められるリターンを生み出す可能性が高いと考えています。

　日本市場の1つの特性は、厳選投資をしながら、分散したポートフォリオをつくれることです。日本の上場企業数は3,600社、世界で実質的に2位の多さです。イギリス、ドイツ、フランスの全上場企業数を足したよりも多い。3,600社もあれば、価値創造企業だけを吟味し、15社とか20社程度に投資したとしても、十分に分散効果が得られます。

川北　20〜30社あれば十分分散が効きますか。経験上も。

中神　経験上もそのくらいではないでしょうか。われわれはバリューアップ型なので、もう少し絞っていますが、15〜16社ぐらいから分散効果が働くというのが投資理論にありますし、実践的にもそうだと感じています。

川北　特に異論はないですか。

奥野　付け加えるとすると、企業のビジネスモデル・産業構造について1人のアセットマネジャーが完全に理解できる社数を考えると限界はあり、そう多くはありません。少なくとも僕には無理で、20社くらいではないでしょうか。

　30社を超えてくると、理解できないリスクがふえます。企業数をふやすことによって低減するボラティリティのリスクと、理解できないリスクをあわせると、20〜30社ぐらいのところでリスクがボトムになると考えています。

　要は、何に投資しているのかわからないというのが最悪のリスクです。

伊井　基本的には中神さんや奥野さんが話されたことと一緒です。私たちの投資

スタイルですと、価値を高めていくことができる企業とだけ付き合うことができる、これは楽しいですね。投資をした企業を訪問してもわくわくします。企業に投資をして持ち続けていると、ノイズが出てきて胆力を試される局面もありますが、評価をしていない企業には投資をしていないので、精神的にはいいですね。

　銘柄数でいけば、当社も30社程度への投資になりますが分散は効いていると考えています。当該企業の「現在」の事業ポートフォリオを反映させている東証33業種などは、私たち長期投資家には不要で、事実、33業種の分類では3分の1程度の業種にしかアロケート（配分）していません。また、社内では、将来にわたって必要となる業種を未来コンセプトと称して当社オリジナルで10業種を選定しています。これも分散のツールというよりもイメージづくりに活用することが多いです。

厳選投資アセットマネジャーの選び方

川北　そうはいってもアクティブに行っているところの全部がいいとは限りません。特に厳選投資のアセットマネジャーを選ぶとき、何に着目したらいいのか。何を注意深くみるのがいいのでしょうか。

石田　やっぱり人ですね。アクティブ運用は経験の豊富なファンドマネジャーがすべてといっても過言ではないと思います。ただ、その人を中心に、投資信念を貫くための総合的な体制があるかどうかも重要です。市場のことですから、調査を重ねても成果がすぐに出るとは限らない。パフォーマンスが振るわない時期に顧客が離れたり、営業上の要請から投資方針がブレるようではいけません。

近藤　2004年に全面的にアクティブ運用に切り替えましたが、2001年にはボトムアップの能力に賭けてみようと考えました。まず、80～90銘柄の大型銘柄に投資するマネジャーを採用することでボトムアップの能力をみて、2004年にパッシブ運用をやめるとき、ボトムアップ・マネジャーをさらに拡大しました。

　そのなかでたまたま22銘柄の大型銘柄をグローバルでみていくマネジャーを見つけて、その後、50～60銘柄の大型銘柄に投資するマネジャーを追加しています。海外の場合ですとマルチナショナルといった大型企業中心に投資するマネジャーを採用しています。アプローチの仕方として、長期金利プラスアルファをねらうマネジャーもいれば、キャッシュフローのセオリーをねらうマネジャーもいます。アプローチの仕方は多様化しています。

　国内でも2004年あたりから80、90銘柄ぐらいのディープバリューのマネジャーを採用し、その後バリューアップ・ファンドも入れました。最近はもう少し拡大して、もっと価値創造できるマネジャーをふやそうとしていま

す。ステップ・バイ・ステップできているということです。

川北　アセットマネジャーを採用する際には面接を重視されるのか。それとも過去のパフォーマンスを分析し、それを重視されるのですか。

中神　康議　氏

近藤　基本はアセットマネジャーとの面談を重視します。なぜ価値創造が可能なのかの議論です。200銘柄にもなると質の判断がむずかしくなりますが、銘柄数を絞り込んだ投資を進めていきますと、土地勘が働き、なぜ価値創造が可能かという議論も可能です。

　それと中神さんがいった再現性です。その能力を維持できるのか、繰り返すことができるのか。これは分析というよりも議論しかないと考えています。このためアセットマネジャーを選ぶのに1年はかかりますが、でも時間をかける必要はあります。

菅原　厳選投資ファンドの方の話を聞くと、投資の原点に戻ったオーソドックスな投資という印象を受けます。原理原則に沿った考え方を積み上げ、銘柄選択をする。厳選投資のメリットは、投資の原理原則に従って、将来のキャッシュフローを予測し、合理的な価格評価を行うところだと思います。

　合理的で納得性の高い方法で運用されているところは、結果もついてきていると感じます。銘柄を選ぶプロセスが合理的で、納得性があり、結果がついてきているか。これが厳選投資マネジャーを選ぶポイントだと思います。

堀江　伝統的なアクティブマネジャーと厳選投資を対比したときに、アクティブのマネジャーだって選べないのに、厳選投資のマネジャーというスキルの高い人なんて選べないといわれることがありますが、まったくそうではないと考えています。

　厳選投資のマネジャーが行っていることはキャッシュフローを当てることであり、株価を当てることではない。キャッシュフローを当てるのは、まず過去の投資から企業のキャッシュフローが出ていたかどうかを確認することであり、それほどむずかしくないはずです。しかもそのプロセスは株価を当てているわけではないので再現性があるはずです。

　その分析によって買った株式の価格には、高い安いがあり、ここからリターンの差が出ると思いますが、キャッシュフローの分析自体は、実業に携わっていれば容易に理解できます。一方、株価を当てる能力の評価はむずかしい。

つまり、伝統的なアクティブマネジャーのスキルの見分けはむずかしい
　が、それと比べると厳選投資のほうは簡単ではないかと考えています。投資
　先企業をどういう理由で選び、その結果はどうだったかをじっくり聞けば、
　厳選投資の場合はマネジャーの良し悪しを見分けられるということです。

川北　光定さん、経験上からコメントをお願いします。

光定　厳選投資については、人間の能力からして銘柄数は限られます。一方、ア
　クティブマネジャーはかなりの銘柄数をフォローする必要があるので、厳選
　投資のような詳細な企業分析や対話を行おうとしても、これを数名でやるの
　は少しむずかしいと思います。

　　もう1つ、とても重要であると思ったのは、厳選投資を行うことによって
　投資先企業との信頼関係も違ってくるということです。「10社しかないうち
　の1社が御社です」ということで、社長さんの胸襟の開き方が違ってきま
　す。コミットの度合いが違っているので、いろいろな議論もしやすいし、頻
　度よく訪問することで情報も集めやすくなると思います。

　　それから、堀江さんが指摘されたように、キャッシュフローとバリュエー
　ションの掛け算で決まる株価を読むより、キャッシュフローだけのほうが読
　みやすい。この点では、厳選ファンドの銘柄選定のほうがやりやすい可能性
　が高いでしょう。

堀江　ただし、そうはいっても投資家としてリターンが重要であることはいうま
　でもなく、厳選投資がインデックスに勝てるかどうかが最大のポイントで
　す。厳選投資はキャッシュフローを予想しているので、キャッシュフローが
　伸びていれば、株価も長期的にはついてくると思われます。このため、ポー
　トフォリオのリターンの変動はベンチマークに比べるとかなり低いと思いま
　す。

　　ただし、2012年11月から2013年前半の日本株のように市場全体として急速
　に上昇するときがあり、厳選投資のようなじっくり上昇するポートフォリオ
　とは異なった動きになります。そのとき、厳選投資はベンチマークに勝てな
　いと思いますね。

　　高いキャッシュフローをあげる企業を見分け、ある程度バリュエーション
　をしっかり行い、安い値段で投資できれば、長期的には年率10％ぐらいのリ
　ターンを稼げると思います。それとの対比で、市場が年率10％以上あがる局
　面では、ベンチマークに勝てる保証はないということです。

川北　厳選投資のマネジャーを選び、そこにファンドを預けるときには、いまい
　われたことを確認しておくべきだということですね。

堀江　そうです。

近藤　厳選投資のマネジャーは、「ベンチマークというのは自分たちの周りを
　回っている」といいますね。アクティブなアプローチでも、伝統的なマネ

ジャーと厳選投資をするマネジャー
とでは異なります。

伝統的なマネジャーはベンチマー
クに入っている銘柄やセクターに
フォーカスしすぎているから、市場
全体から乖離するリスクを大きくと
りません。一方、厳選投資ではベン
チマークを意識せず、白紙の状態で
ベストなアイデアは何かから始める
というようにまったくプロセスが違
います。

近藤 英男 氏

　年金としては、自分たちが何を望むのか、どちらのプロセスを選ぶのか、
それによって投資が変わってきます。

　もう１点、2008年のリーマンショック危機を経験した後、キャッシュフ
ローがしっかりした強い企業は非常に株価が上昇しました。市場参加者のほ
とんどがクオリティーを求めているので、株価が上がりすぎており、こうし
たケースに厳選投資としてどう対応するか、非常に悩ましいところです。

奥野　光定さんが指摘された２つ目のポイント、厳選投資と企業との関係につい
ては、僕もまさにそのとおりだと思っています。

　厳選投資を６年ぐらい行っていて、同じ企業の株をずっと保有していま
す。長期投資を通じて継続的にコミュニケーションをもつなかで、金融マン
ならではの情報を投資先企業に提供するように心がけています。そうするこ
とで信頼関係が得られ、工場見学の機会をもらったり、産業動向の詳細な話
を聞くことができます。経営者と同じ舟に乗っている長期投資家だからこそ
築くことが可能な信頼関係のおかげです。今日買って明日売るかもしれない
投資家と、ビジネスの深い話をする理由は企業サイドにはありません。した
がって、このような詳細な産業・企業分析はだれにでもできるものではあり
ません。

川北　インサイダー的な情報には注意しなければいけませんが、その企業の事業
や、その企業を取り巻く産業の環境などに関する情報を十分に入手すること
で厳選投資のパフォーマンスを上げていく、もしくは分析する目を養ってい
く、そうしたことが必要ということでしょうか。

奥野　そのとおりです。まさにキャッシュフローのクオリティーを見極める、そ
のレベルが上がっていくということだと思います。

中神　先ほどの「キャッシュフローを予測することが重要」という点については
そのとおりだと思いますが、企業経営には予測不可能なことも数多く起きる
ため、キャッシュフローを正確に予測するのは無理で、実際にできることは

キャッシュフローの「頑健性」をみることだと考えています。現実には、事業の優位性や経営者をみて投資判断することではないでしょうか。

 アセットマネジャーの役割、義務、効用、現状

投資家としてアセットマネジャーに委託する意味

川北　続いて、株式市場でのプレーヤーに対する期待、現状、問題点などについてです。厳選投資に限らず、実際に株式を運用しているアセットマネジャーについて話してもらい、それとの対比で厳選投資の役割、現状を浮彫りにできればと思います。

近藤　年金の投資家は自分で銘柄選択はできません。われわれがやることは自分たちのポートフォリオの成長のために株式投資戦略をつくることです。その投資戦略を実現するためにどのアセットマネジャーを選び、どう組み合わせるのかということになるため、それに十分応えてくれるマネジャー、これがアセットマネジャーを選択する意味です。

　　もう1つは、自分たちのマンデート（委任された権限）をわかっていないアセットマネジャーが多い。自分たちのパフォーマンスを説明するときに、いまだにコア投資といわれるスタイルの時代のように、銘柄選択要因はどうか、セクター要因はどうか、それで投資内容を説明していると誤解しているマネジャーが多い。何の説明にもなっていないといわれても、わからないのです。

　　受けたマンデートに対して、そのマンデートに沿った説明をきちんとできることが重要です。

石田　日本株運用機関のユニバースは縮小傾向が止まりません。相対的なパフォーマンスに安住してしまい、魅力ある市場への努力を怠っていることが原因であると考えられます。短期的な成果を要求しすぎる委託者も原因の一つかと思いますが、投資家として上場企業に対してもっと強く発言すべきです。厳選投資が当たり前になり、企業側に、厳しい基準を満たさないと株価が低迷して他社に買収されるという危機感が生まれないといけない。そうでないと、いまは政治頼みで株価が回復しているものの、いずれ沈滞ムードへ逆戻りするような気がします。

菅原　委託者として直接できないことが数多くあります。その委託者にいろいろ

な投資機会を提供するのが、運用者に期待される役割であり、そのいろいろな投資機会のうちの1つが厳選投資だと思います。

光定 洋介 氏

　いちばん大切なことは、プロダクトを提供する側の責務です。最近は、話題になったプロダクトや売れそうなプロダクトを提供しようとする、そうした運用者が多い気がします（笑）。自分たちのスキルを生かすことができ、他には負けない独自のスキルの部分で勝負をしてほしい、本当に自信のあるプロダクトだけを売ってほしいと考えています。

　厳選投資を例にとれば、安定したアルファ、果実を取ると約束した以上は、それを実現することが重要です。そのとき、ベータが1に近い隠れインデックスファンドのようなものを運用することは、許されないことだと思います。

川北　「売れそうな商品にすぐ飛びつく」ことへの疑問というのは、言い方をかえると、アセットマネジャーは自分たちの特徴やノウハウをきちんともち、それに基づく商品を、市場の環境を問わずに提供するべきだという意味ですか。

菅原　そういうことです。

堀江　アセットマネジャーを広くとらえてお話ししたいと思います。

　現状は、資本生産性の低い日本企業が多く、それに対して投資家側からの規律がまったく働いていないため、低い生産性でも危機感をもっていない経営者が多い。

　これはだれの責任かというと、投資家の責任だと思います。たとえばパッシブマネジャーは、基本的にロングタームでその企業を持ち続けなければいけないわけですが、実際には目的がベンチマークへの追随だけになっていて、なおかつ非常に低廉なコストで運営するとの制約条件があるため、議決権行使も含めて企業に対して規律を働かせるインセンティブが働いていません。

　この背景の1つに、パッシブマネジャーの選択基準がコストとトラッキングエラーだけになっていることがあります。資本生産性を上げる努力を投資先企業に対して行ったのかどうか、これもマネジャー評価のなかに入れてほしいと考えています。コンサルタントに対しても同じです。こういう投資全体にかかわる関係者のマインドセットを日本株に対して行わないと、企業に

対する規律づけの動機がパッシブマネジャーからも伝統的なアクティブマネジャーからも消滅すると思います。

これに関連して、イギリスのスチュワードシップ・コードのようなガイドラインの設定が1つのソリューションになりうると思っていますが、そういうものを導入しなくても、パッシブマネジャーの評価基準を変えるという単純なところから始めればどうでしょうか。

川北　関連の質問です。インデックスの話に戻るかもしれませんが、インデックスとして何が適切なのか、そういう議論もありうるのではないでしょうか。長期間、資本コスト割れの利益しかあげていない企業はインデックスから外してしまうとか、極論すると東証がそうした企業を上場廃止にするといった議論もありうると思いますが。

堀江　インデックスつまりベンチマークを変えないのであれば先ほど私がいったような議論になります。もう1つは川北さんがいったような、EVA的な議論があると思います。資本コストを上回った本質的価値による加重指数のようなインデックスにすれば、資本コストを上回った企業にしかウエイトがつかず、その指数に選ばれた企業に箔がつく。それをベンチマークとして普及させるというのは、もう1つのアプローチになると思います。

川北　アセットマネジャーの立場で奥野さんはどうお考えでしょうか。

奥野　われわれのファンドはもともと農林中央金庫の内部ファンドです。農林中央金庫のプライベートエクイティなどのノウハウを使って始めたものなので、そもそもすべての投資家を対象とした商品ではありません。従来型のアクティブファンドとはリスクリターンに関する考え方も異なるので、それらを含めた投資哲学を共有できる人たちを投資家として、一緒になってよい投資商品をつくりあげていくことがわれわれの役割だと思っています。

伊井　われわれの役割には、資本市場の活性化や産業構造の変革に対して貢献することもあると考えています。より具体的にいうと、頑張っている企業と経営者を、投資と対話を重ねながら応援していくことということになります。

一方、投資家に対してはトレーサビリティを大切にしています。投資家の最大のリスクというのは自分のお金が具体的にどこに投資されていて、その結果どういうリスクをとっているのかがわからなくなることだと思っています。そこで、われわれの投資先企業30社の経営者やIRセクションの方々を招いてセミナーを開催することまで行っています。

受益者と投資先とが直接話をすることで、運用会社が説明している運用スタイルや銘柄選択が本当にあっているのかどうか、受益者として確認できるとともに、その場で新しい価値創造につながることもあります。こうしたことが、広く金融が普及していくなかで重要ではないかと思っています。

中神　肝に銘じないといけないことは、上場株のアセットマネジャーとは付加価

値のきわめて薄い職業だということです。

その理由は、1つには、上場株はだれもが同じ値段で売買できることであり、もう1つは、基本的にコピーが簡単な事業だからです。だからアセットマネジャーとして採用してもらうためには、本質的で独特の優位性が必要となります。

付加価値がかなり薄いことを意識したうえで、何を付加価値として投資家に提供できるのか、常に意識し

石田 英和 氏

ないといけない。突き詰めると、普通の投資家にはみえず、そのアセットマネジャーだからこそみえるものが求められるといえます。

それは外形標準的な財務諸表でも、バリュエーションを当てることでもありません。結局は外形標準ではない定性的情報です。この極限は経営者の目線や産業構造の転換のなかでの事業戦略でしょう。経営者と頻度が高く、深い内容の議論をしているアセットマネジャーにしかみえないもの、それが付加価値の源泉だと思います。

これに加えて、われわれが提供するのはバリューアップ・ファンドなので、経営者の価値創造を加速し、それをリターンにつなげたいと考えています。光定さんはどうお考えですか……（笑）。

光定　すべてのアセットマネジャーに存在意義があるかどうかは疑わしいかも……（笑）。でも、存在意義のあるマネジャーもあると考えています。

製造物責任という言葉がありますが、温風ヒーターであれば温かい風が出てきたらだれにでもわかります。ところが金融商品、特にアセットマネジャーの機能はみえません。だからアセットマネジャーとして製造物責任を果たしているかどうかは、よくわからない。

ある程度の人間が集まれば、その集団として、たとえば情報を先読みして何かができるとか、伊井さんがいう資本市場を活性化することで企業価値を高めるとか、そういうことでアルファを提供するための競争力がつくれます。そういう競争力をつくらないといけない、それがアセットマネジャーの役割だと思います。

アセットマネジャーの機能は、たしかにみえにくいし、付加価値は薄いのかもしれませんが、局面によっては付加価値の高いものを打ち出すことができる可能性はあると思います。

もう1つ、委託される側からすると、アセットマネジャーが製造物責任を

果たしているのかどうかをチェックして、製造物責任を果たしていないアセットマネジャーを淘汰する仕組みの確立が必要だと思います。

さらに、個別の企業が上場することの"製造物責任とは何か"を考えると、資本コストを上回る利益を実現していくということだと思います。われわれアセットマネジャーは、上場企業がその製造物責任を果たしているかどうかをみて回る責任があります。それがわれわれの役割、義務だと感じています。

川北　皆さんの議論をまとめると、アセットマネジャーとして自分たちの得意分野やノウハウをもたないといけない。生半可に投資理論などに基づいて、それを唱えて運用するだけではよくないということでしょうか。

近藤　今後は投資家がアセットマネジャーを選択することも進むと思います。

川北　それは公的年金も含めてお願いしたいですね（笑）。

光定　お金がどう動くかということも重要です。たとえば年金基金が統合されていくと、資金量が大きくなりすぎて、厳選投資を行う意味が乏しくなるといった面もあると思います。

川北　大きい年金は大きいなりに、違う視点で投資対象やマネジャーを選ばないといけない。方法はあるし、それを尽くすべきだと思います。

 第4節　株式市場への期待と問題点

上場企業、証券会社、証券取引所、メディアの役割

川北　次に、アセットマネジャー以外の株式市場のプレーヤー、たとえば上場企業、証券会社、取引所、メディアなどに対する期待、現状について議論していただきたいと思います。まず、投資家側の立場からお願いします。

奥野　株価が低いのはIRのせいで企業の戦略を伝えていないとか、マネジャーがそれを酌み取っていないといった議論がされることがあります。しかし、根本には多くの企業が海外企業と互角に戦うための戦略をもっていないことがあると思います。

重要なことは、上場企業がレベルの高い経営戦略をもち、実際に遂行することと、それから運用者がその経営戦略を長期の目線で評価できるようになることの2つだと思います。上場企業もそうですが、自分自身を含めたアセットマネジャーも少しずつレベルアップしないといけないと考えていま

す。

伊井　企業の伝え方にも工夫の余地がおおいにあるように思います。IRのミーティングに始まり、アニュアルレポート、株主総会の招集通知、会社のホームページなどツールはなんでもいいですが、もっと工夫ができると感じています。また、会社のIRセクションが、その会社でどの程度重要なポジションにあるのかも大切だと思います。業績が悪い時にすぐにコスト削減される部署では、継続的な情報発信はむずかしいといえるからです。

　証券会社について、これだけ株式の売買手数料が安くなると、ビジネスモデルとしての株式営業が成り立たない状況です。いまはたまたま株価上昇で売買代金も増加して利益があがっていますが、持続的なモデルとはいえません。手数料自由化後のビジネスモデルは、まだ迷走中であり方向性がみえていないと感じています。

　取引所については、もっと企業の新陳代謝がないと厳しいと思いますし、堀江さんが指摘されたように、インデックスも魅力的ではありません。また、メディアも多くが、金融機関と同じで、旬な売れるものを中心に報道しているのが現状で、深掘りをしたり、視点を変えたりしてもっと工夫する余地はあるのではないかと思います。

　ただし、これらをどうやって克服していくのかについては、奥野さんと同じで、まず自分たちが少しずつでも活動していくしかないと思っています。

川北　研究機関の立場で、まず菅原さんはいかがお考えでしょうか。

菅原　2つあります。資本市場で中心的役割を担っているのは上場企業なので、上場企業への期待が大きいことが1つ。もう1つは投資家です。

　まず、上場企業です。株式市場とは、企業があげるフリーキャッシュフローの派生商品のような市場で、ある意味で企業がすべてです。グローバルな技術力と競争力のある企業がたくさん出てくれないと、市場も上向きにはなりません。

　企業価値を高めるという点で、日本の経営者は十分とはいえないと思います。「自己資本コストはいくらか」と聞かれて、きちんと答えられる経営者は多くないと思います。常に自己資本コストを意識して、それを上回るキャッシュフローを長期的、安定的に獲得する経営であることが大前提となります。

　そうした企業が数多くあると、投資が行いやすくなります。日本の余っているお金もどんどん市場に流れ、よい方向にいくと思います。

　次に、投資家です。年金もそうですが、投資のホライズンが短くなっています。最近では株価が下がったらリスク資産を売却するポートフォリオ・インシュアランスのような戦略も注目されていて、リスク許容度も小さくなっています。長期でリスクに対してもある程度許容度をもって、投資できる投

資家がふえることが期待されます。

堀江　少し違う角度からいうと、厳選投資を含めた、よいマネジャーに投資をする意識が低いと思います。よいマネジャーの投資キャパシティはそんなに大きくありません。日本株の厳選投資やバリューアップのマネジャーに投資しているのは海外のお金が多いのですが、よい果実が海外にとられ、気づいたらクローズされていたという状況になりかねません。この点で強い危機感があります。

　ほとんどの年金は資金の運用に関してはサラリーマン的であり、自分たちの役割を十分理解していません。よいマネジャーを見つけ、選ぶことによって受益者によいリターンを返すという役割が理解されていないので、マネジャーを取り損ねます。公的年金、企業年金の両方ですけれども、もう少し勉強をしてもらい、リターンを高める努力をすべきではないかと思います。

中神　株式市場はこのところ、世界的に大きく変化しています。

　2点あります。1つは、株式市場は一部の富裕層や特定の国の運用の場ではなくなり、一般大衆の老後資金の運用の場になっていることです。もう1つは、企業の資金調達の場から、投資家への資金還元の場へと変貌していることです。

　この変化のなかで、市場参加者は何をしないといけないのか。参加者各々がスチュワード（財産管理人）としての責務、受託者責任を果すことではないかと考えています。

　上場企業の経営者は一般大衆の大切な老後資金を預かって経営しているという思いを強くもち、資本コストを上回る。アセットマネジャーはそうした企業に投資し、リターンを返す。年金はそういうアセットマネジャーを育てていく。証券会社も取引所もメディアもそうです。スチュワードとしての責務と意識を社会全体に醸成しないといけないと思います。

石田　私がいいたいことはすでに皆さんがいわれたことと重なりますが、いまの上場市場に幕藩体制のような停滞感を感じます。いい面もあるが、欧米の市場と比べ、創造的破壊の場としての役割を果たせていない。映画「ウォールストリート」でマイケル・ダグラス扮する企業買収王が投資家に向かい、「強欲は善なのです」とスピーチするシーンがある。自分の運用委託先がこんなことを公言するのは嫌ですが、強欲のダイナミズムが資本主義社会の血液なのも事実です。上場企業も所領に安住するのではなく、もう一度戦国時代のように勢力拡張に手段を選ばず……ということにならないのでしょうか。

近藤　いろいろと思ったことがあります。たとえば4月24日の新聞に、年金や生保など機関投資家に議決権行使の内容を開示させるという記事が掲載されていました。2000年から2001年の頃、最良執行とか議決権執行とかが一時はや

りました。それがここにきて蒸し返されています。市場をよくするために
は、一貫性をいろんな関係者が理解しなければいけないと思います。

　それから、上場企業のROEが低いことです。2014年度には10％を超える
という予想も出てきています。ひるがえってみれば、ROEは1990年代の大
リストラを経て2003年頃からようやく向上したものの、2008年のリーマン
ショックで崩れ、それが再度上昇に転じています。将来、ROEが高まる方
向に動いているという啓蒙活動がもっと必要ではないかと思います。

　また、証券会社もアセットマネジャーも、すべて過去しかみていません。
過去20年だめだったから将来もだめだ、そんな論調が引っかかります。
ROEを高めようと努力をしている企業に資金を出そう、そういう視点や発
想が重要であると考えます。

　次に投資家の短期志向についてです。海外でも短期志向が多いといわれて
います。よいアセットマネジャーを選ぶためには当然それなりの仕組みが必
要で、どうやったら取り込めるか、真剣に考えないといけないと思います。

　先ほどアセットマネジャーの付加価値が薄いという話がありましたが、年
金のマネジャーも一般的には付加価値が薄い。要は投資をだれが行ってもあ
まり変わらない。とはいえ、より重要なことは、どのくらいの目標を定め、
それをどうやって達成するのか、その過程です。これが「リスク管理」にな
ります。この過程にプロフェッショナルとしてのわれわれの価値がありま
す。

　日本社会として、あるいは市場関係者の多くがアセットマネジャーや年金
の運用者の価値を高くみていないことに問題があると考えています。もっと
運用にフォーカスすることが大切で、そのなかに株式投資があるといえま
す。このまま何もしないと、堀江さんがいうように全部海外に取られてしま
います。まずは、もっと運用関係者の地位向上を目指したほうがいいと思い
ます。

川北　近藤さんから指摘のあった年金はもちろん、アセットマネジャーも含めて、投資の付加価値を高めるために何が必要なのか。むずかしい問題だと思いますが、何が糸口になるのでしょうか。

中神　提供している付加価値が低いとはいいましたが、一方でマネジャーはとても恵まれた職業でもあります。IR担当者や役員が会ってくれて、さらに社長さんへの面談も比較的容易に行うことが可能であるなど、数多くの現場の情報を得ることができます。これを活かすか活かさないかがポイントで、活かさないと存在意義がないということになります。投資理論もどんどんコモディティー化しており、プロとして、自分しかできないことを活かさないと危機的だと思います。

奥野　アセットマネジャーの地位向上という観点でいうと、日本では、投資という概念が誤解され、日本の文化ではさげすまれるような面すらいまだにあるのが現実のようです。文化だとはいえ、日本は世界有数の債権国になったわけですから、投資するのが義務であると思います。それにもかかわらず、現在も投資について高校・大学で学ぶ機会が非常に少ないことは残念です。投資というとすぐに浮利を追う金儲けの印象がありますが、車を製造するのも設備投資という投資、そうした企業に投資するのももちろん投資です。要はリスクをとって価値を実現することが投資であり、そういった広い意味での投資というものに対する理解や教育が重要だと考えています。

光定　皆さんがいうとおりです。少し違う観点からいうと、上場企業として資本コストを上回るリターンを出すためには、設備投資をするなどリスクをとらなければいけません。ところが日本企業の多くの経営者はリスクをとらないほうがいいと思っています。

　　　日本全体にいえることですが、リスクをとらないほうが得な社会になっている可能性があります。リスクをとらなければ失敗することがなく、辞めなくていい。その最たるものが勲章制度です（笑）。経営内容というよりは、経営に携わった期間の長さが評価されるわけです。本来は、企業価値を上げた経営者が勲章をもらっていいし、すばらしい投資家も勲章をもらっていい。勲章という制度がよいかどうかは議論があるところだと思いますが、要は社会として「リスクをとって投資をする」という経営者や投資家をもっと評価していくべきであると考えます。

最近の株価上昇について

川北　最後に、昨年末から株価が相当上がっていますが、この局面での厳選投資をどう位置づけるのか。一言ずつ述べてもらえればと思います。

伊井　最近の株価上昇は中央銀行を中心とした政策から始まっているわけで、金融業界からするとポートフォリオのリバランス効果が今回の政策の目玉だと

思います。日本国債は日銀が買うので、あなたたちは違うリスクをとってくださいと求められている。もう1つはマインドセットで、期待に働きかけ、うまくいっている部分がある。後は企業やわれわれ金融業界の人間が適切に動いていくことが重要であると考えています。現在は金融相場ですが、デフレからインフレに移行する段階では、価格転嫁が可能な、強い競争力をもつ企業が本領を発揮するはずです。私たちの出番は、そこだと考えています。

中神　株価はファンダメンタルと需給で決まる。今回は明らかに需給が改善し、それが株価上昇につながっている。ではファンダメンタルはどうかというと、円安による業績向上は期待できますが、まだそこまでかなと思います。実際、PERが少し高くなりすぎているようです。

　　　上場企業の資本生産性が上がらないのであれば、長期的には株価下落リスクがつきまとうため、価値創造企業にフォーカスをして投資をする意義が依然としてあると思います。

光定　個別銘柄では、現在の株価が少し行き過ぎているものもあると思いますが、「無駄な投資をすることによって生産性が上がる」という論文があります。いまのように株価が上がって無駄なお金が出回ると、すべてのお金がよい投資には回らないが、そのうちの一部から生産性の高い新規事業などが生まれて、結果として経済がよくなるという内容です。そうした見方もあるんだなと思いました。

川北　意味深長な（笑）。

奥野　光定さんのかなりシニックなところに賛成です（笑）。よい企業というのは、為替の動向に左右されず、円高なら円高なりの戦い方をする企業だと思います。政策の出動を待っている時点で、よい企業かどうかは疑問です。

　　　先進国の企業は価格では勝負をしません。もちろん価格はサービスや財の重要な要素ですが、そこで勝負をしたら韓国とか中国の企業に負けるのは明らかです。本当に勝ちたいのなら、そこでは勝負しません。

　　　ですから、円安で業績がよくなった企業を、それだけの理由で選ぶのは少し危険だなと思っています。結局、金融政策がどんなものであろうと、強い企業を選ぶという意味でわれわれが行うことはあまり変わりません。

　　　とはいえ、投資家が思っている価値以上に株価が上がると、リスクが高い状況になります。投資家のリスク許容度が下がり、何でも買えるという状況はバラ色にみえるかもしれませんが、われわれバリュー・インベスティングの立場からすると、そろそろリスクの高い状況になってきたという見方をしています。

堀江　1つは、厳選投資の特性として、株価下落局面には強いが、上昇局面では勝てないと思われています。そこで日本株の厳選投資をやっている6社に2012年度のリターンをヒアリングしました。そうすると、だいたい30〜

38％の間でした。TOPIXが23.8％ですので、厳選投資を専門にされているマネジャーがこの上げ相場で何とか踏ん張っているといえます。

　　もう1つは、キャッシュフローを伸ばせる企業は株価の上下に関係なく存在し続けるものの、ハイクオリティの企業が世界的にも注目されて、価格がかなり上がったのは事実です。今後、頑健なキャッシュフローの企業をどの値段なら買えるのか、その見極めが投資リターンを大きく左右するファクターになる。厳選投資にとってチャレンジングな局面になったと思います。

菅原　昨今の株価上昇の環境下での厳選投資の話からすると、株式市場は上がっていますが、厳選投資に期待する役割が違うので、株式市場の動向と厳選投資は別であるととらえている投資家が比較的多いと認識しています。

　　昨今の株価上昇の見方について、そもそもアベノミクスという政策は目新しいものではありませんし、強力なリーダーシップをとって日本を引っ張っていこうとする人も見当たらないので、今後どうなっていくかが不安であるというのが、アベノミクスへの印象です。

　　株価は一気に上がり、上がること自体は悪いことではありません。しかし、現実がみえてきたときの反動がこわい。国債の問題もあります。「株価が上がってよかった」という状況では全然ないと思っています。

石田　悲観的にすぎるかもしれませんが、今回の株高が上場企業同士のM&Aなどの活性化につながらない限り、日本株の魅力は復活しないかもしれないと考えています。日本株の割安感が薄れた段階での「やれやれ売り」で、ホームカントリーバイアス是正に遅ればせながら取り組むところも少なからず出るのではないか。グローバルにみると、今回のラリーは、たった5年で米国経済がサブプライムローン問題の解決にメドをつけ、力強く復活したことが発端です。外国人頼み、政治頼みの風潮に市場の底の浅さを感じ、不安になります。

近藤　日本株に関しては非常に割安だったものが解消された。その割安の解消が少し行き過ぎている感じはありますが。

　　将来について、それを予測するよりも、どんな状況にでも対応できるようにポートフォリオをつくる。われわれが行っていることは、ポートフォリオのリバランスです。株式のなかのリスクバランスを変化させ、どんな状況にも対応できるようにしている。いまの株価上昇はリバランスで使えます。

川北　本日は、厳選投資と、厳選投資からみた日本企業、株式市場に関して活発な議論をありがとうございました。座談会を終了します。では、本書を読まれた投資家によいパフォーマンスを。

第10章

王道となった選別投資

京都大学名誉教授　川北　英隆

第 1 節　本章の目的と位置づけ

　本章の目的は、2013年10月に出版した本書の初版『「市場」ではなく「企業」を買う株式投資』に、その後の変化を追補することである。変化と書いたが、正確には、変化した部分と変化しなかった部分とがある。

　『「市場」ではなく「企業」を買う株式投資』の原稿を執筆したのは2013年年初だった。当時、2012年末に成立した安倍内閣の政策に期待を抱き、株価が大きく上昇する気配をみせていた。

　その後の7年間強を振り返ると、2013年に入り、日経平均株価はようやく1万円台を確実なものにしていた。それでも現在の半分近い水準でしかなかった。この株価上昇を支えたのが企業業績であり、利益率も向上していた。企業経営に対しては政府も動き、コーポレートガバナンス・コードを制定することで、高い規律を要請した。主要な企業も、その要請に応えるかのように行動してきたようだ。

　それでも疑問が生じる。大企業で最近目立つ不祥事は、何か企業経営の別の側面を象徴しているのではないのか。

　結論を先取りしておく。安倍内閣の登場によって日本経済はもちろんのこと、株式市場に明るさが戻った。とはいえ、依然として企業には影の部分が色濃く残っており、7年前と大差ない。この影が株式市場にも影響するのは当然である。これはまた、7年前と現在とを比較して、変化しなかった部分でもある。

　本章では、初版以降の7年間を振り返りつつ、経済環境や株式市場が変化するなかで「選別投資」の重要性が変化しなかったことを、さまざまな角度から分析したい。なお「選別投資」とは、「特定の企業を選んだうえで、その企業の株式に投資する方法」の呼び名としておく。

　本章の構成は次のとおりである。

最初に、初版の各章をまとめつつ、選別投資の意味と、選別投資に多くのスタイルがあることを確認する。

　その後、7年間の内外経済環境の変化、株価の推移と各国市場間の格差、日本企業の業績格差、株価純資産倍率（PBR）が表現する企業の現実の姿、個別企業にみる株価の推移と背景、選別投資に順風を送る社会的な要請、以上の順に分析を進めていきたい。

第2節　選別投資とは何なのか

　『「市場」ではなく「企業」を買う株式投資』の執筆者たちは、7年前、どのような理由で選別投資を推奨したのだろうか。実のところ、「選別投資が投資の王道」という点では意見の一致をみていたものの、細部において違いがあったのも事実である。当時、本書の初版を編集していていちばん悩んだのが、この細部における差異だった。

　そこで最初に、選別投資と一口に言っても、その細部において方法論が異なることを示しつつ、7年前に読者に示した選別投資を振り返っておきたい。いわば当時の内容のまとめである。まとめ方は、本書の編著者としての川北の独断による。

(1)　選別投資が望ましい背景

　第1章　「市場」は買えるのか（川北英隆担当）では、選別投資を裏付ける経済的背景を述べた。日本経済の成長率が低いこと、日本企業の平均的な姿が資本コスト割れであること、企業間の業績格差が拡大していることを指摘した。これらが、「市場」を買う投資を捨て、選別投資が望ましいと考えた主な理由である。

(2)　数値に基づき選別できるのか

　第2章　高投資収益率企業の定量的特色（菅原周一担当）では、表題のとおり、高い株式投資収益率を得るための定量的な分析をさまざまな角度から実施している。分析に基づき、「利益の成長に着目した少数銘柄によるポートフォリオを構築することで、……安定した投資収益率の獲得が期待できる……可能性がある」とする。そのうえで、この方法が「投資の原理原則に則した合理的，伝統的な方法」だとし、「絶対価値、本質的価値に着目した株

式厳選投資（注：本章でいう選別投資）戦略の存在意義は大きい」と結論する。

(3)　絶対リターン型の投資と分類

第3章　脱市場投資のあり方──ロングオンリー絶対リターン型株式投資の内外事例（堀江貞之担当）では、市場全体の価格動向すなわち株価指数の動きをあまり気にせず、個別企業の業績に焦点を当て絶対収益を追求する、「絶対リターン型投資」を取り上げている。この投資は、どうしても集中投資、長期投資、持続的成長力に着目した投資にならざるをえないことが指摘される。このうち集中投資は、本章での選別投資と言い換えてもいい。また、絶対リターン型投資には2つの方法があり、1つが「企業価値評価型」（注：たとえば、すぐうえで述べた持続的成長力に着目した投資）であり、もう1つは「経営への積極関与型」だとする。そのうえで、日本でも絶対リターン型投資を活発化させることが必要だとして、そのための条件を整理している。そのなかに、スチュワードシップ・コードという当時は目新しかった用語への言及がある。

(4)　企業価値評価型の選別投資　1

第4章　長期投資に耐えうる企業群への投資──企業を選別して長期的に投資する（渋澤健／伊井哲朗担当）では、コモンズ投信における選別投資の実際を語っている。コモンズ投信の投資スタイルは、「長期的に企業価値を向上できる企業」を選別し、少数の企業に投資することにある。本節(3)で言及した企業価値評価型に相当し、当該章ではその具体的な企業選別の視点が述べられている。そのなかには、「世界の成長を取り込む」日本企業という考え方や、非財務情報へのアプローチが含まれる。さらには、投資先企業と当社の投資信託に投資した投資家との直接的な対話の機会を設定することにも言及がある。

(5) 企業価値評価型の選別投資 2

第5章 企業価値増大を楽しむ投資（奥野一成担当）では、農林中央金庫のファンド（現在、農林中金バリューインベストメンツのファンド）での選別投資の実際を語っている。投資スタイルは、「長期的に価値を増大させることのできる企業を見極め、……保有し続ける」ものであり、投資した株式の売買を原則として想定していない。やはり企業価値評価型に属し、当該章ではその具体的な選別の視点が述べられている。参入障壁、産業、競合の議論など、長期投資ならではの視点に関心が払われていることに注目したい。

(6) 経営への積極関与型の選別投資

第6章 企業とともに成長する投資（中神康議／光定洋介担当）では、本節(3)で言及した経営への積極関与型ファンドの視点と、実際の行動が述べられている。バリューアップ型とも呼ばれる投資行動である。発想の出発点は、日本企業の株価収益率（ROE）の低さにある。日本企業の稼ぐ力（売上高利益率）を高めることでROEを高めるとの意思に基づき、ファンドでは選別投資を実施する。選別の基準として、経営者、事業の競争力、財務などを指摘している。そのうえで、投資先企業に対して、事業価値向上のために、もしくは実態価値と市場価格（つまり株価）のギャップを埋めるために、さまざまな支援活動を行う。この活動が成功すれば、企業とファンドの間に win-win の関係が生じる。

(7) 年金からみた選別投資 1

第7章 年金からみた望ましい日本株式への投資（近藤英男担当）では、筆者が運用を担当するDIC企業年金の歴史を振り返りつつ、株式投資のあり方についての見解を述べている。そのうえで、脱ベンチマーク（代表的な株価指数に追随する投資から離れる）投資、ファンドマネジャーの企業選択能力を活用する投資、特に投資企業数を絞った投資（本章でいう選別投資）に言及しつつ、年金基金の立場からこれらを考察している。最後に、株式市場を

評価しつつ、「個々の株式がもつバリュー（質）ではなく市場価格の変動がリターンの源泉であると考えることで、投資の本質を見誤ってしまった」と結論している。

⑻　年金からみた選別投資　2

第8章　大阪ガス企業年金における国内株式運用管理（石田英和担当）は、前章に引き続き、企業年金における株式運用である。大阪ガス企業年金の運用担当者だった筆者が、株式運用の実際を振り返りつつ、考察している。その結果、「多数投資家の使うベンチマークから意識して離れ、リスクをとり続けること」の重要性、選別投資が包摂されるアクティブ運用の重要性を述べている。

⑼　選別投資はアベノミクスでも健在

第9章　【座談会】インデックス運用か厳選投資かは筆者たちによる。2013年の春、選別投資に高い関心を寄せる筆者たちによって本書がまとめあげられようとしていた。せっかくの機会だというので、横串的に意見を交換し、選別投資について意見集約を行い、それを多くの投資家にたたき台的に提示しようと考えた。

2013年4月、金融財政事情研究会の会議室を借り、一堂に会した。アベノミクスにより、日本の株式市場が上昇相場に入った時期だった。そのため、選別投資ではなく、市場全体を買うべきではとの見解が、特に年金基金の運用者から出てきそうな懸念も少しばかりあったが、そういう結論にはならなかった。選別投資の重要性を確認することで座談会を終えることができ、非常に有意義だった。

以下、本章で多面的に説明するが、その後のアベノミクスの推移においても、選別投資は生き抜いた。むしろ、選別投資がより好ましくなった。

⑽　選別投資に重要な個性

選別投資に関して、筆者たちの視点が少しずつ異なっていることは、以上

の各章まとめのとおりである。本書の初版当時、本章で用いる「選別投資」と類似した意味で、複数の用語が用いられていた事実（現時点でもある程度そのままだろうが）にも、筆者たちの視点の差異がみられる。

ベンチマーク（インデックス＝株価指数）の値動きをそっくりまねるパッシブ運用（インデックス運用とも呼ばれる）と対比しつつ、アクティブ運用の一形態として選別投資を位置づけようとの記述がある。一方、少数の選別された企業を長期間保有することで、ベンチマークを無視し、優れたリターンを得ようとの記述もある。後者の投資スタイルを如実に示すのが「厳選投資」の表現である。

さらに、少数の企業に投資する場合も、第3章で指摘しているように、企業価値評価型と経営への積極関与型に分かれる。

これらの差異をどう認識すればよいのか。

第9章の座談会で納得できたことがある。それは、差異と思えたことが実は大きな差異ではなかったことに尽きる。

その1つは、選別投資を通常のアクティブ運用と区別できるのは、一般的に用いられているインデックス（日本ではTOPIX、東証株価指数）を、選別投資が「常に対比すべきベンチマーク」としては意識していないことにある。オーバーに表現するのなら、選別投資を実施するファンドマネジャーは、自分たちのファンドが長期的に、一般的なインデックスをアウトパフォームするのは当然であり、アウトパフォームできないはずがないと思っている。このような自負の源泉がどこにあるのか。選別投資とは、だれも競争相手がいない、言い換えれば「無人の荒野」に近い世界での、しかし理に適った投資だからだろう。

もう1つは、選別投資の方法が画一的であるはずもないという、多様性への当然の認識である。個々の選別投資が「無人の荒野」での行動であると同時に、複数の選別投資が相当似通った方法を採用しているのなら、それは矛盾である。

選別投資とは、投資企業を選び出すという1つのカテゴリーで括れるものの、個々のファンドの投資スタイルが異質であって当然である。逆に、異質

を追求することに選別投資の本来の意義があると考えてもいい。念のために付け加えておくと、いくつかの選別投資のファンドが、結果として同じ企業に投資することになることも当然生じるのだが。

第3節　7年間の経済環境の変化

　2013年に筆者たちが熱く語った選別投資は、その後の7年間でどのように変わった（もしくは変わらなかった）のだろうか。まず、この間の経済環境を簡単に振り返っておく。

　国内経済、国内経済を取り巻く環境の変化、今後の見通しの順に簡単にみ
ておきたい。

1 ｜ アベノミクスは起きたが

　第一に国内経済である。この景況感に関して、一般的には、アベノミクスによって盛り返したと感じる向きが多いのではなかろうか。

(1)　経済成長率は依然として低い

　内閣府国民経済計算の資料を用い、2012年度から2019年度まで、すなわちアベノミクスの7年間について、名目国内総生産（GDP）の成長率を計算した。すると、年率1.6％になった。実質ではなく名目GDPを最初に示したのは、企業業績（特に利益額）が名目GDPと深くかかわるからである。

　ついでに同じ期間の実質成長率を計算したところ、1.0％だった。名目と実質の差、0.6％は、インフレ率に相当する。

　なお、2020年1－3月期は新型コロナウイルス感染症（以下本章において「新型コロナウイルス」）のパンデミックの影響を受けたとはいえ、まだ本格化していない。このため、上の数値はほぼアベノミクスによる日本経済の実力である。

　この数値の評価である。日本経済はリーマンショックの前、2007年度をピークに停滞していた。2009年を底に回復していたとはいえ、2010年以降の

3 年間はもたついた。このため、2007年度のGDPの水準を超えられないでいた。それが2013年度から様相が変化し、実質GDPは2013年度に、名目GDPは2015年度に、それぞれリーマンショックを乗り越えた。

とはいえ、企業業績に直結する名目ベースでの成長率には力強さがない。日本銀行が２％のインフレを政策目標として掲げ、国債をはじめとする債券はもちろん、株式（ETF、上場投資信託）、不動産（REIT、不動産投資信託）と、何でも購入することで潤沢すぎる資金を供給した。さらにマイナスの利子率でさえ認めているにもかかわらず、上で示したようにインフレ率は１％にも届かなかった。

一言で表現すれば、日本経済は、特に企業業績に影響の大きい名目GDPの観点からは低成長だった。これに加え、足元では新型コロナウイルスの影響あり、さらに米中の対立の影響ありと、不透明感が強く、経済成長の頭を抑えている。

(2) 賃金は伸びず

日本の経済成長率を少し別の観点からみておく。国民生活に直結する賃金からの観点である。労働の対価である賃金（以下、人件費）は名目GDPを構成する重要な要素である。もう少し説明すると、名目GDPの構成要素は概略、一般的な用語を用いると、人件費、企業利益（営業利益）、減価償却費で構成される。

では、アベノミクスで多少高まった日本の名目GDPのうち、人件費にどれだけ分配されたのかを労働分配率で観察する。労働分配率とは、名目GDPのうちから人件費として支払われた割合であり、その比率が上昇すれば、サラリーマンなどの生活が豊かになる。

労働分配率の推移を示したのが図表10－1である。これによれば、1990年代の中盤から後半以降、労働分配率が低下している。バブル崩壊の影響が深刻化するにつれ、企業は経費削減に本気となり、人件費を主要な削減対象とした。当時はリストラの嵐だったともいえる。

2008年、労働分配率は急速に上昇したが、これはリーマンショックによっ

図表10−1　日本企業の労働分配率

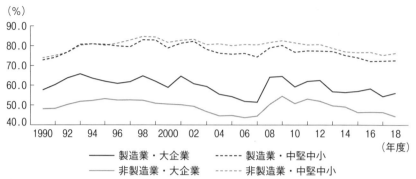

（注）　資本金10億円以上を大企業、それ未満を中堅・中小企業とした。金融機関は含まない。
（出所）　財務省「法人企業統計調査」に基づき筆者作成

て名目GDPが大きく落ち込んだためであり、人件費への支出が増えたからではない。リーマンショックや東日本大震災の影響から日本経済が立ち直るとともに、労働分配率も再び低下に向かった。端的に言って、アベノミクスによるプラスの経済効果をサラリーマンが享受することは少なかった。

　このことは、「名目GDP成長率の上昇の恩恵、すなわち、成長率上昇の分け前を人件費としてサラリーマンが受け取り、それを消費に回し、そのことが名目GDP成長率をさらに上昇させる」という、経済の好循環が生じるには力不足だったことを意味する。アベノミクスが企業に賃上げを求めたのも、この好循環を意図したものと考えていいが、結局は実現しなかった。

2 ｜ 世界の大きな変化が続く

　今後を見通すために、この間の経済社会の環境を国内、海外の順に俯瞰しておきたい。

（1）　日本社会の潮流が継続

　2013年以降の日本経済の表面的な変化、すなわちアベノミクスによる経済成長率の上昇はともかくとして、その間においても日本社会の基盤にある潮

流はそのまま続き、変化しなかった。この潮流とは人口構成の老齢化であり、人口そのものが減少に転じたことである。政府は少子化対策を重要な政策として掲げたものの、成果はほとんどなかった。

このことは、労働力人口すなわち働き手の減少に直結する。生産したくても生産できないことに等しい。

同時に、国内の需要にも減少の圧力が続く。老齢化と人口減少は消費の縮小を意味する。消費が縮小すれば、企業は新たな国内での設備投資をためらう。

この環境下、日本経済をさらなる発展に導くためには、生産や需要に革命を生み出すしかない。たとえば、生産方式の大変革である。また、国内のサービス分野に新たな需要を喚起することである。さらに、海外に向けて新たな製品やサービスを供給することである。

アベノミクスの7年間、この経済発展のための変革がはたしてどの程度達成されたのかが問われる。問われる主体は、政策を打ち出す政府もそうだが、直接的には企業である。この点について、本章第6節と第7節で分析してみたい。

(2) 世界の変化が加速

国内を離れて世界を眺めてみると、リーマンショックを経た後、それ以前の変化がより加速したようにみえる。2つの大きな変化を取り上げておきたい。

1つに、情報処理や通信に関する技術革新が大きく進み、分野によっては人間の判断を代替し、さらに凌駕するまでになった。

たとえば、将棋や囲碁の世界に代表されるように、AIによる認識技術が飛躍的に発展し、いまでは画像認識や車の自動運転をはじめ、応用分野が飛躍的に拡大している。逆に、個人情報を政治や統治にどのように用いるのか、むずかしい問題が社会に突きつけられている。

もう1つは、中国をはじめとする新興国の台頭である。

図表10−2は主要国の名目GDPの規模と、それが世界経済に占める割合

図表10－2　主要国の名目GDP推移

（単位：兆ドル、％）

	2000年	割合	2010年	割合	2015年	割合	2018年	割合
世界	33.62	100.0	66.23	100.0	74.88	100.0	85.69	100.0
日本	4.89	14.5	5.70	8.6	4.39	5.9	4.97	5.8
アメリカ	10.25	30.5	14.99	22.6	18.22	24.3	20.58	24.0
ドイツ	1.94	5.8	3.40	5.1	3.36	4.5	3.95	4.6
フランス	1.36	4.0	2.64	4.0	2.44	3.3	2.78	3.2
イギリス	1.66	4.9	2.48	3.7	2.93	3.9	2.86	3.3
ロシア	0.26	0.8	1.54	2.3	1.37	1.8	1.66	1.9
中国	1.21	3.6	6.09	9.2	11.02	14.7	13.61	15.9
インド	0.48	1.4	1.67	2.5	2.15	2.9	2.78	3.2
ブラジル	0.65	1.9	2.21	3.3	1.80	2.4	1.87	2.2
その他	10.92	32.5	25.51	38.5	27.20	36.3	30.63	35.7

（出所）　矢野恒太記念会『世界国勢図会第31版』に基づき筆者作成

を示している。これからわかるように、リーマンショックまで驚嘆すべき成長を遂げた中国が、危機を乗り越えるための積極的な財政政策もあり、アメリカと並ぶ世界経済の核にまで巨大化した。他方、先進国と呼ばれてきた各国の経済規模が徐々に縮小している。特に日本経済が金額的にも停滞していることに注目しておきたい。

3 ｜ 今後の経済環境と企業

　今後を見通すうえで、もう１点、付け加えておくべきことがある。それは、2019年年末から2020年年初に判明した新型コロナウイルスの影響である。本稿執筆中の2020年９月時点において、新型コロナウイルスの帰趨が明確ではない。

　とはいえ、今後の世界が歩む方向として明らかになっていることもいくつかある。

　１つは、新型コロナウイルスの震源地だったにもかかわらず、中国の回復がいちばん早いことと、アメリカも積極的な経済対策を打ち出していることである。米中が今後とも、10年程度の期間で評価して、世界経済を牽引する

のだろう。

　もう１つは、情報処理や通信技術を活用した経済活動が、新型コロナウイルスを契機として、ますます活発化していることである。また、情報、通信と並び、今後の技術革新の重要な一角を占めるとみられる医療や生命科学への注目も、新型コロナウイルス対策で一気に高まっている。過去10年間に起きた変化を凌駕する革新が生じると考えておいたほうがいい。

　言い換えれば、2008年のリーマンショック以降の世界経済の潮流がますます強まりそうである。企業はその流れのなかで自分たちの位置を確保しつつ、変化に対応していかなければならない。いままで以上のむずかしい対応が迫られる。それだけに経営者の能力が問われる。

　日本はどうなのだろうか。アベノミクスの７年間、日本経済はそれ以前と比べて順調だったようだ。しかし、先の図表10－２からは別の日本がみえてくる。世界経済がきわめて順調だったおかげで、日本経済の成長速度が少し上がったようにみえたにすぎないのではないか。そういう疑問である。少なくとも、日本が自律的に成長したとは考えられない。

　たとえば、GAFA（グーグル＝アルファベット、アップル、フェイスブック、アマゾン）に相当する、ついでに付け加えるのならマイクロソフトに相当する企業が、日本に１社も誕生していない。情報処理やインターネットに代表される通信技術の時代にもかかわらずと、表現するのが正しいだろう。

　また、新型コロナウイルスに対するワクチン開発においても日本企業の影が薄い。医学や生命科学分野において日本人がノーベル賞を受賞しているにもかかわらずと、ここでも思えてしまう。

　GAFAとはいかないまでも、日本のなかに世界的に活躍している企業が多くあるのも事実である。問題は、本章第７節で示すように、1980年代、1990年代に活躍した大企業が、当時に蓄えたはずの貴重な資源（資産や人材）を十分に活かせないまま、2000年以降を無為に過ごしたことである。この結果、日本経済全体を眺めると、図表10－２のように、世界のなかでの地位が大きく後退したのではないだろうか。

　以上から、日本の株式市場において、将来を託して投資するにふさわしい

企業と、そうでない企業を選別することが重要になるとの、とりあえずの推論に到達する。この推論は7年前の初版での推論や議論と同じである。

　以下、この推論の確からしさについて、現時点（2020年8月末）のデータに基づき、もう少し調べてみたい。

株価は企業業績を反映する。業績がよければ（企業の利益水準が高まれば）株価は上がる。悪ければ株価は下がる。そして、企業業績は経済活動量、言い換えれば名目GDPと深く関係する。

とすれば、図表10-2で示した各国の名目GDPの推移は、各国の株価の推移に近いはずである。もちろん、図表10-2はドルベースでの名目GDPの推移だから、ドル為替レートの影響があり、これが大きな攪乱要因になることには留意すべきである。

(1) 日米独の株価比較

株式市場が整備されている日米欧の株価を事前に推測するに、名目GDPが順調に成長しているアメリカの株価は堅調だと考えられる。ヨーロッパの代表としてのドイツは名目GDPが一時停滞しているので、株価上昇率はアメリカより劣っていそうである。日本は名目GDPが停滞を続けているので、株価上昇率もアメリカやドイツより劣後すると考えられる。

図表10-3は1999年12月末を100として、日米独の株価推移を示したものである。株価（株価指数）として、日本はTOPIX、アメリカはS&P500、ドイツはDAXを用いた。

同図表では、上で述べた最初の推定と多少異なる点はあるものの、概略は正しいことがわかる。株価についてはアメリカがいちばん元気である。次にドイツであり、日本は元気に乏しい。

もう少しみておくと、2008年のリーマンショックの頃まで、日米独の株価推移にあまり大きな差はなく、互いに交錯しながら推移している。それがリーマンショックからの回復過程で大きな差が生じた。日本が著しく遅れたのである。

図表10－3　日米独の株価比較―1

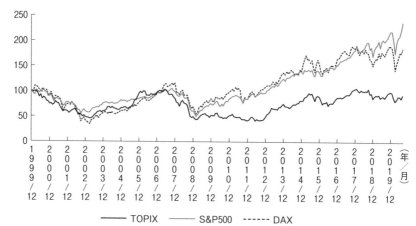

──── TOPIX　　──── S&P500　　------ DAX

（出所）　QUICK社 Astra Managerのデータに基づき筆者作成

　もっとも、2013年以降のアベノミクスの効果が気になる。日本の株価が上昇しているからである。そこで、図表10－3の数値をベースに、日米独の比較をもう少し丁寧に行う。その方法は、図表10－3のTOPIXの水準でアメリカとドイツの株価を割ること、言い換えればアメリカとドイツの各年月の株価水準がTOPIXの何倍なのかを計算することである。

　これが図表10－4である。なお、同図表には、日経平均株価とTOPIXの関係を新たに付け加えた。日本を代表するこの2つの株価指数の関係については後で説明する。

　さて、図表10－4によると、アベノミクスの当初、アメリカやドイツとの差が縮まった。しかし、その後は差が縮んでいない。

　ドイツとの関係は一進一退に近いものの、2019年に入り、ドイツが上に離れそうな気配になっている。また、アメリカは2018年に入って以降、ドイツを上回り、TOPIXを再び引き離している。

　まとめると、アベノミクス効果による欧米への追いあげは最初だけ成功したものの、その後はアメリカやドイツとの差が一定以上に縮まっていない。むしろ再び引き離されつつある。

図表10-4　日米独の株価比較—2

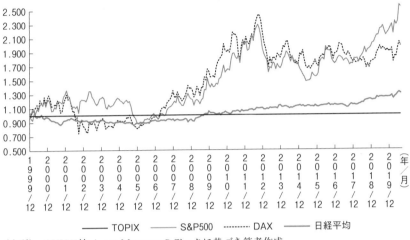

（出所）　QUICK社 Astra Managerのデータに基づき筆者作成

　なお、図表では示さないが、外国為替レートを考慮しても、アメリカとドイツの優位性に変わりはないことを付け加えておく。

(2)　TOPIXと日経平均株価の比較

　もう1点、図表10-4で付け加えた日経平均株価とTOPIXの相対的な関係について述べておく。

　図表10-4によると、2005年頃を境として、日本を代表する2つの株価指数の水準に大きな変化が生まれている。すなわち、2005年までTOPIXが日経平均株価を少しずつ引き離していたのだが、それ以降、逆に日経平均株価がTOPIXを引き離してきた事実である。

　2000年から2005年まで、TOPIXが日経平均株価を引き離した要因として2つ考えられる。

　1つは、日経平均株価の自滅的要因である。というのも、2000年4月に日経平均株価は当時の情報通信企業の活躍に対応するため、指数構成企業を大幅に入れ替えた。これが当時の情報通信企業のバブル崩壊と重なってしまっ

た。この結果、TOPIXの水準が相対的に高くなった。

　もう1つは、日本経済の回復である。2003年5月、りそな銀行の実質国有化が決定された。これが株式市場に「アク抜け感」を呼んだ。また、日本経済が、1990年代初頭以降続いた長いトンネルからの脱出を始めていた。これらにより、それまで売られるだけで買われなかった企業の株式が、ようやく買われ始めたのである。「売られすぎの株式」である、本章第6節(5)で言及する「バリュー株（割安株）」が買われ、それがTOPIX全体を底上げした。その「バリュー株」買いの典型的行動が、当時の市場を揺るがした「村上ファンド」の投資だと考えられる。

　一方、優良企業が比較的多く採用されていた日経平均株価は、TOPIXとの比較で買われなかった。このため、TOPIXとの差が徐々に開いた。結果として、日経平均株価／TOPIXは、1999年12月末を1.0とした場合、一時0.9まで低下した。

　この状況が変化した大きなきっかけは2006年6月に生じた事件、村上ファンドを率いていた村上世彰氏の逮捕だった。これにより相場の流れが大きく変わった。その後、2007年の日本のミニ不動産バブル、2008年のリーマンショックを経て、日本の株式市場が変貌していった。

　第5節と第6節で分析するが、TOPIXと日経平均株価の相対的な関係も、リーマンショック前後に生じた株式市場の変化の影響を受けたと考えられる。

　とりあえず事実だけを観察すると、リーマンショックからの回復過程において、日経平均株価の上昇率がTOPIXを明らかに上回るようになった。先に示した日経平均株価／TOPIXの値は、0.9を底に上昇を始め、リーマンショックからの回復直後に1.0を超えた。その後も徐々にこの値が上昇し、2020年8月末時点では1.3を上回るようになっている。少し視点を変えると、TOPIXではなく日経平均株価を基準にすれば、アメリカはともかく、ドイツとの差は縮まっていることを意味する。

　それでは、このリーマンショック以降にみられるTOPIXと日経平均株価との差異、つまり日経平均株価の上昇率がコンスタントにTOPIXを上回っ

ている要因は何なのか。

　以下で観察するように、企業間の格差だと考えていい。TOPIXは東証第一部上場の全企業（2020年8月末現在、2,170社）を構成企業とする株価指数であるのに対し、日経平均株価の構成企業は225社にすぎない。

　TOPIXには業績のよい企業も悪い企業も、成長盛りの企業も成熟しきった企業も、種々さまざまな企業が混じっている。これと対比すれば、日経平均株価のほうがより選別された企業によって計算されていることになる。

　もっとも、日経平均株価は株価の単純平均を基本として計算されている。1株当りの株価に何の意味があるのかという大きな問題がある。さらに、細部に入ってしまうが、株価の単純平均が基本であるものの、実際には特定の企業の株価にウエイトがかかっていて、純粋に株価を単純平均していない。この点は日経平均株価の出自に関係している。複雑かつ「選別投資」とは無関係な事項なので、ここでは議論しない。日経平均株価には株価指数としての疑問点があることだけを指摘しておく。

第5節 日本企業の格差の概観

TOPIXと日経平均株価の上昇率の差異は、構成企業の差異であり、多くは上場企業間の業績の格差だと言い換えることも可能である。この業績格差に関して、初版の図表1－9で示した「日本：経済成長率と企業業績のばらつき」をアップデートしておく。これが図表10－5である。なお、初版の図表とは目盛りのとり方に違いがある。

図表10－5は次のようにしてつくった。

現時点での東証第一部上場企業（金融機関を除く）のうち、1999年度以降の決算数値の得られる企業について、2019年度までの各年度のROA（営業利益／総資産）を計算し、その各年度のROAについて上場企業全体の平均値と標準偏差を計算した。この各年度のROAの標準偏差を平均値で割ったものが変動係数である。変動係数の値が大きいと、ばらつきが大きいことを意味する。図表10－5ではROAの変動係数を逆目盛りで表示したため、ROAの変動係数の線が上にあれば「ばらつきが少ない」＝「（当該年度の）企業業績の格差が少ない」、下にあれば「ばらつきが大きい」＝「企業業績の格差が大きい」ことを意味している。

ところで、企業業績の格差の分析について、よく言及される株主資本利益率もしくは自己資本利益率（ROE、税引後利益／株主資本）ではなく、ROAを用いたのはなぜなのか。一言で表現すれば、ROAがより純粋に企業（事業活動）の利益率を示しているからである。ROEの場合、資本構成（株主資本と負債との構成比率）から大きな影響を受けてしまう。つまりノイズが多い。

さて図表10－5では、このROAの変動係数に名目GDP成長率の推移を重ねている。すると、GDP成長率が低いとROAの変動係数が大きくなり、GDP成長率が高いとROAの変動係数が小さくなることが判明する。

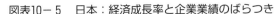

図表10-5　日本：経済成長率と企業業績のばらつき

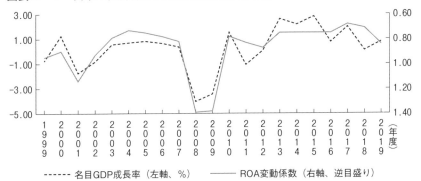

------- 名目GDP成長率（左軸、%）　　──── ROA変動係数（右軸、逆目盛り）

（出所）　内閣府「国民経済計算」、QUICK社 Astra Managerのデータに基づき筆者作成

　アベノミクス以降は成長率が比較的高くなったことから、企業業績のばらつきが小さくなった。もっとも、足元では成長率が低下傾向にあるため、企業業績のばらつきが少し大きくなっている。さらに新型コロナウイルスにより、2020年度の成長率は大きく低下する。この結果、企業業績のばらつきの拡大が予想される。

　長期的には、本章第3節2⑴で述べたように、人口構成の老齢化と人口減少が続き、それが日本の成長率を抑制する。このため、企業業績のばらつき、つまり企業間格差を拡大させる圧力が続くことになる。企業として、この国内の低成長を逃れるための手段は海外進出である。しかしながら、海外で成功するには経営力と独自性が必要になる。この点をクリアでき、活躍できる企業は数多くない。

　いずれにしても、企業間格差が拡大する圧力が継続すると考えて間違いない。

　なお、アベノミクス以降、名目GDP成長率とROAの変動係数との相関が少しだが崩れているようにもみえる。海外展開に力を注ぎ、その成果を得ている企業が増えているためかもしれない。この点にはいままで以上に注意すべきだろう。

第6節 企業間の格差とPBR

企業間の格差は株価のどこに表れるのか。企業業績と異なり、株価は投資家のスタンス、言い換えれば人気度によってかなり変動する。このため、企業間の格差と株価の関係について、先の図表10-5のように、一目で示してくれる指標に乏しい。

とはいえ、それなりに精度高く企業間の格差を示してくれそうな指標がある。株価純資産倍率（PBR）である。

（1） PBRの意味

初版の第1章第2節で示したように、投資家の人気などの撹乱要因を排除できたのなら、PBRは理論的に次の意味をもつ。

すなわち、企業の営む事業の利益率が資本コスト（企業が調達した資本に対して投資家が要求する利益率）と等しいのなら、PBRはちょうど1倍になる。事業の利益率が資本コストを上回っているのなら、PBRは1倍を超える。逆に、事業の利益率が資本コストを下回っているのなら、PBRは1倍未満になる。

PBRが1倍未満の企業を取り上げ、少し考えてみたい。

企業が事業のための資本を株式だけで調達しているとする。この場合、負債がないわけだから、資本コスト（この場合は株主資本コスト）と対比すべき事業利益率はROEとなる。

このとき、ROEが資本コストを下回っていたのなら、「この企業に投資しても期待に応えてくれない、ダメだ」と株主が株式を売却する。このため株価が下落する。この下落後の新たな株価を用いて株主資本の時価を評価し、この時価ベースの株主資本を用いてROEを計算し直すと、このROEは資本コストと等しいはずである。なぜなら、等しくなれば、株主としてその企業

266

の株式を売却する理由がなくなり、逆に買っても問題がなくなり、株価がその水準で落ち着くからである。

　残念ながら、貸借対照表上の株主資本は簿価で表記され、株価の下落だけではその金額が変化しない。このため、株主資本（時価）と株主資本（簿価）の比率は１を割る。そして、株主資本（時価）とは株価をそのまま反映したものであるから、株主資本（時価）と株主資本（簿価）の比率とは、PBRそのものである。

　PBRが１倍を超えている企業も、同じように株主資本（時価）と株主資本（簿価）の比率で考えればいい。

(2)　上場企業の半数はPBR１倍割れ

　それでは、日本の上場企業のPBRはどうなっているのか。

　最初に、現在の東証第一部上場企業について、2000年から2020年の各３月末時点におけるPBR１倍割れ企業を拾い出し、上場企業数全体に占める割合を計算してみた。これが図表10−6である。なお、参考のため、足元の８月末についても計算しておいた。また、名目GDP成長率も付け加えた。

　この図表によれば、次のことがわかる。

図表10−6　PBR１倍割れ企業の割合

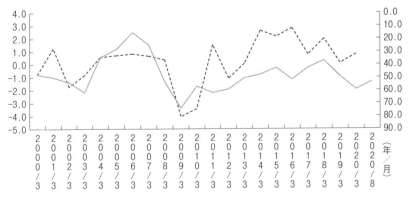

‐‐‐‐‐　名目GDP成長率（左軸、％）　─────　PBR１倍割れ比率（右軸、％）

（出所）　内閣府「国民経済計算」、QUICK社 Astra Managerのデータに基づき筆者作成

第一に、リーマンショック後の10年間ほど、PBR 1 倍割れの割合が50％を挟んで推移している。

　この事実は、「上場企業の半分において、事業利益率が資本コストを満たしていない」と、投資家が評価している可能性を示唆している。東証第一部上場企業の半分がPBR 1 倍割れという安値に放置されていても、投資家としては積極的に買う理由がないということでもある。

　現実の市場においてPBR 1 倍割れが生じる理由は、事業利益率と資本コストの関係だけではない。業界全体が冴えない、企業が営む事業のなかに冴えないものが含まれている、投資家の判断に誤りがある、株式市場の環境がよくないなど、いろいろな要素がからむ。

　とはいえ、投資家の判断の誤りや市場環境など、投資家がからむ要因だけでは、長期間にわたり、PBR 1 倍割れ企業の割合が半分に達している事実を説明できない。この点については本節(4)でもう一度考える。

　第二に、PBR 1 倍割れの比率は、名目GDP成長率が低いと上昇することである。成長率が低下すると企業の業績が悪くなる。当然、事業利益率が資本コストを下回る企業が増えるが、この状態が一時的なのか恒常的なのかの判断に迫られる。投資家のなかには悲観に傾き、恒常的だと思う者も出てくる。このため、PBR 1 倍割れの比率が上昇する。

　第三に、リーマンショック前後のPBR 1 倍割れ水準の変化である。少し説明すると、リーマンショック時に 7 割以上の企業がPBR 1 倍割れになり、そこからの回復期には 1 倍割れの比率が低下した。ここまでは普通である。問題は、リーマンショック後には、リーマンショック前と同じ経済成長率であっても、 1 倍割れの比率が全体として上昇していることである。

　この理由として、市場全体に対する投資家の評価が厳しくなった可能性を指摘できる。もしくは、企業の平均的な業績が悪化したことによって説明できるかもしれない。後者について、2012年、2013年頃から、東証第一部上場の企業数が急速に増えた影響も念頭に置かなければならない。

（3）　大企業にもPBR1倍割れが

PBR1倍割れの特徴として、次の点にも注目したい。すなわち、PBR1倍割れが、人材や資金力などの経営上の資源に乏しい比較的小規模な企業に限定されているのかというと、そうではない。大企業にも生じている。

図表10-7は時価総額の大きさとPBR1倍割れとの関係を示している。2020年8月末時点のものである。

少し説明しておく。まず、2020年8月末現在での東証第一部上場企業の時価総額とPBRのデータを入手した。両方のデータが得られたのは2,039社だった。この2,039社を時価総額の大きさの順に100に分けた（言い換えると、時価総額に基づき100分位に分けた）。各分位には20社もしくは21社の企業が入ることになる。そのうえで、それぞれの分位にPBR1倍割れの企業が何％含まれているのかを計算した。

以上のデータを図表にした。横軸には分位（時価総額のいちばん小さい分位が100、いちばん大きい分位が1）を、左の縦軸には各分位のPBR1倍割れの比率を、右の縦軸には各分位ごとのいちばん小さな時価総額をとった。

この図表によれば、時価総額の小さな企業ではPBR1倍割れが半数以上に達し、多くの企業の事業運営が資本コスト割れである可能性を示している。

図表10-7　時価総額の順位とPBR1倍割れ比率

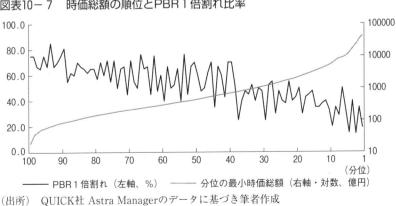

（出所）　QUICK社 Astra Managerのデータに基づき筆者作成

一方、時価総額の非常に大きな大企業であっても、PBR 1 倍割れが30％前後に達しており、資本コスト割れの企業が相当混じっていそうである。

もう少しPBR 1 倍割れの比率を詳細にみておく。分位が100から90の企業（時価総額88.6億円以下）では70％前後、分位が89から40の企業（時価総額720.5億円以下）では60％前後、分位が39から20の企業（時価総額2,430億円以下）では40％前後、それより時価総額の大きい企業では、すぐ上で述べたように30％前後がPBR 1 倍割れである。つまり、時価総額が小さくなるにつれ、PBR 1 倍割れの比率が階段状に大きくなる。

ちなみに、第 1 分位（時価総額4.3兆円以上）のPBR 1 倍割れは19％、第 2 分位（時価総額3.2兆円以上）は35％、第 3 分位（時価総額2.29兆円以上）は14％の企業がPBR 1 倍割れである。

以上の数値は、新型コロナウイルスが影響している2020年 8 月末の株式市場のものではあるが、 1 年前でみても、少しばかりPBR 1 倍割れの比率は小さいものの、傾向は同じである。

⑷　企業業績の良し悪しは継続する

PBRに関する以上の事実を理解したとして、次の疑問が生じる。というのも、東証第一部上場企業の半分がPBR 1 倍割れだとしても、同じ企業がずっとPBR 1 倍割れのままなのかどうかは必ずしも明らかでない。

そこで、ある時点のPBRの水準がどの程度継続するのかを、 1 年後、 2 年後など、将来のPBRとの相関関係から推測することにした。具体的には、 3 月末を基準として、東証第一部上場企業ごとのPBRを求め、ある年の 3 月末のPBRが 1 年後から 5 年後までのPBRとどの程度の相関係数を有するのかを計算した。相関係数が大きいほど、PBRの高い低いが長く続くことになる。

この結果を示したのが図表10－ 8 である。なお、2020年 3 月末のPBRも計算できるが、新型コロナウイルスの影響が強く出ているために、ここではあえて計算しなかった。このため、同図表が示すのは2019年 3 月末の結果までである。

図表10－ 8 の、特に 5 年後の相関係数をみてわかるとおり、リーマン

図表10-8　各年度末のPBRの相関係数

基点	1年後	2年後	3年後	4年後	5年後
2000年3月末	0.440	0.490	0.310	0.234	0.153
2001年3月末	0.627	0.440	0.291	0.201	0.241
2002年3月末	0.811	0.644	0.474	0.443	0.442
2003年3月末	0.781	0.592	0.550	0.540	0.587
2004年3月末	0.674	0.546	0.452	0.471	0.360
2005年3月末	0.291	0.223	0.199	0.174	0.187
2006年3月末	0.717	0.613	0.430	0.581	0.489
2007年3月末	0.809	0.553	0.757	0.621	0.554
2008年3月末	0.784	0.843	0.691	0.569	0.558
2009年3月末	0.813	0.709	0.594	0.503	0.624
2010年3月末	0.850	0.747	0.667	0.697	0.685
2011年3月末	0.832	0.650	0.736	0.694	0.736
2012年3月末	0.727	0.734	0.681	0.668	0.655
2013年3月末	0.790	0.738	0.676	0.645	0.582
2014年3月末	0.880	0.788	0.793	0.725	0.692
2015年3月末	0.843	0.817	0.743	0.715	
2016年3月末	0.861	0.758	0.731		
2017年3月末	0.883	0.803			
2018年3月末	0.874				

（出所）　QUICK社 Astra Managerのデータに基づき筆者作成

ショックの少し前、2006年もしくは2007年頃から変化が生じており、長期間が経過した後の相関係数が以前よりも高くなっている。なお、図表には示さなかったが、7年後と10年後の相関係数も計算したところ、たとえば2007年3月を起点とする場合、相関係数は0.5を超えており、相関係数の高い状態が相当長期間続くことが明らかになった。

　このことは、PBRの高い企業（代表的には、事業利益率が資本コストを上回る、PBRが1倍以上の企業）は、5年後のPBRも高い傾向が強いことを意味する。逆にPBRの低い企業（代表的には、事業利益率が資本コストを下回る、PBRが1倍未満の企業）は、5年後のPBRも低い傾向が強い。この背景にあるのは、投資家の人気もしくは不人気が続くというよりは、企業の事業面での特性が継続することだと考えられる。

端的に表現するのなら、良い企業は良い企業のまま、良くない企業は良くないままで事業を営んでいる傾向が強い。この点は利益率から分析しても同様である。利益率の高い低いは長期間継続する。

　この事実を敷衍するのなら、企業の社風とも深く関係するだろう。良い社風はともかくとして、良くない社風はどこかで大転換を図らないといけない。そうしないと、遺伝していく。

(5)　PBRと株式投資収益率の関係

　PBRに関するいくつかの分析を紹介したが、これらの分析結果からすると、PBRの高い企業の株式に投資すれば、もしくはPBRの低い企業を除外して投資すれば、高い投資収益率が得られるのではないかとの推測が成り立つ。

　こう書くと反論があるかもしれない。ファマとフレンチが提唱した著名な3ファクターモデル（Fama & French Three-factor Model）に従うのなら、PBRの低い企業の株式（モデルに忠実に表現すれば、1／PBRの高い企業の株式）に投資すれば高いリターンが得られるとされるからである。3ファクターモデルでいう「バリュー株（割安株）効果」である。

　もっとも足元では、日本もそうなのだが、欧米ではバリュー株効果が薄れているとされる。そもそも3ファクターモデルのファクターのうち、市場効果（シャープが提唱したCAPM、capital asset pricing modelと同じファクター）以外の2つのファクター、すなわちバリュー株効果と小型株効果に対しては、理論を裏打ちする経済的背景が明確ではないと批判されてきた。裏を返せば、3ファクターモデルは、その論文執筆当時の株式市場の癖を発見しただけかもしれない。

　実のところ日本の市場では、リーマンショック頃まで欧米以上にバリュー株効果がみられていた。本章第4節(2)で述べた村上ファンドなどの影響が大きすぎたのかもしれない。

　加えて日本のようにPBR1倍割れが半分に達する市場では、極端に言えば、PBRからみて半数の企業が割安だと評価できる。新聞などでは、「PBR

１倍割れとは、企業の解散価値未満で株式が取引されている」と書かれるのが、「割安」だとの一般の認識を代表している。

しかし、現実においては、特別な事件なしに企業が解散されることはない。しかも先に述べたように、社風は遺伝し、良くない企業は良くないままである可能性が高い。そうだとすれば、短期売買ではともかくも、そのような企業に長期間投資をしてもリターンが高まることはあまり望めない。

別の観点から眺めると、解散価値未満で株式を買って即座に大儲けできる可能性があるのは、企業経営者と直接交渉のできる村上ファンド的な投資家だけである。一般投資家には無縁である。

こう考えると、３ファクターモデルを無視し、PBRの高い企業の株式に投資してみる価値がある。この投資の成果を計算してみたのが図表10－9である。

図表10－9の計算は次のようにした。

まず、各年度末のPBRを計算し、１倍以上と１倍未満それぞれについて、PBRの大きさの順に、企業数が同じになるように５つずつに分けた。表現を変えると、５分位ずつ、合計10分位に分けた。その後、それぞれの分位を１つのポートフォリオとみなし、その10個のポートフォリオに１円ずつ投資したとして、５年後に配当込みで何円になっているのかを計算した。

なお、同図表では、図表10－8と同じ理由で、計算は2019年３月末までであり、その５年前の2014年３月末に投資をスタートしたものまでが示されている。

図表10－9からわかるように、リーマンショック前はPBR１倍割れ企業への投資収益率が高かった。しかし、PBR１倍超の企業へ投資した場合との差が年を追うごとに縮小した。それがリーマンショックを経て逆転し、PBR１倍割れ企業への投資成果が冴えなくなった。唯一、PBRがいちばん低い分位（図表の１倍未満・上位５）の投資収益率の高い傾向だけは継続しているようだ。「売られすぎ」なのか、「さすがに切羽詰まり、企業経営の転換が図られる」のか、なんらかの特殊な要因があると推測していいだろう。

以上から、資本コストに関する理論を考慮しつつPBRという１つの指標だ

図表10-9　PBR分位別の5年後の投資収益率

（単位：倍）

分位／基点年度末	2000年3月	2003年3月	2005年3月	2007年3月	2009年3月
1倍超・上位1	0.617	1.735	0.753	0.672	2.888
2	0.936	1.642	0.858	0.675	2.134
3	1.294	1.627	0.963	0.718	2.073
4	1.677	1.913	0.902	0.725	2.112
5	1.519	2.028	0.912	0.732	2.172
1倍未満・上位1	1.807	1.873	0.916	0.789	2.092
2	2.003	1.950	0.826	0.760	2.015
3	2.109	2.135	0.835	0.774	2.414
4	2.226	2.142	0.823	0.803	2.610
5	2.764	2.432	0.832	0.912	3.695

分位/基点年度末	2011年3月	2012年3月	2013年3月	2014年3月
1倍超・上位1	2.676	3.049	2.825	2.066
2	2.200	2.490	2.677	1.969
3	2.177	2.646	2.535	1.953
4	2.362	2.603	2.510	1.939
5	2.746	2.361	2.406	1.651
1倍未満・上位1	2.263	2.338	2.118	1.575
2	2.209	2.431	2.215	1.459
3	2.240	2.333	2.201	1.595
4	2.078	2.197	2.491	1.739
5	2.188	2.518	2.928	1.634

（出所）　QUICK社 Astra Managerのデータに基づき筆者作成

けに注目し、企業を選別して投資をしてみても、市場平均を上回る投資成果が得られると確認できる。

　株価を決めるのはPBRだけではない。他の要素をも考慮して企業を選別したうえで長期投資を行えば、もしくは投資先企業への積極関与を行えば、より確実に市場平均を上回る投資成果が得られそうである。しかもこの状況は、本書の初版を上梓した7年前も現在も変わっていないようである。

具体的な企業の事例

いくつかの長期投資に関する具体的な事例を示しておきたい。

1 │ 時価総額の上位企業の変化

　まず、企業の栄枯盛衰である。これを観察するためには、時価総額の上位企業を図示するのがいちばん簡明だろう。

　図表10‐10は、３時点における、すなわちリーマンショック直前の2008年８月末、新型コロナウイルスが判明する直前の2019年12月末、そして直近の2020年８月末における時価総額上位20社を並べている。対象は現時点での東証第一部上場企業である。時価総額は普通株式ベースとした。

　これによれば、次のことがいえる。

　１つは、この12年間に時価総額でみた大企業が大きく入れ替わったことである。日本を代表すると考えられてきた重厚長大企業や、就職活動で人気のある企業の名前が上位20位から次々に消え、かつては新興企業だと思われてきた企業の名前が多くを占めるようになった。

　2020年８月末時点において、以前から日本を代表すると考えられる企業のうちで名前が残っているのは、トヨタ自動車（以下本章本文において「トヨタ」）、ソニー、NTT、武田薬品、三菱UFJ、ホンダくらいだろう。さらに言えば、これらの企業の多くも順位を下げている。

　もう１つは、この12年間、日本の時価総額トップ企業がトヨタであり続け、その時価総額があまり増えていない事実である。少し書き加えれば、GAFA的な企業が日本のなかに登場していないし、トヨタを一気に抜き去る企業が出ていない。日本経済の停滞する現状を象徴するかのようである。

図表10-10　時価総額上位20社の推移

順位	2008年8月末		2019年12月末		2020年8月末	
	社名	時価総額(兆円)	社名	時価総額(兆円)	社名	時価総額(兆円)
1	トヨタ自動車	17.0	トヨタ自動車	25.2	トヨタ自動車	22.9
2	三菱UFJ	9.1	NTT	10.8	ソフトバンクグループ	13.8
3	NTT	8.5	NTTドコモ	10.1	キーエンス	10.6
4	NTTドコモ	7.8	ソフトバンクグループ	9.9	ソニー	10.5
5	任天堂	7.3	ソニー	9.4	NTTドコモ	9.6
6	キヤノン	6.6	キーエンス	9.4	NTT	9.4
7	ホンダ	6.6	三菱UFJ	8.1	中外製薬	7.9
8	パナソニック	5.6	KDDI	7.7	任天堂	7.5
9	みずほフィナンシャルグループ	5.4	ソフトバンク	7.0	KDDI	7.1
10	三井住友フィナンシャルグループ	5.3	リクルート	7.0	リクルート	6.8
11	日本たばこ	5.2	ファーストリテイリング	6.9	ファーストリテイリング	6.7
12	三菱商事	5.1	武田薬品	6.8	第一三共	6.7
13	武田薬品	4.7	任天堂	5.8	ソフトバンク	6.7
14	ソニー	4.3	中外製薬	5.6	武田薬品	6.2
15	東京電力	4.2	ホンダ	5.6	三菱UFJ	6.0
16	日産自動車	3.8	三井住友フィナンシャルグループ	5.5	ダイキン工業	5.9
17	日本製鉄	3.6	オリエンタルランド	5.4	信越化学	5.4
18	JR東日本	3.5	第一三共	5.1	日本電産	5.3
19	三井物産	3.4	信越化学	5.0	オリエンタルランド	5.2
20	三菱地所	3.4	日本たばこ	4.9	ホンダ	4.9

（出所）　QUICK社 Astra Managerのデータに基づき筆者作成

276

新型コロナウイルス騒ぎのなか、アメリカのテスラが電気自動車を引っ提げ、自動車業界のなかで世界一の時価総額になったことも思い起こしたい。それまで自動車業界で時価総額世界一だったトヨタを、テスラがあっさりと抜いた。テスラの株価はバブル的だとも評されるが、電気自動車の将来性という夢を投資家が買っているのだろう。

　なお、トヨタのために書いておくことがある。それは、2008年8月、トヨタに1円投資したとすれば、2020年8月には配当込みで1.92円（年率5.6％の投資収益率）になった事実である。この間、東証第一部上場企業の平均投資収益率は年率4.8％だから、トヨタが上回っている。トヨタは決して株式投資の対象として悪くはなかった。

2 ｜ 投資収益率からみた世代交代

　先の図表10-10は、時価総額の観点から日本の株式市場を眺めたものでしかない。投資家としていちばん知りたいのは投資収益率である。

　そこで、投資収益率の観点から高く評価された企業を抽出してみたい。とはいえ、規模の小さな企業を分析の対象にすると、それがノイズとなり、本質を見誤りかねない。

　この観点から、分析対象企業については時価総額を基準として、比較的規模の大きな企業とする。具体的な基準は、市場時価総額のおおよそ0.1％以上とした。中堅以上の企業を対象としたことになる。

（1） 12年間の投資収益率上位企業

　最初に、2008年8月末から2020年8月末まで、12年間の結果を示しておく。分析対象企業は時価総額4,000億円以上の185社である。2008年8月末当時の市場時価総額は410兆円だったから、4,000億円とは0.1％基準よりも多少緩めである。

　図表10-11が、この185社のうち、投資収益率（年率、配当込み）の上位20社である。いずれも12％を超えている。もしも12％で運用できれば、1円の

図表10-11　投資収益率上位20社（2008年8月末～2020年8月末）

順位	企業コード・略称		投資収益率（％）
1	6861	キーエンス	21.0
2	4519	中外製薬	20.8
3	4661	オリエンタルランド	19.9
4	9984	ソフトバンクグループ	18.6
5	9983	ファーストリテイリング	16.8
6	6367	ダイキン工業	16.4
7	7741	HOYA	16.2
8	7309	シマノ	15.7
9	6273	SMC	15.6
10	8113	ユニ・チャーム	15.4
11	8035	東京エレクトロン	15.2
12	6594	日本電産	15.1
13	4307	野村総合研究所	15.0
14	6645	オムロン	14.0
15	6981	村田製作所	13.9
16	8001	伊藤忠商事	13.7
17	7270	SUBARU	13.6
18	6586	マキタ	12.8
19	4568	第一三共	12.4
20	9433	KDDI	12.2

（出所）　QUICK社 Astra Managerのデータに基づき筆者作成

投資が12年後にはほぼ4円に達する。

　図表10-11の20社を企業群として眺めれば、電子機器・電気部品・半導体関係（キーエンス、HOYA、SMC、東京エレクトロン、日本電産、オムロン、村田製作所）、医薬品（中外製薬、第一三共）、通信キャリア（ソフトバンクグループ、KDDI）、ユニーク・競争力のある製品の提供者（ファーストリテイリング、ダイキン工業、シマノ、ユニ・チャーム、SUBARU、マキタ）、その他の特色ある企業（オリエンタルランド、野村総合研究所、伊藤忠商事）にまとめられるだろう。

　この20社を別の観点から眺めれば、伊藤忠と第一三共だけは日本を代表してきた企業だが、それ以外は、かつて新興企業の範疇に入っていたか、大企

業とはみなされてこなかった企業だという特徴がある。

(2) 12年間を2つの期間に分ければ

　次に、2008年8月末から2020年8月末までの12年間を前期と後期の2つの期間に分けたい。この意図は、株式市場が大きく変動するたびにふるい落とされる企業が出てくるので、その傾向をよりはっきりさせることにある。

　2つの期間のうち、前期は、リーマンショックと、そこからの回復過程としてのアベノミクスを含む期間である。具体的には2008年8月末から2019年12月末までである。後期は、新型コロナウイルスの期間であり、2020年1月末から8月末までである。後期にも、株価と景気の急落を経て、そこからの回復過程が含まれている。

　この前期と後期のそれぞれについて、投資収益率の高かった企業を抽出した。時価総額の基準は、前期は先の分析と同様、4,000億円以上の企業185社、後期は6,000億円以上の企業214社とした。後期の時価総額の基準6,000億円について、2019年12月末の市場時価総額が657兆円だったから、その0.1%基準からすると、やはり多少緩めである。

　そのうえで、前期と後期それぞれについて、各社の投資収益率を求め、高い順に並べ、投資収益率が市場平均よりも高かった企業を抽出した。なお、市場の平均投資収益率（年率、配当込み）は、前期5.1%、後期マイナス6.9%だった。

　これらの準備の後、先の図表10-11の20社が、前期と後期の両期間において、市場平均投資収益率を上回ったかどうかを調べた。結果は、次のとおりである。

　前期について、20社のすべてが市場平均を上回っていた。当然だろう。

　後期について、村田製作所とSUBARUが市場平均を下回ったものの、他の18社は上回っていた。さらに後期について、プラスの投資収益率が必要だとしたところ、オリエンタルランド、ファーストリテイリング、KDDIがマイナスの投資収益率だったため、除外された。残りの15社の投資収益率はプラスであり、当然ながら市場平均を上回っている。

以上の結果から判明することは、リーマンショックを経て伸びた企業は新型コロナショックにも強い企業だと投資家にみなされているし、業績への期待が高いことである。この分析結果から、新型コロナウイルスによって株式市場のトレンドが大きく変化したとはいえないと結論できる。

　なお、図表10-11では20社しか示さなかったが、それ以下の企業でも、同じ傾向がみられる。電子機器・電気部品・半導体、医薬品関係、および、ユニーク・競争力・特色のある企業が2008年8月末から2020年8月末までの12年間の投資収益率において上位に入っており、それらの企業の多くは2020年1月以降もプラスの投資収益率をもたらしている。

3 ｜ 定量的に企業を選別してみれば

　分析の最後に、定量分析に基づいて企業を選別した結果を紹介しておきたい。これは筆者らが研究している成果の一部である。なお、この研究は東証と共同して進めているものであり、長期投資向け株価指数の開発プロジェクトである。

　少しだけ定量分析による選別の方法を紹介しておく。分析に用いるのは売上高成長率、売上高営業利益率、総資産営業利益率（ROA）、株主資本利益率（ROE）、株主資本比率、海外売上高比率のそれぞれの長期平均値と、それらの安定性である。これらの数値を分析対象企業全体の平均値などとの比較に基づいて点数付けし、その後で合計点を求めて、この合計点の高い企業を選ぶこととした。成長性、利益率、海外展開力、安定性を基準としたことになる。

　また、選別する企業数を100社とし、各年7月末に開示されているデータに基づき、最大10社を入れ替える方式を採用した。入替えのタイミングは7月末である。

　以上の選別方式は大枠だけの暫定的なものであり、細部の調整はこれからであるが、とりあえずの結果を示しておく。図表10-12がそれである。

　同図表を作成するために、まず2008年7月末を100として、配当込みの

図表10−12　100社を定量的に選別して投資してみれば

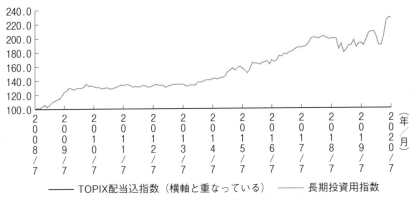

──── TOPIX配当込指数（横軸と重なっている）　　──── 長期投資用指数

（出所）　QUICK社 Astra Managerのデータなどを用いて筆者作成

TOPIXと、選別された100社からなるポートフォリオの、月々の投資パフォーマンスを計測している。

　100社のポートフォリオだが、等金額ウエイトの投資とし、毎年7月末の選別企業の入替え時に等金額ウエイトに戻した。そのうえで、配当込みのTOPIXを基準（すなわち100）とした場合に、100社のポートフォリオが累積的に基準をどの程度上回ったのかを計算し、それを図示した。

　これによれば、リーマンショックと今回の新型コロナウイルスの2回の大きな株価変動時に、選別投資の効果が大きいことがわかる。また、この12年間で、100社を選別したポートフォリオはTOPIXで運用した場合の2.28倍になっている。年平均7.1%の超過リターンが得られた計算になる。まだ調整が必要だとはいえ、定量的な分析だけでも、長期投資としてかなりの効果が得られると判明した。

　なお、100社では分散投資にならないとの批判が出てこよう。とはいえ、本書の初版でも述べられているように、20社から30社程度に投資するのなら、分散投資の観点から大きな問題は生じない。

第8節　株式市場は選別投資を求める

　『「市場」ではなく「企業」を買う株式投資』の初版を上梓して以降の7年間を主な対象としつつ、経済環境や株式市場の変化について、もしくは変化しなかった状況について分析してきた。

　本章のまとめとして、企業間格差の背景を少し述べる。その後、日本の政策当局者の対応について簡単にまとめておきたい。

1 ｜ ショックへの対応が格差を生む

　この7年間、世界の経済環境は変化したが、そのなかでの日本の立ち位置の趨勢は変化していない。企業間に格差が目立つ状況も変化していない。むしろ、2008年に生じたリーマンショックと経済の大変動がインパクトとなり、それへどのように対応したのかが企業間の格差を拡大したと考えられる。

　この格差の拡大は、リーマンショック後の日米欧の株価指数の回復および上昇率の差異に象徴されている。GAFAに代表される活気あふれる企業が次々に登場しているアメリカ市場と、GAFA的な企業が皆無に近い日本市場との差異である。また、リーマンショックの直撃を受けたアメリカとヨーロッパの株式市場の回復が、かえって日本よりも早く、かつ大きかった事実である。

　足元で生じている新型コロナウイルスの影響についても、何年か後に再度分析してみたい。リーマンショック時と同様、市場間、企業間の格差をより拡大させたと結論できるように思えてならない。

　社会経済的なショックや激変をむしろチャンスととらえ、事業や組織運営の変革を図るのが本来の企業経営である。もちろん、人的な観点からの変革

も必要とされる。とはいえ、単純な人件費削減に注力するだけでは、縮小均衡に終わるのが落ちだろう。

　ショックをショックと感じて身を縮めるか、ショックをむしろチャンスだととらえ経営を変革させるか、これが格差を生み出す本質のように思えてならない。

　リーマンショックに際して多くの日本企業は身を縮めた。1990年代のバブル崩壊の経験がそうさせたのかもしれない。その結果、何がもたらされたのか。本章はその分析結果を紹介したものだといっても過言ではない。

　1点、本章の分析結果のなかで強調しておきたいことがある。それは、GAFA的な企業が皆無に近かった日本においても、GAFAに準じる、つまり長期的に投資をすれば十二分なリターンを与えてくれた企業が何社も出てきている事実である。それらの企業の多くは経営を変革させてきた。既成の事実にとらわれることなく、革新的な経営を実行してきた。そう考えていいだろう。

　本来の株式投資とは、このような企業を選別し、投資して、応援することで、企業の長期的な成功の一部を投資収益率として享受することにある。

2 ｜ 2つのコード

　現実に日本企業を観察していると、その多くがショックに対してただ身を縮めるに近かったことに気づく。もしくは、経営者が自分自身の利益を図るために、あるいは企業としての栄光ある歴史を守りたいがために、ただ号令をかけるに近かったことにも気づく。

（1）　コードの策定

　そのなかで、日本には2つのコードが登場した。スチュワードシップ・コードとコーポレートガバナンス・コードである。前者は主にプロの投資家向けの行動指針として、2014年に策定された。後者は企業向けの行動指針として、2015年に策定された。

2つのコードを策定しようと、為政者が発意した真意がどこにあったのかを確認するのはむずかしい。とはいえ、政府が日本と欧米を比較し、プロ投資家をも含めた当時の企業の実態に危機感を抱いたのはたしかである。その危機感の表れか、危機こそ好機と感じたのかはともかく、コードは企業に変革を促すための手段だった。

　2つのコードは法律に代表されるルールとは異なり、「コンプライもしくはエクスプレイン（comply or explain）」での対応が促される。コンプライとは、コードが示す原則を受け入れつつ、具体的に対応することである。エクスプレインとは、原則の精神は理解するものの、もっと実情にあった対応方法があるとの判断に基づき、原則とは異なった対応をすると（もしくは異なった対応をしていると）説明することである。

　この点についてもう少し説明すれば、コードは原則であり、望ましいと考えられる一般的な指針であり、方向感である。一方、投資家や企業のスタイルや経営方針は多様であり、一律に論じられない。政府を含む外部者が「こう組織をつくり、こう行動しろ」とルールで命じるのは企業側の創意工夫を阻害し、かえって逆効果である。

　とはいえ、状況の変化に応じた創意工夫に乏しく、旧態依然のまま、ぬるま湯につかっている者たちに対し、何も号令しないのは政策担当者としてある意味で怠慢である。このため、コードという工夫が編み出された。

(2)　コードと選別投資

　2つのコードには、組織や行動に関して多くの原則が示されている。それらの原則において示された用語のなかで、選別投資と深い関係を有するのは次の2つだろう。

　「資本コスト」と「企業と投資家との建設的な対話」である。株主総会における議決権行使も関係がありそうである。しかし、議決権行使は投資をした後での、ある意味で受動的な行動であり、本章で強いて取り上げるほどの関係を有しない。

　「資本コスト」については、あらためて説明する必要がない。企業間格差

の端的な指標として本章第6節で説明したPBRの水準に大きく関わる。

とはいえ、これは残念なことなのだが、各企業が自分たちの資本コストを計測するのは易しくないし、計測したとしても一意には決まらない。

そこで、企業としての有力な対応手段は、「企業と投資家との建設的な対話」を用いることである。コードにいう「建設的な対話」の「建設的」に特にこだわる必要はない。企業経営のうえで（当然、投資家にとっても）、有意義な意見交換ができれば、それがコードの「建設的な対話」に相当する。

資本コストに戻ると、企業としては、PBRの水準を確認し、できれば自分たちで資本コストも計算しておいて、それを材料にプロの投資家と対話することが有意義となる。

複数のプロ投資家と議論すれば、プロ投資家の能力水準も判明する。そのプロ投資家の成績表に基づき、能力不足の投資家に注意すれば、投資家側も発奮するだろう。その結果、能力の低い投資家からの、どうでもいい質問に答える手間や時間も省けるようになる。

もちろん、対話の材料は資本コストだけではない。資本コストが対話にとっての、1つの重要な切り口になることを示したにすぎない。たとえば、資本コストを糸口として、本来の対話とは何かがイメージできれば、他のテーマをめぐる対話も深化しよう。

3 | 対話とバリューアップ

コードで推奨されている対話だが、実は、それを活用する動きはコード策定の前からあった。投資企業を選ぶ投資家の場合、当然やらなければならない行動だった。初版を執筆した投資家はすべて、企業と対話していたし、当然、いまもそうである。むしろ当時から、対話を重要な企業選別のツールとして認識し、積極的に活用していたといえる。

なかでも、対話を最も積極的に活用しているのが、本章第2節(6)でまとめた「経営への積極関与型（バリューアップ型）」のファンドである。このバリューアップ型の投資家にとっては、対話は企業との意見交換にとどまら

ず、企業経営に対して提案するための手段となる。

　とはいえバリューアップ型は、多額の配当や自己株式取得などを要望して敵対的に企業と対峙する投資スタイルとは異なる。友好的に企業と話し合い、その過程で経営方針などを提案し、議論する。この点、中長期的な投資になってしまう。

　提案型の対話の結果、企業側が議論の結論に沿いながら経営の刷新や投資家への積極的な情報提供を行い、最終的に企業価値が増大して株価が上昇すれば、それは企業にとって望むところである。同時に、投資家も高い投資収益率を得られる。この最後の部分が投資家側のねらいである。

　資本コストに満たない事業を行い、もしくはそれ以外の理由で、PBR1倍割れ企業が多い日本市場においては、対話を提案にまで高めていく投資スタイルには大きなチャンスがある。

　さらに付け加えれば、提案、議論というプロセスを友好的に進めるには、投資家側に調査能力と労力とが求められる。もう少し具体的にいえば、最初の段階において、投資対象となる可能性の高い企業、提案型の対話に応じてくれそうな企業を選び出さないといけない。この意味で、選別投資にならざるをえない。

4 ｜ 株式市場も企業を選ぶ

　2020年8月末現在、東証には3,712社の企業が上場している。東証第一部だけでも2,170社に達する。これらの企業のすべてが投資対象になりうると考えるのは、いくら日本に誇りをもっている投資家といえども「オーバーだ」と感じるに違いない。明らかに「多くの問題をかかえている」企業が、一瞥して何社か見つかるはずである。

(1)　東京証券取引所の構造改革

　金融庁と東証も同様の認識にあるようで、東証第一部、第二部、JASDAQ、マザーズなど5つに分かれている市場の再編に着手した。

その帰結は、現在の市場をプライム市場、スタンダード市場、グロース市場の３つに組み替えるというものである。５市場から３市場への移行日は2022年４月とされる。

　この再編の主眼はプライム市場にあり、グロース市場がそれに次ぐ。

　グロース市場から説明しておく。この市場はその名のとおり、ベンチャー的な伸び盛りの企業のためにある。この目的を果たすため、成長企業の登竜門としてよりふさわしい上場基準に改めるとともに、投資家に対する情報提供を充実させようとしている。

　プライム市場は、東証第一部の後継市場である。現在の東証第一部は、繰り返しになるが、問題点をかかえている。

　一言で表現するならば、東証第一部に上場している企業は、本来上場してほしい企業、すなわち長期的、持続的に高い投資収益率をもたらすと期待できる企業や、日本を代表する企業だけではない。本来の東証第一部にふさわしくないと思える企業が多数混じっている。先の図表10－7がその１つの事例である。

(2)　東証第一部の質の向上

　東証第一部をこのような不本意な市場にしている原因の１つは、上場に関する規則にある。結果として、上場は比較的容易であるのに対し、一度上場してしまえば退場（上場廃止）はよほどのことがない限り起きない。上場会社自身、内心ではこのように感じている。

　今回、この悪しき状況を変えるため、プライム市場では、主に３つの改革がなされる。

　１つに、新規上場基準と上場維持基準（裏からみれば上場廃止基準）を極力同一にすることである。これにより、新規にプライム市場に上場した時点以上の業績を目指して経営をしないと、上場廃止が迫ってくる。

　２つに、時価総額と流通株式時価総額の基準を高くすることである。前者は250億円、後者は100億円に変更された。特に流通株式時価総額が100億円を下回ると、上場維持基準に抵触する。

時価総額250億円をクリアする企業の多くは流通株式時価総額の基準もクリアできるだろう。そこで、東証第一部上場企業のうち何割の企業が時価総額250億円未満なのかを調べた。時点は2020年8月末である。すると、2,170社のうち780社が250億円未満だった。率にして36％である。

　今回の上場規則の改革については「経過措置」が設けられている。その措置を申請すれば、現時点において東証第一部に上場している企業が、プライム市場から直ちに追い出されることはない。とはいえ、上記の時価総額250億円未満の780社が、そのままプライム市場に移行すれば、その後、厳しい状況が待ち受けているだろう。

　3つに、株価指数の改変である。現在のTOPIXは東証第一部上場の全企業によって構成されている。1対1の対応関係である。プライム市場がスタートする段階で、このTOPIXが刷新される。

　新TOPIXではプライム市場との1対1の関係がなくなる。他の市場に上場している企業が新TOPIXを構成することもあるし、プライム市場に上場していても新TOPIXを構成しないこともある。

　特に後者について、経過措置によってプライム市場に残った企業が外される可能性を否定できない。というのも、時価総額250億円未満の東証第一部上場企業のトータルの時価総額は、市場全体の2％に満たず、ほとんど株価指数に影響しないからである。

　以上で述べたように、東証もまた、企業を選別しようとしている。「上場していれば、それも東証第一部であれば、そのすべての企業は投資するに値する」として、何でも彼でも買うこと、すなわち東証第一部という市場全体を買うことは、時代の流れから逸脱している。むしろ、投資家の知識不足、勉強不足、分析不足を露呈している。

　初版以降の7年間を振り返ったうえで、本章の結語である。「市場」ではなく「企業」を買う株式投資は、その重要性をますます高めている。それはいまや「王道」の地位を堅固なものにした。

事 項 索 引

「市場」ではなく「企業」を買う株式投資【増補版】

2021年2月19日　第1刷発行
（2013年10月28日　初版発行）

編著者　川北英隆
著　者　菅原周一・堀江貞之・渋澤　健
　　　　伊井哲朗・奥野一成・中神康議
　　　　光定洋介・近藤英男・石田英和
発行者　加藤一浩

〒160-8520　東京都新宿区南元町19
発　行　所　一般社団法人 金融財政事情研究会
企画・制作・販売　株式会社きんざい
出版部　TEL 03(3355)2251　FAX 03(3357)7416
販売受付　TEL 03(3358)2891　FAX 03(3358)0037
URL https://www.kinzai.jp/

校正：株式会社友人社／印刷：株式会社日本制作センター

ISBN978-4-322-13846-7